LA MATRIZ DE LA MENTE

LA MATRIZ DE LA MENTE
Las relaciones de objeto y el diálogo psicoanalítico

Dr. Thomas H. Ogden

Traducción de José María Ruiz Vaca

KARNAC

Primera publicación: 1992
118 Finchley Road, London NW3 5HT
Reino Unido

Título original: *The Matrix of the Mind: Object Relations and the Psychoanalytic Dialogue* copyright © 1992 Thomas H. Ogden
Esta traducción copyright © 2015 Karnac Books Ltd.

Traducción de: José María Ruiz Vaca

El derecho de Thomas H. Ogden a aparecer como autor de esta obra ha sido confirmado de acuerdo con los apartados §§ 77 y 78 de la Ley de Diseño y Patentes de Copyright de 1988.

ISBN: 978-1-91044-405-4

www.karnacbooks.com/es

A mi esposa, Sandra

ÍNDICE

AGRADECIMIENTOS

Quiero expresar mi agradecimiento a mi esposa, Sandra, cuya visión de las ideas que he estado desarrollando ha sido indispensable para escribir este libro. Las conversaciones clínicas y teóricas con el Dr. James Grotstein han constituido una base muy importante para muchos de los conceptos presentados en este volumen y le estoy sinceramente agradecido por el cariño y la generosidad que me ha demostrado como maestro y como profesor.

Quiero agradecer al Dr. Bryce Boyer todo lo que me ha enseñado sobre arte, disciplina y el valor que ha demostrado en el tratamiento de pacientes con trastornos severos. Los seminarios que he impartido con él han sido una inmensa fuente de placer para mí. Como quedará claro a lo largo de este libro, soy de la opinión de que las ideas se forman y se desarrollan de manera dialéctica, por lo que doy las gracias a los supervisores con los que he trabajado, así como a diversos miembros de los distintos seminarios que he dirigido sobre la teoría de las relaciones de objeto, por su ayuda en la creación de las series de diálogos generativos que han dado forma a las ideas tratadas en este volumen.

PRÓLOGO

Si hubiera sido posible, este volumen se habría escrito de manera que se presentaran varios temas simultáneamente mediante el establecimiento de una tensión dinámica entre ellos. A pesar del inevitable carácter lineal del libro, espero haber logrado captar de algún modo la coexistencia de aspectos primitivos y maduros de la experiencia—por ejemplo, la relación dialéctica que existe entre los estados esquizo-paranoide y depresivos del ser y la simultaneidad de la experiencia del infante de estar a la vez junto a su madre y separado de ella. Como sugerencia, quisiera indicar que cada vez que en el texto se empiece elaborar una concepción lineal de la relación existente entre estas ideas, el lector debería intentar relanzar estas ideas en su mente de manera que conserven el sentido de la simultaneidad de las diversas dimensiones de la experiencia. De ese modo, los elementos no dan lugar unos a otros o se suceden sin más, sino que, más bien, se da la coexistencia de elementos irresolutamente diferentes que han entrado en una relación de evolución, en un enriquecimiento mutuo de negaciones establecidas entre uno y otro.

T.H.O.
San Francisco, California
10 de septiembre de 1989

CAPÍTULO 1

El diálogo psicoanalítico

Perecemos con los que agonizan:
Mira cómo se van y partimos con ellos.
Nacemos con los muertos:
Mira cómo vuelven y nos traen con ellos.

—"Cuatro Cuartetos", *T. S. Elliot*

Este libro se presenta como un acto de interpretación. Las diferentes perspectivas psicoanalíticas tienen un gran parecido con los diferentes idiomas. A pesar de la extensa superposición de contenido semántico en los textos escritos en diferentes idiomas, cada lengua crea un sentido que no puede ser generado por las otras lenguas que se hablan en la actualidad o que se conservan por escrito. El intérprete no es simplemente un portador pasivo de información de una persona a otra, sino que es el conservador activo y el creador de sentido, y también el recuperador de lo alienado. Como tal, el intérprete salvaguarda la plenitud del discurso humano.

El psicoanálisis, bien como proceso terapéutico, o como conjunto de ideas, se desarrolla como un discurso entre sujetos, en el que cada uno interpreta sus propias producciones y las del otro. Si, por el momento, hablamos del psicoanálisis como teoría (o, más exactamente, como conjunto de teorías), cada contribución importante proporciona un grado de resolución ante un problema teórico o clínico, y al hacerlo de este modo, se crea un nuevo dilema epistemológico. Una contribución posterior ya no aborda la misma cuestión que una contribución anterior, pues ese problema ya no existe, sino que se ha visto alterado para siempre. Cuanto más significativa sea la contribución, más radical (e interesante) habrá sido la transformación del problema epistemológico.

La teoría británica de las relaciones de objeto representa una colección variopinta de contribuciones al discurso psicoanalítico y ha modificado el carácter de los problemas epistemológicos accesibles a la consideración psicoanalítica en la actualidad. En este volumen se tratarán varias ideas fundamentales que surgen del trabajo de la escuela británica, principalmente los conceptos introducidos por Melanie Klein, Donald Winnicott, y, de forma no tan extensa, por Ronald Fairbairn y Wilfred Bion. No es mi intención estudiar o sintetizar las contribuciones de estos analistas, más bien, mi objetivo consiste en aclarar, criticar, interpretar y generar nuevas interpretaciones analíticas en ese proceso. A pesar de que abordaré conceptos individuales y grupos de conceptos aportados por miembros de la escuela británica, espero transmitir una parte de la línea de pensamiento que subyace al discurso excepcionalmente generativo en el que se desarrollaron estas ideas. Las contribuciones al diálogo psicoanalítico en el que me centraré se realizaron en el periodo comprendido entre 1925 y principios de la década de 1970. Ese discurso ha concluido y yo no voy a tratar de reconstruirlo históricamente. Mi interpretación de Klein, Winnicott, Fairbairn, Bion y otros autores no se limita a un esfuerzo por replicar el pensamiento de estos analistas, puesto que ya ha pasado el momento del diálogo en el que tuvieron lugar sus contribuciones. Lo único que puede quedar vivo es nuestra propia capacidad de interpretación, y es a ese fin al que dedicaré mis esfuerzos.

Tanto en el diálogo analítico (entre analista y analizando) como en el discurso psicoanalítico (entre pensadores analíticos), cada momento de la interpretación conserva el original (ya sea la experiencia o la idea) a la vez que genera de forma simultánea nuevos significados e interpretaciones de uno mismo y del otro. Salvo que se haya conservado el original mediante el lenguaje en la memoria consciente e inconsciente, estamos atrapados en un presente interminable sobre el que no podemos reflexionar y del que no podemos aprender. El aislamiento de una parte, ya sea el diálogo analítico entre paciente y analizando, o el discurso analítico entre pensadores analíticos, da como resultado una autoalienación individual o cultural. No se trata de que vaya a desaparecer una parte del pasado; eso no puede suceder, porque el pasado es inmutable. Sin embargo, podemos aislarnos a nosotros mismos de nuestra historia. La historia se diferencia del pasado en que el pasado es simplemente un conjunto de acontecimientos, mientras que la historia es una creación que refleja nuestro recuerdo consciente e inconsciente del pasado, así como nuestra interpretación personal y colectiva y nuestras distorsiones o nuestras interpretaciones del mismo. Al aislarnos a nosotros mismos de la historia del diálogo que nos ha precedido y que, de alguna manera, nos ha creado a nosotros en el presente, nos volvemos menos capaces de reconocernos y de entendernos nosotros mismos por completo a través de los símbolos, los significados, las ideas, los sentimientos, el arte y la obra que creamos. En la medida en que nos aislamos a nosotros mismos de una parte del discurso, nos amortiguamos porque, en la misma medida, no existimos para nosotros mismos (es decir, de manera autoreflexiva). Uno de los objetivos principales del psicoanálisis clínico es la recaptura progresiva de la experiencia personal autoalineada, aislada del discurso intrapersonal e interpersonal, un proceso que permite que el analizando se reconozca más plenamente y comprenda quién es él, y en qué se está convirtiendo. En la recuperación de lo alienado, el analizando se vuelve vivo de manera más plena como ser humano subjetivo e histórico. Se vuelve más capaz de participar en un diálogo más completo (menos autoalienado), tanto intrapersonal como interpersonal. Se vuelve menos temeroso de aquello que antes le aislaba de sí mismo y, en ese sentido, se vuelve más libre.

Mi objetivo en el presente volumen consiste en contribuir a la recuperación de lo alienado a través de mis propios actos de interpretación de las ideas introducidas por Klein, Winnicott, Fairbairn y Bion. Las contribuciones de estos analistas se han aislado en gran medida del diálogo psicoanalítico global, lo que lleva a una forma de agotamiento de la autoalienación en el pensamiento psicoanalítico.[1]

En la primera parte de este volumen se reinterpretan algunas facetas de la obra de Melanie Klein. En el capítulo inicial sobre Klein (capítulo 2), se utiliza un estudio de la concepción kleiniana de fantasía como vehículo para explorar la teoría del instinto psicoanalítico como teoría del significado. Propongo que el concepto de la estructura lingüística profunda de Chomsky proporciona una analogía útil para la comprensión de la concepción kleiniana de "la herencia filogenética de las ideas". La teoría del instinto no se contempla como una teoría de ideas heredadas, preformadas, sino, más bien, como una teoría de códigos innatos, organizadores (asociados a los instintos de vida y de muerte) por cuya percepción se organiza y cuyos significados están unidos a la experiencia de una manera tremendamente determinada.

Una reinterpretación de la teoría kleiniana del instinto sirve para proporcionar una comprensión nueva de la tremenda importancia de la teoría freudiana del instinto. La contribución de Freud no es un texto estático, sino más bien un conjunto de ideas que se encuentran en constante evolución y que se transforman en el contexto del diálogo posterior. Damos por sentado que no se puede entender a Klein sin entender a Freud y creemos que también es cierto que no se puede comprender totalmente a Freud sin entender a Klein. Freud era consciente de que sus escritos contenían más significados de los que él mismo reconoció. Siendo esta la razón por la que rara vez revisaba sus artículos anteriores, sino que los presentaba tal cual estaban y añadía ideas que desarrollaba más adelante en forma de notas al pie del texto original. De esta manera, esperaba evitar ofuscar, de manera inconsciente, la verdad de la versión anterior, que a él le preocupaba perder a medida que su pensamiento "avanzaba".

La teoría kleiniana hace hincapié en gran medida en el carácter de los contenidos mentales primitivos, pero este nivel más explícito del pensamiento de Klein a menudo oscurece la teoría implícita de la estructura biológica como contenedor organizativo de los contenidos ideacionales y afectivos de la mente. En los capítulos 3, 4 y 5, las concepciones kleinianas de las posiciones esquizo-paranoide y depresiva se interpretan como las concepciones de los estados del ser. Entrar en estas posiciones representa la transición desde lo puramente biológico a la experiencia psicológica (la posición esquizo-paranoide) y de la experiencia psicológica impersonal a la experiencia subjetiva (la posición depresiva). Los estados distintivos del ser asociados a cada una de estas posiciones en conjunto (en una interacción dialéctica similar a la que existe entre la mente consciente e inconsciente, pero no dividida siguiendo las líneas de la conciencia) constituyen componentes duraderos y fundamentales de todo estado psicológico posterior.

En el capítulo 5 se presentan una serie de viñetas clínicas que se centran en pacientes que se encuentran inmersos en llevar a cabo una transición desde un modo predominantemente esquizo-paranoide de organizar la experiencia a un modo depresivo de organizar la experiencia. Tiene una importancia clínica fundamental que el terapeuta sea capaz de reconocer y entender el carácter de esta transición, dado que el hecho de entender este cambio en el modo de organizar la experiencia del paciente tiene una influencia extraordinaria en la forma en la que el terapeuta escucha, en su forma de intervenir y en cómo entiende la respuesta del paciente a su intervención.

En el capítulo 6, se traza el desarrollo del concepto de relaciones de objeto interno a través de la obra de Freud, Abraham, Klein, Fairbairn, Winnicott y Bion. La revisión que hace Fairbairn de Freud y Bion constituye un avance fundamental en el desarrollo de la teoría de las relaciones de objeto. Lo que yo propongo en este capítulo es que las relaciones de objeto interno se entiendan como aspectos del yo emparejados, escindidos y reprimidos. Estos aspectos emparejados del yo (la relación de objeto interno) no se ven simplemente como representaciones del yo y del objeto, sino como suborganizaciones emparejadas de la personalidad capaces de generar experiencia de manera semiautónoma.

Este debate sobre el concepto de las relaciones de objeto interno representa una exploración de una parte (el lado del objeto o del contenido) de la relación dialéctica que existe entre el contenedor y lo contenido, una relación entre el espacio psicológico-interpersonal y su contenido mental. De ese modo, este capítulo prepara la vía para un estudio del trabajo de Donald Winnicott, cuya obra está dedicada al estudio de la otra parte (el lado del contenedor) de este par dialéctico.

En los tres últimos capítulos intento aclarar, interpretar y ampliar los aspectos de la obra de Donald Winnicott, incluyendo su concepción del desarrollo de la diada madre-infante. Tanto la obra de Freud como la de Klein se centraron en el carácter de los contenidos, funciones y estructuras psicológicas y sus manifestaciones intrapsíquicas e interpersonales (por ejemplo, transferenciales). Winnicott amplió el campo de la exploración psicoanalítica al incluir un estudio del desarrollo del espacio en el que existen los contenidos, funciones y estructuras mentales, así como las relaciones interpersonales.

En los capítulos 8 y 9, el concepto de espacio potencial de Winnicott se analiza dentro de su relación con una serie de relaciones dialécticas entre la realidad y la fantasía, el yo y el no-yo, el símbolo y lo simbolizado, etc., cada una de las cuales va creando polos, conservando y negando a su contrario. Este concepto es quizás el más importante de las contribuciones de Winnicott al psicoanálisis y al mismo tiempo su idea más difícil de entender. El espacio potencial no es inicialmente un espacio intrapsíquico, ya que no existe todavía una psique individual en la primera infancia; más bien se trata, en primer lugar, de un espacio interpersonal creado conjuntamente por la madre y el infante. Es en este espacio donde el infante individual "comienza a ser" (Winnicott, 1967a) y más tarde aprende a jugar, soñar, trabajar y a crear e interpretar sus símbolos. El no conseguir crear o mantener este proceso dialéctico conduce a formas de psicopatología que incluyen la experimentación de los pensamientos, los sentimientos y las percepciones de uno mismo como cosas en sí mismas, el embargo de la imaginación, el uso fetichista del objeto y la incapacidad de dar significado a la experiencia.

A partir del diálogo que constituye la teoría de las relaciones de objeto surgen importantes contribuciones a una conceptualización psicoanalítica de los contenidos mentales (por ejemplo, el concepto de las ideas preconcebidas de los objetos [estructura psicológica profunda], el concepto de las relaciones de objeto interno, la noción del descubrimiento de la exterioridad de los objetos). Pero más allá de todo esto se encuentra la explicación desarrollada en esta parte del diálogo psicoanalítico de que existen contenidos mentales en un espacio psicológico que es al principio casi totalmente interpersonal y, sólo más tarde, evoluciona hacia un entorno interno personal. La interacción dialéctica de nuestros contenidos mentales y el espacio psicológico personal e interpersonal en el que se viven es lo que constituye la matriz de la mente.

Nota

1. Véase Jacoby [1983] y su análisis del carácter ahistórico del psicoanálisis americano a lo largo de los últimos cuarenta años.

CAPÍTULO 2

Instinto, fantasía y estructura psicológica profunda en la obra de Melanie Klein

> Si está aplicando un tratamiento psicoanalítico a niños, debería conocer a Melanie Klein .... Ella dice cosas que puede que sean ciertas o no y usted debe averiguarlo por sí mismo, ya que no recibirá las enseñanzas de Melanie Klein en el análisis que yo hago con usted.
>
> —Comunicado de James Strachey a su analizando *Donald Winnicott*

A pesar de que un porcentaje significativo de los analistas del planeta son kleinianos no se ha hecho un planteamiento serio de la obra de Melanie Klein como parte fundamental del diálogo que constituye el pensamiento psicoanalítico americano. Con demasiada frecuencia, cuando se estudia la teoría de Klein, se escrudiña únicamente lo suficiente como para descartarla basándose en una u otra idea "insostenible", como, por ejemplo, la concepción de Klein del instinto de muerte, su calendario de desarrollo, o su teoría de la técnica.

Aunque yo no soy kleiniano y estoy en profundo desacuerdo con muchos aspectos de su obra, mi objetivo consiste en presentar el pensamiento de Klein de manera que pueda dar cuenta de la poderosa influencia que han tenido sus ideas en el desarrollo del pensamiento psicoanalítico fuera de los Estados Unidos. Concretamente, Klein ha ejercido una gran influencia en el desarrollo de la teoría británica de las relaciones de objeto, tanto por el rechazo de sus ideas como por la aceptación de las mismas. La obra de Winnicott, Fairbairn, Guntrip y Balint debe entenderse en gran medida como una reacción a la teoría kleiniana. Las ideas de Klein y la reacción contra las mismas constituyen buena parte de los diálogos en los que se basa el desarrollo de la teoría de las relaciones de objeto. La dinámica de este diálogo es incomprensible si nunca hemos adoptado las ideas de Klein ni tan siquiera un momento. Hay que entender la teoría kleiniana con el fin de poder ir más allá.

El concepto de fantasía

Para analizar a Klein, hay que empezar por el concepto de fantasía, ya que es el núcleo del sistema mente-cuerpo que ella concibe. Fantasía[1] para Klein (1952a) es la representación psíquica del instinto. El instinto en sí es una entidad biológica, por lo que la fantasía es la representación psíquica de la propia biología de uno mismo. El instinto debe someterse a algún tipo de transformación con el fin de generar "corolarios mentales" (Isaacs, 1952), es decir, fantasías. La unidad funcional de la mente responsable de esta transformación es el ello. Los instintos, como parte de la biología de uno mismo, están presentes desde el nacimiento, y el ello lleva a cabo su función de transformación desde el principio. El mundo del bebé recién nacido es, al principio, un mundo corporal y la fantasía representa el intento del bebé por transformar los acontecimientos somáticos en una forma mental. Incluso en la edad adulta, la fantasía nunca pierde su conexión con el cuerpo. El contenido de la fantasía es siempre, en última instancia, algo que se encuentra en los pensamientos y sentimientos sobre el funcionamiento y contenido del propio cuerpo de uno mismo en relación con el funcionamiento y el contenido del cuerpo del otro.

La concepción de Klein del instinto procede de la definición de instinto de Freud (1905) como "la demanda hecha [por el cuerpo] a la mente para que trabaje" (p. 168). Para Klein, la "demanda" del cuerpo cuenta con información codificada en sí misma que la mente (en concreto, el ello) como receptor transforma en fenómenos psíquicos con contenidos específicos.

Una gran parte de lo que constituye la constitución heredada de alguien se manifiesta en el plano psicológico a través del funcionamiento de los instintos. ¿Significa esto que el infante hereda pensamientos, y que piensa esos pensamientos desde el principio? Evidentemente, ésta sería una teoría psicológica insostenible. Por desgracia, con mucha frecuencia es, en esta coyuntura, donde la teoría kleiniana es rechazada por absurda. Muchos analistas no le ven mucho sentido a la búsqueda de una teoría que se desarrolla a partir de la hipótesis de que el infante nace con ideas que no proceden de la experiencia y que el infante puede pensar en el momento de nacer en formas que Piaget ha demostrado que no son posibles hasta mucho más avanzado su desarrollo. Sin embargo, antes de desechar la totalidad del sistema de pensamiento kleiniano basándonos en estos motivos, vale la pena escuchar con atención lo que dicen los kleinianos para ver si estas ideas aparentemente insostenibles tienen sentido desde algún punto de vista.

En su artículo clásico sobre la fantasía, Isaacs (1952) afirma:

> En ocasiones se ha sugerido que algunas fantasías inconscientes tales como la de "hacerle [la mama] pedazos" no se plantearía en la mente del niño antes de que éste hubiera adquirido el conocimiento consciente de que hacer pedazos a una persona significaría matarla. Dicha perspectiva no resulta adecuada al caso, ya que pasa por alto el hecho de que tal conocimiento es *inherente* a los impulsos corporales como un vehículo del instinto, en el *propósito* del instinto, en la excitación del órgano corporal, es decir, en este caso, de la boca.
>
> La fantasía de que sus impulsos apasionados destruirán la mama no exige que el infante haya llegado a ver de hecho los objetos consumidos y destruidos y que después haya llegado a la conclusión de que él también podría hacerlo. Este objetivo, esta relación con el objeto, es inherente al carácter y a la dirección del propio impulso y a sus afectos relacionados. (pp. 93–94)

Isaacs propone aquí que la idea de hacer pedazos un objeto no se aprende sino que, más bien, es intrínseca al propósito del instinto. Klein dice lo mismo cuando lo atribuye al conocimiento que el infante tiene de la mama antes de encontrarse con la "herencia filogenética" (1952a, p. 117, nota al pie). En esta concepción del instinto, los kleinianos han ampliado el uso original que hacía Freud (1905, 1915a) del concepto de propósito, en el que el objetivo de un instinto era la descarga de tensión. El uso que hace Isaacs del término no es incompatible con el de Freud, pero va más allá de afirmar que el objetivo del instinto en cualquier caso dado se caracteriza por un tipo específico de relación de objeto que contiene cualidades afectivas e ideacionales concretas que no dependen de experiencias reales con objetos.

Estructura psicológica profunda

Si el bebé no nace con pensamientos, ¿cómo llega a adoptar este "conocimiento" de los objetos, si no es mediante la experiencia? Los kleinianos no dan una respuesta a la pregunta que vaya más allá de la noción de "herencia filogenética" (Klein, 1952c), pero creo que podría facilitarse una respuesta por analogía con el concepto de estructura lingüística profunda de Chomsky (1957, 1968). Los infantes no nacen sabiendo francés, inglés, ruso ni cualquier otro idioma, pero si se da un entorno normal y una dotación constitucional normal, cada infante aprende al menos una de las lenguas que se hablan en la actualidad en este planeta. Simplemente no es posible, según Chomsky, que un ser humano deduzca y haga operativa la estructura gramatical de la lengua sin un sistema preexistente con el que seleccionar y organizar la masa de sonidos a la que nos vemos expuestos. Chomsky denomina a este sistema, a este código, "estructura profunda" del idioma. El individuo no tiene por qué crear una gramática, ni tampoco podría hacerlo. El infante nace con un código que está integrado en el modo de funcionamiento de sus aparatos perceptual, cognitivo, y motor que va a determinar que organice los datos sensoriales y los haga lingüísticamente significativos de una manera muy específica. Dicho de otro modo, el infante organizará los estímulos auditivos de una manera que está determinada por el código innato.

El supuesto que subyace al concepto de estructura profunda de Chomsky es que los seres humanos no organizan la experiencia al azar. Nada se percibe absolutamente desde cero, es decir, libre de prejuicios, esquemas preexistentes o sistemas preexistentes de organización de lo que se percibe. El significado no se puede generar absolutamente *de novo*. Perspectivas muy similares de la transformación de la experiencia en términos de estructuras consustanciales han sido desarrolladas por Jakobson y Saussure en el campo de la lingüística, Lévi-Strauss en el campo de la antropología y Piaget en el campo de la psicología del desarrollo.

Para empezar con un ejemplo básico de un sistema consustancial de organizar la percepción, la percepción humana del color no es simplemente una cuestión de recibir pasivamente los datos sensoriales y convertir dichos datos en experiencia visual. Los colores primarios, percibidos como agrupaciones diferenciadas discretas, son los productos de un esquema preexistente por el cual organizamos en grupos ciertas porciones de longitudes de onda de luz de rango continuado (Bornstein, 1975). Las agrupaciones de longitudes de onda que llamamos colores son arbitrarias y universales entre los seres humanos y son producto de la forma en la que organizamos el espectro continuo de longitudes de onda, en el que cada longitud de onda difiere de la siguiente por una cantidad fija de energía. Todos dividimos el espectro exactamente de la misma manera (con excepción de las personas daltónicas) debido a un esquema biológico preexistente que utilizamos para organizar nuestras percepciones.

Del mismo modo, nuestra organización de los sonidos en fonemas (las unidades básicas de sonido a partir de las que se construyen las palabras) no es una cuestión de recepción pasiva de un orden externo ya existente. La distinción entre los fonemas "ba" y "pa", por ejemplo, no es una cualidad de los estímulos en sí mismos. Más bien, es algo integrado en nuestro sistema de organización de estímulos. El ser humano es incapaz de percibir que exista ningún otro sonido entre estos dos fonemas (Eimas, 1975).

Las formas y los matices que componen el rostro humano son preferentemente discernibles por el infante sobre la base de modos de organización de la percepción determinados constitucionalmente (Stern, 1983). Una vez más, los datos visuales se organizan en agrupaciones (en este caso formas y matices) que no son nuestras propias creaciones individuales, sino, más bien, producto de un sistema de organización de la percepción que es compartido por todos los seres humanos.

Los modos heredados de organización de la experiencia pueden considerarse como la contrapartida de los instintos animales. El polluelo tiene un código heredado con el que organizar y responder ante los estímulos, un código que precede a cualquier experiencia real. El polluelo, sin experiencia previa del peligro de los depredadores, se escabulle buscando protección a la vista del patrón de ala de un depredador (Lorenz, 1937; Tinbergen, 1957).

Desde la perspectiva del concepto de códigos o plantillas heredados mediante los cuales se organiza la experiencia real, el concepto kleiniano de conocimiento innato "... inherente a los impulsos corporales" (Isaacs, 1952, p. 94) puede entenderse no como pensamientos heredados, sino como un código biológico que constituye una parte integral del instinto. El infante no nace con el conocimiento de hacer pedazos una mama, ni con una fantasía sobre ello, pero cuenta con una potente predisposición a organizar y dar sentido a la experiencia según unas líneas específicas. La respuesta a la pregunta de si esas líneas predeterminadas son las propuestas por Klein sigue abierta. Sin embargo, la conceptualización de los instintos como estructuras psicológicas profundas, parece un complemento necesario a la teoría psicoanalítica del instinto (Grotstein, 1985; Ogden, 1985).[2]

La preconcepción y la realización

En un principio, la fantasía es la interpretación que realiza el infante de la experiencia. (Voy a aplazar el análisis de la forma de simbolización y del grado de subjetividad que Klein atribuye a la experiencia que tiene el infante al principio del desarrollo). Qué fantasías son más convincentes que otras para el infante en un momento dado es algo que viene determinado por la interacción entre la constitución del infante y la experiencia real. Para Klein, el énfasis se encuentra claramente en la primera: "La fuerza del ego—que refleja el estado de fusión entre los dos instintos—está, creo yo, determinada constitucionalmente" (Klein 1958, pp. 238–239).

Utilizando el paradigma de códigos análogo a la estructura profunda del lenguaje, me gustaría volver a exponer las ideas de Klein de la siguiente manera: La dotación constitucional relativa de los instintos de vida y muerte[3] es el determinante principal en cuyo código se basará el infante para interpretar la experiencia. A la experiencia interpretada de acuerdo con el instinto de muerte se le atribuirán significados agresivos y peligrosos,[4] mientras que la experiencia organizada en relación con el instinto de vida se entenderá referida a significados relacionados con la cría de la prole y el amor.

El papel de la experiencia real con la madre es importante, aunque secundario:

> Hasta qué punto la fuerza del yo puede mantenerse y aumentarse es algo que se ve afectado en parte por factores externos, en

> particular, por la actitud de la madre hacia el infante. Sin embargo, incluso cuando predominan el instinto de vida y la capacidad de amar, los impulsos destructivos son todavía desviados hacia el exterior y contribuyen a la creación de objetos persecutorios y peligrosos que son re-introyectados. (Klein 1958, p. 239)

La experiencia real puede servir de apoyo a un modo instintivo de organizar la experiencia, pero no crea el modo por el que se interpreta la experiencia. Por ejemplo, la privación persistente prestará intensidad emocional a las interpretaciones realizadas de acuerdo con el instinto de muerte. La privación real confirmará la preparación del infante para experimentar su objeto como peligroso. La sensación de peligro no es *creada* por la privación, el peligro real no hace sino confirmar la anticipación del infante de que existe tal peligro. Por otra parte, tal anticipación de peligro no se suspenderá por completo ante la ausencia de peligro real. La interpretación de la experiencia en esos términos de significado que se derivan del código relacionado con el instinto de muerte seguirá a pesar de haber tenido una buena experiencia: "Incluso el niño que tiene una relación amorosa con su madre siente también inconscientemente terror a ser devorado, destrozado y destruido por ella" (Klein 1963b, p. 277).

En la teoría kleiniana, los instintos se conciben como organizaciones determinadas biológicamente que utilizan la experiencia real para vincular una "preconcepción" con su "realización" (Bion, 1962b). Por ejemplo, la preconcepción de peligro está relacionada con una faceta de la realidad que se puede experimentar como peligrosa. La preconcepción no es una idea sino, más bien, el potencial para que exista una idea. Es sólo en la vinculación de la preconcepción con lo real cuando se genera una concepción (un pensamiento).

La concepción freudiana de "herencia del conocimiento"

Considero que esta visión del concepto kleiniano de "conocimiento" heredado filogenéticamente (lo que Bion [1962a] llama "preconcepción") es una consecuencia de la segunda (cronológicamente) de las dos contribuciones más fundamentales de Freud a la psicología. La primera de estas contribuciones es su concepción de la mente inconsciente, la noción de que tenemos pensamientos, sentimientos, motivaciones etc., de los que no somos conscientes, pero que, sin embargo, desempeñan un poderoso papel en la determinación del carácter de los pensamientos, de los sentimientos y del comportamiento observables. La segunda de las dos contribuciones es su teoría de los *significados sexuales*. Creo que la importancia de esta segunda piedra angular de la teoría psicoanalítica se ha perdido de vista en cierta medida en los últimos años. Freud afirmaba no sólo que el deseo sexual es una motivación humana terriblemente poderosa, sino también que existe desde el momento del nacimiento. (Esta parte de la teoría sexual de Freud es entendida y apreciada generalmente, pero no creo que este sea el significado principal de la teoría sexual de Freud). Una propuesta mucho más radical es la noción de Freud de que todas las motivaciones humanas, toda la psicopatología humana, todos los logros culturales humanos, todo el comportamiento humano, se pueden entender en cuanto a *significados sexuales*.[5] Desde esta perspectiva, el instinto sexual no se trata simplemente de una lucha, de un impulso o un deseo, sino que es *el* vehículo por el cual los seres humanos crean significado. En otras palabras, Freud no se limitó a proponer que el instinto sexual fuera considerado como generador de deseos e impulsos sexuales. De mucha mayor importancia es la implicación de que los seres humanos interpretan todas las percepciones en cuanto a significados sexuales, *creando* así la experiencia. Le damos sentido a nuestras percepciones internas y externas a través de la lente del sistema de significados sexuales. Si empleamos una metáfora diferente, el instinto sexual es la piedra Rosetta que permite al ser humano traducir los datos sensoriales en bruto a una experiencia cargada de significado.[6]

La teoría del desarrollo psicológico de Freud se construye sobre la noción de una esperanza innata de constelaciones particulares de significados (incluidos los peligros específicos de cada fase de desarrollo) *en la que la esperanza no depende de la experiencia real*.[7] La universalidad de la ansiedad de la castración, por ejemplo, no es simplemente producto de los factores ambientales, sino más bien se trata de que la experiencia actúa como desencadenante de una expectación innata de una forma específica de daño corporal. Es más, Freud entiende el complejo de Edipo en su conjunto como un modo universal de organizar y dar respuesta a la experiencia, y no simplemente como una característica del entorno familiar ante la que el niño responde. Aquí, de nuevo, nos enfrentamos a la audacia de Freud: no sólo sugirió que toda experiencia humana puede ser entendida en cuanto a significados sexuales, sino que propuso que el complejo de Edipo es un principio fundamental por el cual se organizan estos significados (en última instancia, de carácter sexual). Apenas podemos imaginar la enormidad del desafío que Freud se planteó a sí mismo al intentar discernir un único sistema por el cual todo significado humano se crea, una sola lente a través de la cual todos los datos sensoriales en bruto se filtran, se organizan y se les atribuye significado. Y, sin embargo, este es el rompecabezas para el que la solución propuesta es la teoría de la sexualidad de Freud y el complejo de Edipo.

Para Freud, la herencia filogenética es la base para la capacidad que tiene el instinto de dar lugar a las constelaciones universales de significados sexuales:

> ¿De dónde viene la necesidad de estas fantasías [universales sexuales] y el material para ellas? No cabe duda de que sus fuentes se encuentran en los instintos, pero aún así es necesario explicar por qué en cada ocasión se crean las mismas fantasías con el mismo contenido. Tengo preparada una respuesta que sé que les va a parecer muy atrevida. Creo que estas *fantasías primales,* como me gusta llamarlas a mí, y a algunos otros sin duda, son una dotación filogenética. En ellas, el individuo llega más allá de su propia experiencia a la experiencia primigenia en los puntos donde su propia experiencia ha sido demasiado rudimentaria. Me parece que es bastante posible que todas las cosas que nos cuentan actualmente en el análisis como fantasía—la seducción de niños, el encendimiento de la excitación sexual al observar a los padres teniendo relaciones sexuales, la amenaza de castración (o más bien de autocastración)—era antes algo que pasaba realmente en los tiempos primigenios de la familia humana, y que los niños en sus fantasías no hacen más que llenar los vacíos de verdad individual con la verdad prehistórica. En varias ocasiones me han llevado a sospechar que la psicología de las neurosis ha almacenado en ella más cantidad de las antigüedades del desarrollo humano que de cualquier otra fuente. (Freud, 1916–1917, pp. 370–371)

Desde esta perspectiva, Klein no introdujo un cambio radical con respecto a la conceptualización freudiana de "herencia" del conocimiento, sino que amplió su noción de disposición consustancial para organizar la experiencia en vías específicas y la extendió a la experiencia preedípica. En particular, se centró en las formas de preconcepción que caracterizaban los niveles oral, anal y fálico temprano del desarrollo. Cuando Isaacs (1952) propuso que el conocimiento que tiene el infante de la mama y su deseo de hacerla pedazos sea entendido como inherente a los instintos, estaba desarrollando y ampliando a las primeras fases del desarrollo instintivo, los principios fundamentales de una de las aportaciones revolucionarias de Freud a la psicología: el potencial que tiene el instinto de servir como una piedra Rosetta para la atribución del hombre de dar significado a la experiencia.

Para Klein, la experiencia real, que varía considerablemente entre las diferentes familias, culturas y épocas sirve para aportar datos que se organizarán de una manera muy determinada mediante el código inherente a los instintos. Haciendo uso de la analogía de la estructura profunda del lenguaje, una gama muy amplia de datos fonéticos (el sonido de la lengua hablada real) proporcionará "estímulos" suficientes para que el infante perciba y organice las unidades sónicas de la lengua en un sistema que constituye la estructura sintáctica y semántica de un idioma en particular. La interacción con las figuras de los progenitores, incluida la exposición al lenguaje hablado, es esencial, pero no como fuente de información específica acerca de un método de construcción de una gramática. Más bien, la experiencia real desencadena una secuencia de funciones innatas mediante las que se organizan los sonidos del habla que se perciben.

En lo que respecta a la analogía etológica presentada anteriormente, la gallina madre no enseña a sus polluelos los detalles de los patrones de las alas de los depredadores, ni tampoco les enseña, por ejemplo, la respuesta de lucha adaptativa y de huida ante el reconocimiento del depredador. En lugar de eso, los actos maternales de la gallina salvaguardan al polluelo de determinados procesos de maduración, entre los que se incluyen complejos patrones de respuesta instintiva altamente diferenciados, tales como la capacidad de diferenciar a los depredadores de los no depredadores, y la forma de responder específicamente ante cada uno de ellos.

La visión de Bowlby (1969) de apego innato y los patrones de comportamiento de separación está relacionada (aunque no es idéntica a ella) con la concepción de estructura psicológica profunda que he esbozado. El enfoque de Bowlby no se encuentra en la organización psicológica de los significados en líneas concretas sino, más bien, en la interacción del entorno y de los *sistemas de comportamiento* innatos:

> La conducta de apego ... se lleva a cabo para tener una función biológica específica para uno mismo .... la conducta de apego se

> considera como lo que ocurre cuando se activan ciertos sistemas conductuales. Se cree que los propios sistemas de comportamiento se desarrollan dentro del infante como resultado de su interacción con su entorno de adaptabilidad evolutiva, y especialmente de su interacción con la figura principal de ese entorno, es decir, con su madre. (pp. 179–180)

La teoría de Bowlby es similar a la noción de la estructura psicológica profunda, ya que se centra en los elementos "supraindividuales" no aprendidos, que están presentes en la conducta de apego y separación. Sin embargo, se diferencia de la concepción de la estructura psicoanalítica profunda en que se trata de *patrones de conducta* y no de sistemas de generación y organización del significado.

La forma simbólica de la actividad de la fantasía temprana

Hasta el momento se han dejado de lado dos aspectos del desarrollo de la vida mental temprana con el fin de centrarnos en el proceso por el que podría darse "la herencia filogenética del conocimiento". La atención ahora se centrará en la forma en que los contenidos mentales tempranos (las fantasías primitivas) son *experimentados* por el infante. Ahora nos preguntamos: ¿Cuál es, según Klein, la forma de simbolización utilizada por el infante (por ejemplo, palabras, imágenes visuales, sensaciones corporales)? y ¿cuál es el grado de subjetividad del que es capaz el infante?

Me referiré en primer lugar a la noción kleiniana de la forma (como oposición al modo) de la simbolización que participa en la actividad de la fantasía temprana. (Del modo de simbolización que participa en la posición esquizo-paranoide, es decir, de la ecuación simbólica, nos ocuparemos más adelante). No podemos dejar de ser escépticos acerca de la teoría kleiniana de desarrollo temprano, si entendemos la teoría como algo que retrata al infante como alguien dedicado a una actividad mental simbólica comparable a la fantasía del adulto, cuya única diferencia es el grado de primitivismo del contenido. Resulta frecuente oír decir que los kleinianos imaginan que el infante es capaz de la fantasía mucho antes de que se puedan haber desarrollado sus capacidades simbólicas (sobre todo, las verbales) hasta el momento necesario para dicha actividad. Esta crítica se basa en una comprensión incompleta de la concepción kleiniana de la fantasía. Los kleinianos no limitan el concepto de fantasía a fantasías en forma de símbolos visuales y verbales: "Al principio, todo el peso del deseo y de la fantasía corre a cargo de la sensación y del afecto" (Isaacs, 1952, p. 92).

Si se quiere entender la teoría kleiniana de la actividad de la fantasía temprana, siempre se debe tener en cuenta que las descripciones escritas que hacen los kleinianos de las fantasías tempranas tienen lugar necesariamente de manera verbal y, por lo tanto, están relacionadas solo indirectamente con una fantasía infantil preverbal real. El infante no piensa de manera verbal:

> La forma adulta de observar el cuerpo y la mente como dos clases separadas de experiencia, sin duda no sirve en el mundo del infante. Es más fácil para los adultos observar la succión real que recordar o entender lo que la experiencia de la succión supone para el infante, para quien no existe una dicotomía entre cuerpo y mente, sino una experiencia única e indiferenciada de succionar y fantasear. Incluso aquellos aspectos de la experiencia psicológica que más tarde distinguimos como "sensación", "sentimiento", etc., no pueden distinguirse y separarse al inicio. Las sensaciones y los sentimientos, como tales, surgen a través del desarrollo de la totalidad principal de la experiencia, que es la de succionar—tener sensaciones—sentir—fantasear. Esta experiencia total se vuelve gradualmente diferenciada en sus diversos aspectos de la experiencia: los movimientos corporales, las sensaciones, las imaginaciones, los conocimientos, etc. (W. C. M. Scott 1943, en Isaacs 1952, pp. 92–93, nota al pie)

Para empezar a tener una idea de la experiencia de fantasía del infante, hay que hacer lo imposible por tratar de imaginarse a uno mismo fuera del sistema de símbolos verbales en el que los adultos viven y se encuentran atrapados y, en lugar de eso, imaginarse en un sistema de experiencia no verbal, sensorial (incluida la experiencia sinestésica y visceral). Este acto de imaginación implica, en parte, un intento de pensar sin palabras. A pesar de la extrema dificultad que tenemos para imaginarnos a nosotros mismos en el estado psicológico del infante, no hay nada místico en la idea de la fantasía infantil. La discontinuidad que existe entre el estado adulto y el estado infantil puede entenderse que deriva en parte de la diferencia entre la forma y el modo de actividad simbólica empleados por los infantes y los utilizados por los niños y los adultos. El hecho de que la fantasía infantil no sea directamente observable no plantea un problema teórico mayor que el concepto de la mente inconsciente en sí misma, que es, por definición, no observable. Como sucede con el inconsciente, sólo los derivados de la fantasía infantil son observables.

El grado de subjetividad y el modo de simbolización en la actividad de la fantasía temprana

Al desarrollar un sentido del carácter de la concepción kleiniana de la actividad de la fantasía temprana, en este momento tenemos que indagar en la manera en que los kleinianos conciben el lugar del sujeto en relación con sus signos y símbolos en el proceso de volver a presentar la experiencia corporal en la fantasía. En otras palabras, hay que tratar de entender cómo Klein concibió la manera en que el infante se experimenta a sí mismo en relación con sus pensamientos y sensaciones.

Klein no es explícita acerca del modo en el que se entiende la experiencia del infante de sus relaciones de objeto parcial tempranas. Lo que se expone a continuación es representativo de los análisis de Klein sobre los sentimientos del infante en relación con los objetos internos idealizados y persecutorios:

> Una de las características de las emociones de los infantes de muy corta edad es que tienen un carácter extremo y poderoso. El objeto frustrante (malo) se siente como un perseguidor aterrador, la mama buena tiende a volverse la mama "ideal" que debe cumplir con el deseo ambicioso de gratificación ilimitada, inmediata y eterna. Por lo tanto, los sentimientos surgen de una mama perfecta e inagotable, siempre disponible, siempre gratificante. Otro factor que contribuye a la idealización de la mama buena es la fuerza del temor persecutorio del infante, que crea la necesidad de ser protegido de los perseguidores y, por lo tanto, llega a aumentar la potencia de un objeto totalmente gratificante. La mama idealizada forma el corolario de la mama perseguidora y, en la medida en que la idealización se deriva de la necesidad de ser protegidos de los objetos perseguidores, es un método de defensa contra la ansiedad. (1952c, p. 64)

A partir de este relato, y de muchos otros del mismo estilo (véase, por ejemplo, Klein, 1930), Klein deja una pregunta fundamental sin resolver: ¿Hay un sentimiento subjetivo de sentirse autoasustados de los objetos malos y de sentirse protegidos por los buenos, o se trata simplemente de un hecho (experimentado por nadie en particular) el que los objetos malos representan un peligro y existe una necesidad correspondiente de la protección que prestan los objetos buenos? En el último caso (cuando las cosas simplemente ocurren), la subjetividad no participa, simplemente hay registro de la sensación con una ausencia de un sentimiento de "yoidad", la ausencia de un sentido de uno mismo como observador y creador de los pensamientos, sentimientos y percepciones propios. El lenguaje que utiliza Klein aquí es característico de su debate sobre la fantasía infantil en cuanto que se basa principalmente en expresiones en voz pasiva para describir la experiencia infantil: "el objeto malo es percibido como ...", "la mama buena tiende a convertirse en ...", "los sentimientos surgen ...," los miedos "crean la necesidad" de protección, el objeto idealizado "se deriva de la necesidad de ser protegido". Sólo indirectamente a través de este uso del lenguaje hay indicios de que Klein concibe la experiencia infantil temprana como no subjetiva (es decir, desprovista de un sentido de "yoidad").

La obra posterior de los kleinianos (Bick [1968], Bion [1962a], Meltzer [1975], Segal [1957], Tustin [1972], y otros) se ha desplazado en gran medida hacia una concepción de la experiencia infantil temprana como algo desprovisto de subjetividad. Los pensamientos, sentimientos y percepciones del infante son concebidos por estos seguidores de Klein como constitutivos de las cosas en sí mismas, de acontecimientos que simplemente ocurren. El infante no se experimenta a sí mismo como alguien que tiene un punto de vista o una perspectiva. No hay ningún infante que sea pensador o intérprete de su experiencia. Desde el punto de vista de alguien externo, el infante interpreta las percepciones de un modo, por ejemplo, paranoico o cariñoso. El niño, sin embargo, no tiene conciencia de sí mismo como intérprete de la experiencia en la fase más temprana del desarrollo (la posición esquizo-paranoide). El yo que sí existe es el yo como objeto, no el yo como sujeto. (Este estado del ser se tratará en detalle en el capítulo 3).

Las capacidades mentales del infante

En este punto, surge la pregunta de nuevo de si los kleinianos "realmente creen" que una actividad mental tan complicada como la que está implícita en la fantasía de hacer pedazos la mama tiene lugar en las primeras semanas y meses de vida.

Siguen quedando preguntas importantes, incluso teniendo en cuenta que las fantasías infantiles tal y como las concibe Klein no están simbolizadas verbalmente, no presuponen el desarrollo de la función simbólica más allá del estado de ecuación simbólica no verbal, e implican muy poca subjetividad, si acaso alguna. ¿Cómo pueden suponer los kleinianos la presencia de capacidades cognitivas bastante avanzadas en las primeras semanas de vida? ¿Cómo pueden suponer que la capacidad para diferenciar el exterior del interior, la capacidad para representar a la madre en su ausencia, la capacidad para diferenciar el yo del no-yo, la capacidad de diferenciar la madre de otras personas, etc., todo ello existe en las primeras semanas de vida cuando Piaget ha demostrado que estas capacidades no se logran hasta un momento significativamente más avanzado dentro del desarrollo?

Creo que Klein y su círculo temprano (incluidos Isaacs, Rivière, Heimann y Rosenfeld) no disponían de los datos necesarios para responder a estas preguntas. Isaacs (1952) recurre al concepto de la continuidad del desarrollo cuando afirma que, al igual que los niños entienden el idioma antes de poder hablar, la actividad de la fantasía requiere un desarrollo considerable antes de que la evidencia de la fantasía pueda verse en las producciones verbales y en la actividad de juego.

Considero que ahora puede hacerse una consideración más completa del desarrollo de las capacidades mentales subyacentes a la actividad de la fantasía sobre la base de los principios de desarrollo que surgen de las investigaciones de observación neonatal de Bower (1977), Brazelton (1981), Eimas (1975), Sander (1975), Stern (1977), Trevarthan (1979) y otros. Estos datos sugieren que las capacidades cognitivas no se desarrollan únicamente a lo largo de una secuencia cronológica unitaria de diferenciación e integración de estructuras. Pocos pondrían en duda la existencia de la secuencia de desarrollo demostrada tan elegantemente por Piaget (1936). Sin embargo, la noción del funcionamiento de las capacidades se suma a la comprensión de Piaget del desarrollo cognitivo mucho antes de lo esperado, cuando el funcionamiento de tales capacidades es necesario para la participación del infante en una forma temprana y de subsistencia vital con la madre, es decir, el diálogo madre-infante de los primeros días y semanas de vida (véase Grotstein, 1983; Stern, 1983).

Stern (1977) describe la "predilección innata" del infante por las configuraciones específicas visuales que componen el rostro humano.

La capacidad del infante para discriminar la forma y el color le permite discernir y seleccionar dichas configuraciones "sin ninguna experiencia de aprendizaje previo" (Stern 1977, p. 36).

El interés especial [del infante] [por el rostro humano] se fundamenta en una base biológica en virtud del sesgo innato del infante hacia determinados tipos y cantidades de estimulación ... los ángulos agudos proporcionados por las esquinas de los ojos, así como el contraste luz-oscuridad de la pupila y del blanco del ojo (esclera) y de la ceja y la piel despiertan una fascinación especial en el infante. Desde el principio, entonces, el niño está "diseñado" para encontrar el rostro humano fascinante ... (Stern 1977, p. 37).

El infante se vuelve muy pronto capaz de diferenciar el rostro de la madre de otras caras (Brazelton, 1981). Sin embargo, las discriminaciones de forma y color que participan en esta tarea cognitiva y la capacidad de recuerdo de estas discriminaciones no se estabilizan, ni están generalizadas, y no se convertirán en una parte estable de las capacidades cognitivas diferenciadas observables, demostrables en las situaciones de prueba de Piaget hasta mucho más tarde en el desarrollo. (La etapa de Piaget [1954] de la permanencia del objeto en la que el infante logra la capacidad de mantener una representación mental de un objeto inanimado en su ausencia no se produce hasta el último trimestre del primer año de vida). Usando este modelo de desarrollo de las capacidades cognitivas en más de un calendario y *dependiendo enormemente del contexto emocional e interpersonal específico,* se podría contemplar la posibilidad de que la actividad mental implícita en la concepción kleiniana de la fantasía infantil pueda implicar las operaciones cognitivas más inestables y más limitadas por el contexto que no se encuentran en sintonía con el desarrollo de la estructuras cognitivas estables descritas por Piaget.

Una segunda tendencia relevante que surge de las investigaciones de observación neonatal de las últimas tres décadas es la idea de que el infante utiliza más de una forma de conocimiento acerca de los objetos. Una forma de conocimiento parece desarrollarse como una secuencia de pasos (cada desarrollo cognitivo se construye sobre los anteriores en una manera que permite operaciones mentales cada vez más complejas), y la otra parece ser más intuitiva, ya que no depende de una serie de avances paso a paso en el funcionamiento mental. Por ejemplo, Bower (1971) ha demostrado que, en las primeras semanas de vida, los infantes tienen un sentido de la continuidad de la existencia del objeto a través del tiempo y del espacio. En un conjunto de experimentos, infantes de 20 días de edad mostraban sorpresa cuando un objeto no volvía a aparecer después de que se retirase una pantalla que había sido colocada entre el infante y el objeto. En otro conjunto de experimentos, cuando una parte de la trayectoria de un objeto en movimiento quedaba oculta por un pantalla a la vista de un infante de 8 semanas, los movimientos de los ojos y la cabeza del infante preveían la reaparición del objeto en el otro lado de la pantalla antes de que el objeto se hiciera realmente visible en su nueva ubicación.

Parece que incluso los infantes de muy corta edad saben que un objeto está ahí, incluso después de que se haya ocultado ... la edad temprana del infante y la novedad de la situación de la prueba hace que sea poco probable que esta respuesta haya sido aprendida (Bower 1971, p. 35).

Podría pensarse que esta sensación temprana de continuidad de la materia en el tiempo y el espacio desempeña una parte importante del sentido "intuitivo" del infante con respecto a los objetos desde el momento del nacimiento. Las consolidaciones del sentido de la permanencia de los objetos entre los 8 y 10 meses y entre los 18 y 22 meses reflejan unos logros cognitivos mucho más complejos, estables y con una estructura mucho más elevada. Sin embargo, esta anticipación temprana del objeto ausente debe ser tenida en cuenta al evaluar la concepción de Klein del infante durante las primeras semanas de vida como alguien capaz de recordar a la madre cuando está ausente.

Esta intuición temprana acerca del carácter de los objetos refleja el funcionamiento de las estructuras psicológicas profundas, de los modos innatos de organización de la percepción. Reconocer que hay modos innatos de organizar la experiencia no quiere decir que hayamos establecido que el infante sea capaz de la complejidad de la actividad mental que Klein imagina o que el contenido de esa actividad mental sea del tipo planteado en la hipótesis de Klein.

La función del entorno

Con esta visión en la mente de la concepción kleiniana de instinto, fantasía y preconcepción, podemos observar ahora la idea de Klein sobre la relación del infante con el entorno. Para Klein (1952c, 1957, 1958), al principio, el infante es prisionero de su propio estado mental que no se experimenta como un estado mental. Al principio de todo, el infante ve en el mundo externo sólo lo que él espera ver sobre la base de las ideas preconcebidas (la organización de la percepción formada sobre la base de modos heredados de organización de la experiencia). Estas expectativas son de dos tipos generales y reflejan las estructuras profundas correspondientes a los instintos de vida y muerte. Para Klein, el instinto de muerte genera más ansiedad que el instinto de vida y ejerce inicialmente una influencia mucho más poderosa en la forma en que el infante organiza la experiencia. Para Klein (1952a), el instinto de muerte genera una sensación de peligro a la que se da forma específica a medida que el infante organiza sus percepciones (tanto la sensación corporal interna como la percepción de los objetos externos) de acuerdo con el modo de atribución de significado inherente a ese instinto. Un segundo sistema de significado es generado por la organización que hace el infante de la percepción conforme con el instinto de vida. Encarcelado en sus expectativas, el infante no es capaz de aprender de la experiencia, ya que la nueva experiencia sólo se interpreta en relación con estas expectativas. Una situación análoga se da en el paciente adulto profundamente paranoico que experimenta todas las relaciones nuevas en relación con sus expectativas de peligro. Alguien que sea amable de manera genuina con el paciente intensamente paranoico es entendido por el paciente como alguien fraudulento que manipula al paciente hacia una situación de vulnerabilidad. Del mismo modo, el paciente hipocondríaco experimenta todas las sensaciones corporales de acuerdo con su sentido delirante de peligro interno. Los hallazgos normales en los exámenes físicos y de laboratorio no son ni mínimamente tranquilizadores, ya que a estos datos se les atribuye significado y se les niega significado de acuerdo con un sistema paranoico de autocumplimiento.

En resumen, para Klein, el infante crea inicialmente su realidad: "la realidad más temprana del niño es totalmente fantástica" (Klein, 1930, p. 238). En parte, esto puede entenderse como una proyección del mundo interno del infante en sus objetos externos (Grotstein, 1980a). Pero incluso más básica que la noción de proyección es la idea de que el infante sea incapaz de hacer otra cosa que atribuir significado a la experiencia sobre la base de sus códigos innatos, los instintos de vida y muerte.

Ahora surgirá la pregunta de cómo el infante llega a escapar en algún momento de la cárcel de sus prejuicios. ¿De qué manera el infante, tal y como es concebido por Klein, se vuelve en algún momento capaz de aprender de la experiencia? Una respuesta dada por los kleinianos es que, en combinación con la maduración biológica del infante, la buena experiencia *suaviza* la condena de infante sobre los peligros que hay en el mundo:

> Cuando la buena experiencia predomina sobre la mala experiencia, el yo adquiere una creencia en la prevalencia del objeto ideal sobre los objetos persecutorios y también del predominio de su propio instinto de vida sobre su propio instinto de muerte. (Segal 1964, p. 37)

Sin embargo, esta respuesta no es totalmente satisfactoria y nos preguntamos por qué el infante debe confiar en la buena experiencia en lugar de descartarla como si fuera una trampa o algo engañoso.

La dotación constitucional relativa de los instintos de vida y muerte también figura en gran medida en el pensamiento kleiniano sobre la capacidad del infante para salir de este sistema intrapsíquico inicialmente cerrado. Se argumenta que si la dotación constitucional del instinto de vida predomina sobre el instinto de muerte, la proyección de los derivados del instinto de vida sobre los objetos permitirá la creación de buenos objetos idealizados que sirvan para defender el yo contra los objetos persecutorios. Pero este razonamiento explica la capacidad que tiene el infante para alterar su relación con los malos objetos salvo que sea confiando en los buenos objetos que lo protegen contra el peligro. Por analogía, el paciente paranoico adulto no supera la paranoia por el desarrollo de una fuerza de policía mental que le protege contra el peligro.

Un cambio en la *cualidad de la experiencia del infante del objeto malo* no se explica por un cambio cuantitativo en el balance de poder entre los objetos buenos y malos.

Aunque ninguna de las explicaciones kleinianas mencionadas anteriormente me parece suficiente para dar cuenta de la adquisición que hace el infante de la capacidad de aprender a partir de la experiencia, considero que en uno de los conceptos de Klein hay un entendimiento más penetrante de esta cuestión. El concepto al que me estoy refiriendo es la identificación proyectiva, que proporciona una forma de entender la manera en la que el infante es capaz de emerger del sistema cerrado de su mundo psicológico interno. Después de haber superpuesto su mundo interno al externo, el infante es encarcelado hasta que la madre se permite a sí misma ser utilizada en un proceso mediante el cual se crea una entidad madre-infante que no es ni infante ni madre, sino un producto de los dos. Aunque Klein sólo concibe implícitamente el proceso de identificación proyectiva de esta manera,[8] yo lo veo como ese aspecto del desarrollo temprano, que le permite al infante ir más allá de sí mismo (Ogden 1979, 1981, 1982a).[9]

La identificación proyectiva, tal y como yo la entiendo, permite que el infante (para ser más precisos, la madre-infante) procese la experiencia de una manera que difiere cualitativamente de cualquier cosa que hubiera sido posible para el infante por sí solo. En la identificación proyectiva, el proyector induce un estado de sentimiento en el otro que se corresponde con un estado que el proyector ha sido incapaz de experimentar por sí mismo. El objeto consigue desempeñar un papel en una versión exteriorizada del estado psicológico inconsciente del proyector. Cuando un "receptor" de una identificación proyectiva permite que el estado inducido resida en su interior sin intentar deshacerse inmediatamente de estos sentimientos, el par proyector-receptor puede experimentar lo que se había proyectado de una forma que no se encuentra disponible para el proyector por sí solo.

La identificación proyectiva no es simplemente un proceso en el que la madre (como objeto de una identificación proyectiva) "metaboliza" la experiencia para el infante (proyector) y luego se la devuelve de una forma en la que el infante pueda utilizarla. Aunque se trata de una concepción común de la identificación proyectiva, esta explicación se queda corta, ya que implica que la receptividad del infante se mantiene sin cambios durante todo el proceso. Sin un cambio en la *forma de experimentar* sus percepciones, el infante no sería capaz de modificar sus expectativas aunque su proyección hubiera sido modificada por la madre y puesta a su disposición a través de sus cuidados empáticos. Yo creo que hay una forma de actividad psicológica cualitativamente diferente de la concepción de "metabolización" o "procesamiento" del papel de la madre en la identificación proyectiva que participa en el movimiento inicial del infante hacia fuera del sistema cerrado de su mundo interior. En la identificación proyectiva, la entidad madre-infante genera un potencial para una cierta cualidad de la experiencia. Lacan (1956b) se refiere a la nueva entidad psicológica creada por la madre y el infante (o el paciente y el analista) como "el Otro". La entidad madre-infante de identificación proyectiva exitosa es una entidad mayor que cualquiera de los dos individuos solos y es capaz de generar una cualidad del ser que ninguno de los dos individuos podría haber generado por sí solo.

Considero que los términos *procesamiento* y *metabolización* resultan engañosos cuando se refieren a la actividad psicológica del objeto de una identificación proyectiva, ya que estos términos se refieren a una actividad psicológica en la que el receptor podía participar solo, independientemente del proyector. El concepto de Bion (1962a) del contenedor y de lo contenido representa la situación con más precisión. La contención no implica sólo una alteración de lo que ha sido proyectado, sino también una alteración del proyector en el proceso de creación del tipo de vinculación emocional que está implícita en la identificación proyectiva.

Creo que la obra de Donald Winnicott sobre preocupación maternal primaria (1956), la etapa de la ilusión (1951) y el espacio potencial (1971) puede entenderse como un desarrollo de la noción de identificación proyectiva como forma de unicidad y dualidad simultáneas (la unidad y la separación de la madre y del infante) que a su vez crea un potencial de una forma de experiencia que es más generativa que la suma de los estados psicológicos individuales que contribuyen a la misma. (Véanse los capítulos 7 y 8 como continuación del debate de la relación que existe entre el concepto de identificación proyectiva y el concepto de espacio potencial de Winnicott).

Con esta visión de la identificación proyectiva en mente, podemos decir que el pensamiento kleiniano contiene una concepción implícita de la importancia del entorno, aunque la propia Klein puede no haber reconocido plenamente esta implicación del concepto de identificación proyectiva. Sin contar con la ración de la madre como contenedor para las identificaciones proyectivas del infante, el infante estaría condenado a una existencia autista o psicótica. Bion (1959, 1962a) se refiere a la incapacidad o a la falta de voluntad de la madre para aceptar la identificación proyectiva del infante como un "ataque al vínculo". Este comportamiento lo internaliza luego el infante en forma de ataques autodirigidos a los esfuerzos por vincular los pensamientos y por generar lazos emocionales (vínculos) con otras personas. Este proceso, según Bion (1959), es un elemento esencial en la etiología de la esquizofrenia y de otros trastornos emocionales graves.

Desde la perspectiva de la visión de identificación proyectiva que he esbozado, la concepción de desarrollo temprano propuesta por Klein no necesita subestimar el entorno, la verdadera madre, ya que la madre actúa como un socio fundamental en el proceso psicológico común que constituye la identificación proyectiva. Esta concepción de la madre-infante de identificación proyectiva como unidad psicológica básica del desarrollo más temprano ofrece lo que yo considero que es una explicación para la que la capacidad del infante se desarrolla más allá de los confines de su sistema de preconcepciones heredadas mucho más satisfactoria que las ofrecidas explícitamente por Klein.

Consideraciones finales

Melanie Klein ha enriquecido la teoría psicoanalítica gracias a sus intentos de delimitar el carácter de la actividad mental muy temprana. El debate intenso y a menudo acalorado sobre la teoría del desarrollo kleiniano se ha centrado casi exclusivamente en la datación de la aparición de la actividad mental, es decir, la fantasía, el grado de especificidad de la actividad de la fantasía temprana, el contenido agresivo y persecutorio atribuido de forma predominante a estas fantasías y la divergencia de tal concepción de una concepción piagetiana de la formación de las capacidades cognitivas.

El enfoque circunscrito de este debate ha oscurecido una serie de características importantes de la contribución kleiniana. En primer lugar, en cualquier teoría del desarrollo, la secuencia y la interrelación de las fases de desarrollo propuestas tiene mucha mayor importancia que una datación precisa de los acontecimientos. Se le hace a la teoría kleiniana un flaco favor al desestimarla basándose en una cronología inverosímil antes de considerar el posible valor de su revisión de la concepción de los niveles de la organización psicológica temprana.[10]

En segundo lugar, hay una tendencia en los debates sobre Klein por ver sus ideas como pronunciamientos que deben ser aceptados o rechazados, en lugar de hipótesis que pueden ser modificadas de acuerdo con los adelantos teóricos posteriores y con los nuevos datos clínicos y de observación.

Cuando la teoría kleiniana se toma como un conjunto de hipótesis que pueden ser modificadas, ampliadas o descartadas en parte, se genera un estado de ánimo en el cual se hace posible construir sobre lo que está implícito en la teoría (incluso cuando los propios kleinianos no parecen darse cuenta del potencial específico de sus ideas). Por ejemplo, la noción kleiniana de que el conocimiento de los objetos es inherente al propósito del instinto se presta a ser desarrollada en una concepción de la estructura psicológica profunda análoga a la noción de estructura lingüística profunda de Chomsky. Este es un componente necesario en cualquier teoría psicoanalítica del desarrollo y no sólo representa un esfuerzo por hacer verosímil una concepción kleiniana de la herencia filogenética. Además de ello, la idea de identificación proyectiva ha sido desarrollada por Bion y otros hacia un concepto que une lo intrapsíquico y lo interpersonal a pesar del hecho de que la propia Klein sólo desarrolló mínimamente este aspecto de su pensamiento.

En tercer lugar, centrarse en las dificultades más evidentes de la teoría kleiniana (por ejemplo, el calendario de desarrollo temprano) oscurece otras limitaciones significativas del pensamiento kleiniano. Por ejemplo, una de las características más limitantes de la teoría del desarrollo de Klein es su concepción del infante como una entidad psicológica independiente capaz de deseos y defensas que se proyectan en y sobre los objetos que constituyen sistemas psicológicos independientes. No sólo infravaloró Klein el papel del entorno, sino que parece haber tenido poca concepción de la unidad madre-infante como unidad psicológica básica sometida a desarrollo al principio. Paradójicamente, creo que el concepto de identificación proyectiva de Klein se puede utilizar como base para una concepción de la creación de la unidad psicológica madre-infante, tal y como hizo Bion en su concepción del contenedor y de lo contenido y Winnicott en su concepción de una fase inicial de ilusión y en su concepto de espacio potencial.

Notas

1. Los analistas británicos, sobre todo los kleinianos, tendían a escribir fantasía en inglés con *ph*, en lugar de con *f*. Isaacs (1952) consideraba que, al escribirlo con *ph*, se connota algo más de la dimensión inconsciente de la idea, mientras que la grafía *f* debía utilizarse para referirse a un plano más consciente, el de soñar despierto, que se produce dentro de este grupo de actividades mentales. Los analistas estadounidenses no kleinianos nunca han hecho esta distinción y, aunque Strachey en la *Standard Edition* de las obras de Freud emplea la grafía *ph* en exclusiva para escribir fantasía, los analistas estadounidenses sólo han utilizado la grafía *f*. En este volumen, utilizaré la ortografía adoptada por el analista cuyo trabajo es objeto de debate. (N. del T.: en la traducción al castellano de este libro se ha utilizado siempre la grafía *f*, al no existir la opción gráfica *ph* para el fonema /f/).
2. Véase Samuels, 1983, para una aplicación de una concepción similar de "herencia del conocimiento" a la comprensión del concepto de arquetipos de Jung.

3. Queda fuera del alcance de este análisis explorar en detalle la concepción kleiniana de los instintos de vida y muerte. Muy esquemáticamente, los correlatos psicológicos de la pulsión de vida incluyen la motivación amorosa, sexual, la cría de la prole, la búsqueda de apego, y las motivaciones generativas, mientras que el instinto de muerte incluye las motivaciones destructiva, desintegradora, envidiosa y hostil. Al principio, el infante experimenta una sensación de peligro difuso interno derivado del instinto de muerte. Este sentido de "terror innombrable" (Bion, 1962a), cuando se defiende por medio de la división y la identificación proyectiva, da como resultado el establecimiento de un mundo objeto persecutorio escindido de los objetos buenos de uno. El carácter de la actividad mental implícito en esta etapa temprana de la organización psicológica (la posición esquizo-paranoide) se tratará en el capítulo 3.
4. Grotstein (1985), basándose en la obra de Bion, ha propuesto que el instinto de muerte no sea entendido como un caldero de impulsos destructivos (Klein, 1952c), ni como el correlato psicológico de la entropía (Freud, 1920), sino como un sistema de esquemas innatos que sirve para orientar al individuo hacia el peligro potencial. El infante es considerado como constitucionalmente dotado de un conjunto de ideas preconcebidas que le permiten interpretar la experiencia refiriéndose a un posible peligro de tipo presa-depredador. El instinto de muerte se concibe como el origen de las defensas del yo inconsciente, así como muchas de las funciones autónomas primarias del yo que realizan la función de buscar y gestionar tanto el peligro interno como el externo.
5. Desde el momento en que Freud (1905) introdujo el concepto de instinto, pensó en el instinto sexual como algo acompañado de un segundo instinto (el instinto del yo, y, como llegó a mantener después de 1920, el instinto de muerte). Como resultado, los significados psicológicos derivados del instinto nunca eran, para Freud, exclusivamente de carácter sexual. Sin embargo, como se puede observar, por ejemplo, en las concepciones de Freud de las neurosis, su teoría de significado derivado del instinto era fundamentalmente una teoría de significado sexual.
6. Véase Greenberg y Mitchell, 1983, para un análisis de esta idea desde una perspectiva diferente.
7. El hecho de que Freud a veces hiciera mayor hincapié en los esquemas innatos, determinados filogenéticamente, que en la experiencia real parece inconfundible: "Siempre que las experiencias no logran encajar en el esquema hereditario, son remodeladas en la imaginación" (Freud 1918, p. 119).
8. En sus dos debates principales sobre la identificación proyectiva, Klein (1946, 1955) trató predominantemente la identificación proyectiva

como un proceso intrapsíquico utilizado como medio de defensa contra la ansiedad generada por el instinto de muerte. Sin embargo, sus ejemplos y su uso del lenguaje implican un componente interpersonal del proceso. Subraya que, en la identificación proyectiva, los contenidos inconscientes son proyectados "en" (1946, p. 8), no *sobre* el objeto. Bion (1962a) desarrolló la idea de la identificación proyectiva como una relación entre el contenedor y el contenido que sirve no sólo como defensa, sino como forma de comunicación en la que dos sistemas de personalidad se modifican el uno al otro.

9. La necesidad de conceptualizar un proceso mediante el cual se produce un movimiento de un sistema psicológico cerrado a uno abierto no es única de la teoría kleiniana del desarrollo. Para Freud (1914), el infante debe pasar de un estado intrapsíquico de "narcisismo absoluto" (p. 150) a una etapa posterior de la relación con los objetos y de narcisismo secundario. Al igual que sucede con Klein, Freud nunca describe el proceso mediante el cual el infante escapa de su sistema psicológico inicialmente cerrado en el que toda la inversión psicológica es en sí mismo, aparte de decir que la frustración instintiva fuerza la realidad sobre el infante que va madurando y conduce al desarrollo del principio de realidad. El impulso para el desarrollo de un sistema psicológico abierto se explica de esta manera, pero los procesos psicológicos e interpersonales que median este cambio permanecen sin especificar.
10. Estoy totalmente de acuerdo con los comentarios de Winnicott (1954) que distinguen el calendario de contenidos conceptuales específicos dentro del desarrollo de la teoría de Klein: "Si me encuentro con un analista que reclama demasiado para la posición depresiva en el desarrollo que pertenece a los primeros seis meses de vida, tiendo a comentar: ¡Qué lástima estropear un concepto valioso, haciendo que sea difícil creer en él!" (p. 163).

CAPÍTULO 3

La posición esquizo-paranoide: el yo como objeto

La afirmación "Yo vivo" es sólo correcta con reservas, expresa sólo una parte pequeña y superficial del principio "El hombre es vivido por el Ello".

—*George Groddeck*

La visión de Melanie Klein del desarrollo psicológico puede contemplarse como una progresión bifásica de lo biológico a lo impersonal-psicológico y de lo impersonal-psicológico a lo subjetivo. El primero de estos avances en el desarrollo implica una transformación del infante como entidad puramente biológica en el infante como entidad psicológica. Para Klein, esta transformación está mediada por lo que he denominado *estructuras psicológicas profundas* asociadas a los instintos de vida y muerte. La fantasía es un reflejo del funcionamiento de estas estructuras psicológicas profundas, al igual que el habla es el "producto de" las estructuras lingüísticas profundas. Para Klein, el paso de lo biológico a lo psicológico constituye la entrada del infante en la posición esquizo-paranoide. Como se tratará más adelante, la posición esquizo-paranoide es una fase de desarrollo en la que el yo existe predominantemente como objeto. Se trata de una fase de desarrollo de la "elloidad", en la que el infante es vivido por su experiencia. Los pensamientos y los sentimientos le suceden al infante en lugar de ser pensados o sentidos por el infante.

La transición desde la posición esquizo-paranoide a la posición depresiva, en la que surge un "yo" subjetivo, se hace posible por la maduración biológica del infante y está mediada por el proceso psicológico-interpersonal de la identificación proyectiva. La posición depresiva constituye una organización psicológica más compleja, en la que se genera un nuevo ámbito de la experiencia, un nuevo estado del ser.[1]

En mi opinión, los conceptos de Klein de las posiciones esquizo-paranoide y depresiva suponen contribuciones importantes a una comprensión psicoanalítica de los estados psicológicos básicos del ser que se desarrollan en la infancia y que perduran a lo largo de toda la vida. Desgraciadamente, debido a que estas ideas se han tratado como inseparables del cuerpo de la teoría kleiniana, la explicación de estos conceptos no se ha integrado en el diálogo que constituye el pensamiento psicoanalítico americano.

Al pensar en la propuesta de Klein de que la posición esquizo-paranoide supone una fase de desarrollo normativo universal, dominada por una respuesta defensiva al instinto de muerte, también se debe considerar la posibilidad de que la posición esquizo-paranoide represente un fenómeno de ruptura resultante de la interrupción prematura de la conectividad primitiva entre madre e infante. Cuando la posición esquizo-paranoide se contempla desde este último punto de vista, es decir, como resultado de la descomposición del "entorno de sustentación" materna (Winnicott, 1960b), el estado de temor asociado a la posición esquizo-paranoide no tiene que ser entendido como una respuesta al instinto de muerte, sino, más bien, como una respuesta a la interrupción del vínculo interpersonal primitivo entre madre e infante.

La escisión

En el capítulo anterior, me he referido a la concepción kleiniana de la manera en que el desarrollo temprano recibe forma a través de la dotación instintiva del infante. He sugerido que la estructuración de la experiencia aportada por los instintos puede considerarse como la manifestación de la estructura psicológica profunda análoga al concepto de Chomsky (1957, 1968) de estructura lingüística profunda.

Las estructuras profundas asociadas a los instintos de vida y muerte llevan al infante a organizar la experiencia en relación con la anticipación de los peligros (lo que refleja el funcionamiento del instinto de muerte [véase Grotstein, 1985]) y los apegos de objeto anticipados (que reflejan el funcionamiento del instinto de vida).

Para Klein, la primera tarea psicológica del infante es la gestión del peligro generada por el instinto de muerte. Klein (1952c) concebía este peligro como algo que experimenta el infante como amenaza de destructividad[2] interna que hay que gestionar de alguna manera. El modo más básico de gestión del peligro consiste en separar el motivo del peligro del objeto en peligro. La lógica y la voluntad ya no participan en este modelo de defensa más de lo que participan en los reflejos neurológicos del recién nacido (por ejemplo, los reflejos de succión y de agarrarse). El intento de lograr la seguridad mediante la separación del objeto en peligro del motivo del peligro es un modo heredado de respuesta ante el peligro, es un fenómeno biológico con manifestaciones psicológicas.

Aunque Klein no utilizó analogías etológicas, yo contemplaría la escisión de manera análoga a la respuesta no aprendida del polluelo ante la percepción del patrón de las alas del halcón. La reacción del polluelo es huir y no atacar al halcón (salvo que se vea acorralado), es decir, tiende a separarse del peligro (Lorenz, 1937; Tinbergen, 1957). Entiendo que la escisión es una manera similar determinada biológicamente de gestión del peligro. (El proceso de separación se puede entender de esta manera, bien contemplemos o no, como lo hizo Klein, los derivados del instinto de muerte como el origen último del peligro). En el transcurso del desarrollo, este modo determinado biológicamente de gestión del peligro se elabora psicológicamente. Cada una de las defensas psicológicas primitivas se puede entender como una construcción basada en el modo de la gestión de peligro que se ve en la escisión, es decir, construida sobre el esfuerzo biológicamente determinado de crear seguridad creando una distancia entre el objeto en peligro y el motivo del mismo. La proyección, por ejemplo, se puede entender como un esfuerzo que se da en la fantasía de eliminar un peligro interno localizando el peligro fuera de uno mismo, es decir, separándose de él como si estuviera situado en otro. La introyección se utiliza para separar un objeto externo valorado de uno que supone un peligro, mediante la localización de uno u otro de estos objetos externos dentro de uno mismo y para proteger de este modo el objeto valorado. La negación separa a uno mismo del objeto peligroso al tratar emocionalmente al objeto como si hubiera sido aniquilado.

En la etapa temprana de desarrollo que estamos tratando, estas actividades defensivas son reacciones que están en oposición a las respuestas. La automaticidad biológica se ha transformado en automaticidad psicológica. Aunque Klein no aborda explícitamente la cuestión de la subjetividad, parece implícito en los relatos clínicos y teóricos de Klein que, en la posición esquizo-paranoide, no hay sujeto intérprete que medie entre la percepción de peligro y la respuesta ante el mismo. El hecho de que se trate de una psicología sin sujeto constituye la paradoja básica de la posición esquizo-paranoide. La experiencia psicológica del tipo que se describe existe por sí misma, pero no para un yo. Además, hay que tener presente que para los pacientes que actúan de un modo predominantemente esquizo-paranoide, los pensamientos y los sentimientos son objetos palpables y fuerzas que aparecen, desaparecen, contaminan, transforman, destruyen, rescatan, etc. Por ejemplo, un paciente que actúa de manera esquizo-paranoide puede sacudir la cabeza para liberarse de los sentimientos que le atormentan, puede, literalmente, reflejar sus pensamientos en una carta y enviar la carta a la persona que debería tener estos pensamientos, o puede solicitar que le hagan radiografías para poder ver qué es lo que hay dentro de él que le está volviendo loco.[3]

La identificación proyectiva se desarrolla como una elaboración psicológica-interpersonal del proceso de escisión. Al principio, el infante se enfrenta a datos sensoriales en bruto a los que debe atribuirse sentido antes de que esta estimulación se pueda transformar en experiencia. Los datos sensoriales, antes de que se les atribuya significado (se les transforme en lo que Bion [1962a] llama "elementos alfa"), son simplemente cosas-en-sí-mismas (lo que Bion denomina "elementos beta"). Por ejemplo, el bajo nivel de azúcar en la sangre del infante es registrado fisiológicamente, pero este hecho no constituye todavía la experiencia del hambre, lo que implica una atribución de significado a los datos sensoriales. Bion (1962a, 1962b) considera que la creación de significado, en principio, es un proceso interpersonal mediado por una forma temprana de identificación proyectiva. En este proceso psicológico-interpersonal, el infante proyecta elementos beta (datos sensoriales antes de su transformación en la experiencia personalmente significativa) en la madre, que, a través de su contención de la identificación proyectiva, transforma las cosas del infante en sí mismas en una experiencia significativa (por ejemplo, el hambre). El infante luego vuelve a interiorizar la experiencia de una forma que puede utilizar para generar sus propios pensamientos y sentimientos. A través de esta forma temprana de identificación proyectiva, se crea una experiencia de manera interpersonal a partir de la que el infante es capaz de aprender.[4]

Las formas más maduras de la identificación proyectiva se desarrollan una vez que el infante, niño o adulto haya desarrollado la capacidad de generar significados por sí mismo. Bajo tales circunstancias, la identificación proyectiva implica una fantasía de expulsar estos contenidos internos escindidos y de tomar control de otra persona desde dentro (Klein 1946, 1955). Asociada a esta fantasía existe una interacción interpersonal real en la que se ejerce presión sobre la otra persona para experimentarse a sí mismo y comportarse de una manera congruente con la fantasía inconsciente del proyector (Bion, 1959). El receptor que gestiona con éxito los sentimientos engendrados en sí mismo pone a disposición del proyector (a través de la interacción) una versión modificada y más integrable del conjunto de significados que había sido imposible gestionar anteriormente (Lang, 1976; Malin y Grotstein, 1966; Ogden, 1979).[5]

Después de tratar diversos usos defensivos de la escisión (incluida la escisión como aspecto de la identificación proyectiva), hay que destacar que la escisión no es simplemente una defensa, sino que incluso se trata de manera más básica de un modo de organizar la experiencia. Esta forma de operación mental se utiliza al principio para crear orden a partir del caos de la experiencia más temprana del infante sobre la base de categorías inherentes a su estructura profunda instintiva. La escisión constituye un ordenamiento binominal de la experiencia, es decir, una escisión de la experiencia en categorías de placer y displacer, peligro y seguridad, hambre y saciedad, amor y odio, yo y no-yo, etc.

En la posición esquizo-paranoide, aún no se ha desarrollado un sujeto intérprete con una historia personal continuada que se mantenga a través de la memoria consciente e inconsciente. Como resultado, en la escisión cada hecho existe por sí mismo, pero no para una autoexistencia a lo largo del tiempo o en relación con algo que no sea él mismo. Como se tratará más adelante, el proceso de represión que se desarrolla en la posición depresiva implica la conservación de un objeto completo incluso en su exilio de la toma de conciencia. La escisión es un modo de pensamiento creador de límites y, por tanto, constituye una parte de un proceso generador de orden (que aún no genera un significado personal).

La experiencia presubjetiva

Hasta el momento del desarrollo que se ha tratado hasta ahora, para Klein no existe todavía una persona que interprete su experiencia. Sigue sin haber un "Yo". La posición esquizo-paranoide es el ámbito de "el ello", incluso si no se trata exclusivamente del ámbito del ello (es decir, de presiones del instinto). Dicho de otro modo, el yo temprano (el componente de organización adaptador de la personalidad) también es impersonal en cuanto que está prácticamente desprovisto de subjetividad, de un sentido de "yoidad". Cuando el infante se enfrenta a la amenaza de peligro generada por el procesamiento (aún no por la interpretación) de la experiencia conforme al instinto de muerte, utiliza la escisión. La escisión constituye un intento de lograr la seguridad poniendo distancia entre los aspectos de causa del peligro y de objeto en peligro de uno mismo y de los objetos de uno.

Los objetos tienen valor, pero no existe aún un "Yo" que los ame y valore. El yo que existe es el yo como objeto, opuesto al yo subjetivo. El yo subjetivo puede pensarse como representado por la toma de conciencia auto-reflexiva de "Yo estoy siendo" en la oración "Yo estoy siendo atacado". El "Yo estoy siendo" es una condensación de "Soy consciente de que me experimento a mí mismo como ..." El yo en la posición esquizo-paranoide es el yo como objeto, no el yo como creador e intérprete de los pensamientos, los sentimientos, las percepciones, etc. de uno mismo. El yo como objeto se corresponde con un yo tácito no reflexivo en la frase "Hace calor" (en contraposición a "Soy consciente de que yo siento calor") o "El es peligroso" (en contraposición a "Soy consciente de que yo le experimento a él como peligroso").[6]

En varias ocasiones, he trabajado con pacientes, o han acudido a mí para una supervisión pacientes que no utilizaban pronombres personales en su discurso y que utilizaban muy pocos verbos en voz activa. Por ejemplo, un paciente hospitalizado con psicosis esquizofrénica aguda, después de que le golpeara otro paciente, dijo: "En la cocina ... joder ... golpe en la cara ... roto ... hijo de puta". "Este uso del lenguaje capta algo del estado de ser de la posición esquizo-paranoide en la que las cosas simplemente suceden. Trabajando con un paciente con trastorno de personalidad borderline, se produjo una omisión similar aunque menos extrema de los pronombres personales: "Fui a la escuela hoy ... sin suerte ... el maestro es un gilipollas ... le odio".[7] Como esto se produjo sesión tras sesión, me llamó la atención cada vez más por la forma en la que el paciente no se experimentaba a sí mismo como un agente activo personal, sino, más bien, como un objeto al que le suceden los acontecimientos de la vida. Faulkner ha captado la experiencia del yo no reflexivo en el personaje del "idiota" de *El ruido y la furia*: "Ben dejó de lloriquear. Observó la cuchara, mientras se la acercaba a la boca. Era como si incluso el afán estuviera también en sus músculos, y el hambre inarticulado en sí, sin saber que era hambre".

Las relaciones de objeto escindido

El infante, además de dividir sus objetos en categorías que contribuyen a separar el motivo del peligro y el objeto en peligro, también divide su percepción de sí mismo con el mismo fin. El objeto, según Klein (1946), nunca se escinde sin una escisión correspondiente del yo. Las facetas de la experiencia relacionada con el objeto se aíslan unas de otras. El yo amante (como objeto) se mantiene en relación con el objeto amante, y se aparta del yo odiador (como objeto) y del objeto odiador. En la escisión, una forma de relación entre el yo y el objeto se separa de otras experiencias de uno mismo en relación con el otro. Resulta más preciso decir que el infante genera relaciones de objeto parcial que decir que crea objetos parciales, porque siempre hay un yo (como objeto) en la experiencia de uno mismo en relación con el otro.

La experiencia exitosa de la alimentación (o cualquier otra experiencia que implique un éxito "en el que encajan" la madre y el infante) genera una sensación de yo satisfecho, amado en relación con un objeto amante. Una alimentación frustrante, por otro lado, genera el sentido de un yo odiador en relación con un objeto hiriente que causa insatisfacción. (Para Klein [1952b], las proyecciones del infante determinan en gran medida si un alimento determinado es experimentado como amante o como hiriente). *Estas facetas amorosas y dañinas de la experiencia (relaciones de objeto parcial) están aisladas unas de otras, porque es demasiado peligroso para el infante que está organizado primitivamente amar el objeto que odia y del que el infante es absolutamente dependiente.* En lugar de ello, el infante utiliza el pensamiento, la proyección, la introyección, la negación, la idealización y la identificación proyectiva omnipotentes para reorganizar su mundo de objeto interno, en un intento de separar los aspectos en peligro del yo y del objeto de sus aspectos que causan el peligro. El yo odiador y su relación con un objeto odiador se escinde fuera del yo amante en relación con un objeto amante. Cuando, por ejemplo, se percibe que un objeto odiador supone un peligro interno para un aspecto amante de uno mismo, el infante en la fantasía expulsa el aspecto del yo en peligro a un objeto externo, con el fin de crear una cierta distancia entre el objeto peligroso y el yo. En la identificación proyectiva existe un componente interpersonal del proceso que acompaña a la fantasía proyectiva. El infante como proyector se experimenta a sí mismo como si le hubieran diezmado las partes adorables de sí mismo y puede entonces sentirse aún más dependiente del objeto que se percibe como algo que contiene todo lo que es bueno (Klein, 1946).

Puede que más adelante se perciba que los aspectos amantes del yo, que habían sido proyectados previamente hacia el exterior con el fin de protegerlos del peligro interno, están en peligro debido a un objeto externo odiador. La internalización del objeto externo que odia o del amado garantizará temporalmente un mínimo de seguridad. Inevitablemente, surgen nuevos peligros (reales e imaginarios) que requieren nuevos acuerdos de las partes del yo y de los objetos parciales. Asociadas a la creencia en el valor de separar la causa del peligro del objeto en peligro están las creencias concretas sobre cómo lograr esta seguridad, por ejemplo, la fantasía de que podemos controlar mejor un objeto que está dentro de nosotros mismos, y la fantasía de que un objeto expulsado ha sido desterrado y nunca regresará.

Estos son, pues, la fenomenología y el modo de operación de la posición esquizo-paranoide. La posición esquizo-paranoide está en dominio, según Klein (1948), durante los tres primeros meses de vida, y va seguida del cuarto al séptimo mes por la posición depresiva. El término *posición* se utiliza para referirse a un nivel de organización psicológica con su forma característica de relación de objeto, forma de simbolización, modos de defensa, tipo de ansiedad, madurez del funcionamiento del yo y del superyó, etc. Estas "posiciones" no se pasan, sino que más bien continúan a lo largo de la vida como modos coexistentes de organización y procesamiento de la experiencia (Klein, 1952a; Bion, 1950, 1963), y cada una de ellas genera una cualidad distintiva del ser. (La relación existente entre las posiciones esquizo-paranoide y depresiva se tratarán en el próximo capítulo).

La posición esquizo-paranoide es "esquizoide" porque en esta fase el infante se basa en gran medida en la escisión del yo y el objeto como defensa y modo de organización de la experiencia; es "paranoide", porque el infante se apoya en fantasías proyectivas y en la identificación proyectiva, en un intento de defenderse a sí mismo de los peligros relacionados con el objeto, el cual, según Klein (1948), representa un sistema de significados derivados del instinto de muerte. La ansiedad que rige la posición esquizo-paranoide es el miedo a la aniquilación de uno mismo y de los objetos valiosos de uno. Esto no significa que todos los infantes sean esquizofrénicos paranoicos. Por el contrario, es una incapacidad para emplear adecuadamente la escisión la que, entre otras circunstancias, puede llevar a la psicopatología severa, incluida la esquizofrenia.

El fracaso de la escisión

La crítica situación de un adolescente psicótico puede entenderse si nos referimos a la incapacidad del paciente para utilizar la escisión eficazmente:

H., un chico de 14 años de edad, que fue hospitalizado en una sala de orientación analítica durante un largo periodo, en el que yo lo visité en psicoterapia diaria, era torturado por pensamientos autoacusadores prácticamente todo el tiempo que estaba despierto y, con frecuencia, también en sus sueños. Cada vez que tocaba un objeto tenía miedo de que se le acusara de que intentaba robarlo. Cada mujer a la que miraba le generaba temores de ser acusado de tener intención de violarla o de tener pensamientos obscenos sobre ella. Cada vez que veía a un hombre, le daba miedo ser acusado de homosexual, o llamar al hombre maricón, y que el hombre luego tomara represalias contra él.

Con frecuencia, en el transcurso de un día, el bombardeo psicológico interno del paciente llegaba a ser tan intenso que incluso gritaba de dolor. En su fantasía consciente e inconsciente, él "tiraba" su estado interior (su "cerebro enfermo") hacia mí. Me comunicaba su crítica situación bombardeándome en la forma en la que él se sentía bombardeado. Las sesiones se llenaban de una corriente interminable de amenazas, insultos y golpes a los muebles, paredes y puertas de mi consulta, que a veces llegaban a proporciones casi ensordecedoras. H. tenía cuidado de no causar ningún "daño real" y, cuando esto estaba a punto de suceder, redoblaba los ataques contra sí mismo. Me dijo en muchas ocasiones que daría cualquier cosa por tener sólo cinco segundos de paz. Aunque nunca reconoció el valor de la terapia ni de mí mismo, llegaba media hora antes a cada cita "con el fin de cargarse" en mí haciendo sonar implacablemente el timbre de la sala de espera.

Todo lo que este paciente pensó y sintió (en fantasía) se volvía contaminado. En la transferencia, no podía amarme o reconocer mi valor sin temor a que se tratara de un amor contaminado, por ejemplo, homosexual, incestuoso, codicioso o dañino. La poderosa sensación del paciente de que cada faceta de amor emocional está contaminada o a punto de ser contaminada, es el sello de una insuficiencia primitiva de la escisión. Desde el punto de vista (inconsciente) de H., él amaba odiando y odiaba amando, y por lo tanto estaba aterrorizado de hacer cualquiera de las dos cosas.

El infante debe ser capaz de escindir con el fin de alimentarse de forma segura sin la intromisión de la ansiedad de que está haciendo daño a su madre, y sin la ansiedad de que ella le hará daño. Es necesario que un infante sienta que la madre que le cuida es totalmente amorosa y no tiene conexión ninguna con la madre que le "hace daño" obligándole a esperar. La ansiedad que surge de la idea de que la madre nutricia y la madre frustrante son una y la misma privaría al infante de la seguridad que necesita para alimentarse de forma segura. Del mismo modo, la capacidad de desear algo con seguridad se perdería si el infante, mientras se estaba alimentando, se experimentó a sí mismo como el mismo infante que deseaba airadamente controlar y subyugar la mama o a la madre en su ausencia. Mientras se está alimentando, el infante debe experimentarse como amoroso de una manera sencilla y sin contaminación con el fin de sentir que él puede querer sin llegar a hacer daño.

La escisión no sólo salvaguarda la necesidad que tiene el infante de dar y recibir amor, sino que también salvaguarda su necesidad de odiar. Si el objeto del odio del infante está contaminado por las facetas del objeto amado, el infante no será capaz de odiarlo de forma segura. (La suposición de que el infante tiene necesidad de odiar no depende de la suposición kleiniana de la presencia de poderosos deseos de destrucción, determinados constitucionalmente. Por ejemplo, se podría postular, como lo hicieron Winnicott [1947, 1957] y Fairbairn [1944], que el odio surge de la necesidad excesivamente frustrada y que es fundamental para el desarrollo normal del infante, niño o adulto que sean capaces de experimentar este sentimiento sin sentir miedo de él).

K., una paciente anoréxica/bulímica de 23 años de edad que estaba siendo tratada en terapia intensiva individual, mostró indicios de una necesidad compulsiva de vomitar los contenidos internos odiados y odiadores (la comida que estaba en sus estómago que temía que le fuera a engordar y que estaba haciendo que su estómago estuviera hinchado y le doliera).

No iba a permitirse a sí misma mudarse del edificio en el que vivía a un "apartamento decente", que podría costearse fácilmente. La paciente se sentía incapaz de mudarse porque no quería comer y vomitar en un "sitio bonito", ni tampoco quería ni se sentía capaz de renunciar a los "atracones" y a los vómitos. El terapeuta entendió la negativa o la incapacidad del paciente para mudarse de su apartamento actual como un deseo de retener su método de odiar de una manera no contaminada. Mudarse al nuevo apartamento habría supuesto un acto de amor (de sí misma) que ella no quería contaminar con los atracones de comida seguidos de vómitos (un acto simbólico de odio violento hacia su madre y hacia sí misma).

Tanto amar como odiar, después de todo, son partes necesarias del espectro de la emoción humana y la paciente no podía dejar de odiar para pasar a amar, incluso si cuidar de sí misma al mudarse de vivienda, le parecía que sería "lo más cuerdo". Por otro lado, ella no quería renunciar a amar (no mudándose a un apartamento adecuado) para pasar a odiar (lo que ella equiparaba con los atracones y los vómitos), y como resultado, se sentía incapaz de tomar una decisión.

El material clínico siguiente forma parte de una psicoterapia intensiva de una joven de 18 años con anorexia nerviosa.

Durante un periodo de casi un año, S. dejó de comer casi hasta la muerte, porque la comida de su madre (de la que ella hablaba de forma general y en la que incluía toda la alimentación) "llenaba demasiado". Esta paciente profesaba un profundo amor por su madre y era incapaz de pensar en una sola cosa acerca de su madre que no le gustara y admirara. No sólo la comida de su madre llenaba demasiado, sino que también a veces sentía que era "demasiado buena para comérsela". De hecho, la paciente ni siquiera quería ver la comida de su madre mientras se cocinaba, ya que era demasiado buena para cocinarse. Finalmente, en el transcurso de la terapia, se aclaró uno de los conflictos subyacentes fundamentales de la paciente: su madre era "demasiado buena para que ella la odiara". (Esto no era una cuestión de fracaso de la represión en relación con una madre amada de manera ambivalente; esta paciente era incapaz de utilizar eficazmente incluso la más primitiva defensa de escisión en relación con una madre a la que experimentaba como una colección de objetos parciales).

Al ser incapaz de escindir el aspecto odiado de su madre, la paciente recogió este aspecto en el buen aspecto de la madre, donde el aspecto odiado estaba disfrazado de "algo demasiado bueno". Esto es lo contrario de la ambivalencia, es una incapacidad para separar lo odiado de lo amado, seguido del acto de poner a lo odiado el disfraz de lo amado. Resultó el doble dilema siguiente: 1.- una una incapacidad para odiar (he visto a muy pocos pacientes que hayan sido menos capaces de experimentar directamente un sentimiento de ira) y 2.- una incapacidad para amar (la incapacidad de la paciente para comer y ofrecer así simbólicamente amor o aceptar amor por sí misma).

En resumen, la escisión le permite al infante alimentarse de forma segura y amar, y desear y odiar de forma segura, sin desarrollar una ansiedad incontenible de que está siendo destruido por lo que ama, o de que lo que ama le está destruyendo.

El fracaso de la integración

La escisión, aunque se trate fundamentalmente de un modo de organizar la experiencia, viene a cumplir una función defensiva. (Esta situación es análoga a la del desarrollo del lenguaje en sí: aunque el lenguaje sea fundamentalmente un medio para pensar y comunicarse, adquiere funciones defensivas de manera secundaria). Como ya se ha comentado, la escisión como defensa temprana sirve principalmente para regular, mediante el aislamiento mutuo, la relación de las facetas de amar y odiar de la experiencia. Una incapacidad para disminuir la dependencia propia de la escisión refleja la ansiedad excesiva acerca de los peligros que participan en la interpenetración de los diferentes estados de sentimientos, sobre todo el amor y el odio. Los procesos de escisión, alimentados por la ansiedad de este tipo, se vuelven rígidos e inmutables.

La siguiente viñeta clínica ilustra algunos de los correlatos conductuales e experienciales del hecho de depender constantemente de la escisión como forma de defensa:

La Sra. N., una paciente que estaba siendo visitada en psicoterapia intensiva, mantuvo un grupo de relaciones simultáneas aunque completamente separadas entre las que se incluían una relación reconfortante con su marido, para quien ella "hacía de madre" y que a su vez hacía de madre para ella, así como una relación muy sensual con un hombre mayor. El marido de la paciente no sabía nada del hombre mayor, y el otro hombre no sabía casi nada sobre el marido. A ninguno de los dos les había hablado del terapeuta, y al terapeuta solo le había dado datos muy editados sobre los otros dos hombres. La paciente se dio cuenta de que cuando estaba con uno de estos tres hombres, era casi como si no existieran los otros dos. Mucho más doloroso que la discontinuidad de su mundo de objeto era la constatación de que la persona que ella se sentía ser cuando estaba con su marido apenas existía cuando estaba con el hombre mayor. Con frecuencia, cuando estaba en casa, la Sra. N. experimentaba una sensación de pánico de pérdida que le hacía volver corriendo al otro hombre. Esto no lo hacía sólo para reivindicar el objeto perdido, sino lo que quizás era aún más importante, para reivindicar una parte faltante de sí misma. Cuando estaba con el hombre mayor, sentía angustia por la otra parte faltante de sí misma y entonces, a continuación, volvía ansiosamente con su marido.

La paciente sentía que la relación con el terapeuta mantenía el potencial de "juntarla en un solo elemento". Sin embargo, a lo largo de esta fase de la terapia, la paciente también experimentó que el terapeuta era peligroso porque ella sentía que él podría interferir en su delicado sistema al exigirle que renunciara al amante, al matrimonio o a la terapia. La Sra. N. creía que si tuviera que tomar esa decisión, se volvería loca literalmente. La paciente era capaz de comprender las formas en las que ese miedo se parecía a los miedos infantiles que sentía cuando tenía que elegir entre su padre o su madre cuando se peleaban, entre sus padres y su hermana, entre ella misma como sus padres la veían y ella misma como se veía a sí misma.

La Sra. N. utilizaba la escisión para generar un grupo de relaciones de objeto parcial, cada una con su propio sentido del yo y un conjunto de fantasías conscientes e inconscientes relacionadas con los objetos. La escisión se utilizaba como un intento por no tomar decisiones entre dichas facetas de la experiencia, ya que elegir una sería, en efecto, aniquilar los otros aspectos de sí misma. La Sra. N. hacía uso de la mentira (elaboraciones innecesarias de la verdad para hacer que una historia fuera mejor de lo que era), la promiscuidad, y el hurto en un intento de sentirse más viva y presente.

La escisión no sólo había dado lugar a la compartimentación de su vida, sino que había despojado a cada sector de su vitalidad, ya que ella nunca podía sentirse plenamente presente en una determinada situación o relación. Este es el referente experiencial para la idea de que, cada vez que se escinde el objeto, se da una escisión correspondiente del yo.

Parte de la experiencia de la escisión del yo es un sentimiento de que una parte de uno mismo se encuentra desaparecida ya que cualquier relación de objeto parcial refleja necesariamente sólo un aspecto aislado de uno mismo.

Etapas tempranas de la integración

Paradójicamente, el logro de la escisión adecuada constituye la base necesaria para la eventual integración de los objetos parciales y de las partes del yo en objetos completos y en un sentido continuado del yo, por el motivo de que sólo cuando se ha logrado una relativa libertad de la ansiedad esa experiencia amante es, o está a punto de ser, contaminada por la experiencia odiadora, y viceversa, que uno puede atreverse a hacer que estas diferentes facetas de la experiencia tengan una relación más estrecha la una con la otra.

Una paciente borderline, después de muchos años de terapia, transmitió el nivel experiencial de haber logrado la escisión adecuada de la siguiente manera: dijo que, hasta ese momento, sus fantasías y sueños habían contenido con frecuencia líneas o formas que se disparaban sin parar en dos direcciones. Ahora, por primera vez, sus fantasías contenían líneas que tenían dos extremos. Este cambio representa una mejora de la capacidad de la paciente para la escisión adecuada: cada extremo de una línea es tangiblemente diferente de su extremo opuesto. Cada uno es claramente él mismo y no el otro. Cada uno no puede mezclarse o confundirse con el otro, o estar contaminado por él.

A continuación se expone un ejemplo de las etapas más tempranas de la integración de una forma extrema de relaciones de objeto escindidas patológicamente:

Un esquizofrénico paranoico, psicótico crónico de 46 años de edad recibió tratamiento durante muchos años en una clínica, en la que acosaba e intimidaba al personal y a los otros pacientes. A veces colocaba de manera amenazadora a miembros del personal contra la pared y tiraba los muebles por la sala de espera. El paciente, el Sr. E., confiaba inconscientemente en la relación de objeto parcial hostil como forma de defensa contra la relación de afecto, ya que este último sentimiento estaba relacionado invariablemente con una sensación aterradora de convertirse físicamente en la otra persona. Podía sentir que su barbilla se convertía en la barbilla de la otra persona y, a partir de ahí, experimentaba que el resto de su cara, y luego la totalidad de cuerpo, se convertían en el de la otra persona. El terapeuta comentó que la desconfianza, el recelo y el temor del paciente servían para que pareciera menos probable que se produjera esta transformación física.

En una sesión incluida en este periodo de la terapia, el Sr. E. relató una experiencia extraña. Había hablado con un hombre fuera de su edificio al que conocía desde hacía muchos años, que "estaba a favor" de él. (La expresión *a favor*[8] tiene un doble significado, especialmente en el sur, donde el paciente se crió, de *parecerse físicamente y de actuar amablemente con alguien*. Para este paciente, los dos significados eran inconscientemente inseparables). El Sr. E. estaba muy perturbado por el hecho de que él veía en la cara del hombre "una belleza fea", algo con lo que nunca se había encontrado antes. El paciente, de una manera que refleja una fundamentación y presencia no características, le preguntó al terapeuta si sabía de lo que hablaba el paciente, y si había visto alguna vez algo así. La calma del Sr. E., que no tenía un tono amenazante y que se mostraba, sin embargo, persistente, al preguntar al terapeuta si conocía dicha sensación fue entendida por el terapeuta como la forma del paciente de preguntar al terapeuta cuál sería su respuesta ante esta nueva mezcla (integración inicial) de sensaciones transferenciales hostiles y cariñosas (desplazadas hacia el hombre que se había encontrado en la calle).

La escisión como discontinuidad de la historia

En la posición esquizo-paranoide, el modo predominante de simbolización ("ecuación simbólica", Segal, 1957) es aquel en el que el símbolo y lo simbolizado son emocionalmente indistinguibles ya que no hay un yo intérprete que medie entre el símbolo y lo simbolizado. No tiene sentido que uno atribuya significado a la percepción de uno mismo; los acontecimientos son lo que son y la interpretación y la percepción se tratan como procesos idénticos. La experiencia sensorial es no mediada[9] por un sujeto intérprete.

Dentro de este estado de ánimo, la escisión genera una cualidad distintiva de la experiencia (estado del ser) bastante diferente de la que se desarrolla más adelante. El funcionamiento mental de la escisión crea un estado de ánimo en el que no hay nada "entre medio". Un plano tiene dos caras y sólo dos caras; un observador nunca puede ver los dos lados a la vez. (Este estado contrasta con una situación en la que las diferentes facetas de la experiencia se crean y se niegan la una a la otra, siempre manteniendo una posición en relación con la otra en la mente del observador). En la posición esquizo-paranoide, no hay un punto de observación psicológico desde el cual se pueda absorber más de un plano emocional.

Cuando un paciente borderline se enfada y está decepcionado con el terapeuta, siente que ha descubierto entonces la verdad. El terapeuta no es de confianza y el paciente debería haberlo sabido todo el tiempo. Lo que el paciente había entendido previamente como un indicio de confiabilidad del terapeuta, ahora ve que ha sido un acto de engaño, una máscara, una tapadera de algo que se ha vuelto evidente. La verdad ha salido ahora a la superficie, y el paciente no se engañará a sí mismo o le cogerán con la guardia baja de nuevo. *La historia se reescribe de forma instantánea.* El terapeuta no es la persona que el paciente pensaba que era; ahora se descubre que es alguien nuevo. Cada vez que he llegado a este momento en una terapia, me he visto desconcertado de nuevo por la frialdad de la renuncia del paciente a la experiencia compartida. Se trata de un asalto a la historia emocional de la relación de objeto. El presente se proyecta hacia atrás y hacia adelante, creando así un presente estático, eterno y no reflexivo.

Cuando el lado más cariñoso del plano psicológico "reaparece", el paciente siente a menudo que tiene una "reacción exagerada" o se ha vuelto "paranoico" y ahora reinterpreta el pasado y recrea al terapeuta desde una perspectiva distinta. Con mucha frecuencia, el paciente simplemente no recuerda haberse sentido de un modo diferente a como se siente en la actualidad. Por ejemplo, al paciente se le olvida que alguna vez se ha sentido sorprendido y asustado por la "enorme incompetencia" del terapeuta cuando el terapeuta se olvidó del nombre de la novia del paciente. (En el capítulo 5, se presentará un relato de una negación masiva de la historia de la experiencia compartida que acompaña a la descompensación psicótica de un paciente).

Para el paciente que depende profundamente de la escisión, el buen (amado) terapeuta y el mal (temido y odiado) terapeuta son personas diferentes. El buen terapeuta nunca puede resultar decepcionante, porque tan pronto como él le decepciona, ya no es él (el buen terapeuta) con quien el paciente está tratando. Por definición, no podría haber sido el terapeuta amado y amoroso. Del mismo modo, en un estado de ánimo en el que predominan los procesos de escisión, el yo hostil de uno se siente como algo discontinuo del yo cariñoso, es decir, uno no se experimenta a sí mismo como la misma persona en estados afectivos diferentes.

La experiencia de la contratransferencia del terapeuta cuando un paciente utiliza una defensa de escisión conlleva con frecuencia una cualidad inquietantemente discontinua que refleja la discontinuidad emocional del paciente. Cuando el paciente trata de manera consciente e inconsciente al terapeuta como dos o más personas claramente diferenciadas, en el terapeuta se engendra una interrupción correspondiente de la continuidad de la experiencia de sí mismo. Con mucha frecuencia, esto da como resultado la amnesia por parte del terapeuta acerca de los acontecimientos anteriores que se han dado en una determinada sesión, o en las sesiones anteriores. En cierto sentido, el paciente "crea" al terapeuta, no sólo en la fantasía, sino también en la realidad, en la que el paciente se basa emocionalmente en el terapeuta de acuerdo con las configuraciones dominantes de la transferencia.

Existe un paralelismo sugerente entre esta descripción de la escisión en la posición esquizo-paranoide y las conclusiones que ha elaborado T. G. R. Bower (1971) a partir de sus investigaciones de observación neonatal:

> De acuerdo con estos estudios, parece que los infantes de menos de 16 semanas de edad viven en un mundo articulado en cuanto a objetos sólidos que están dispuestos de forma estable en el espacio de acuerdo con su ubicación, con una constancia de existencia cuando se ocluyen el uno al otro. Sin embargo, se trata de un mundo extremadamente superpoblado. Un objeto se convierte en un objeto diferente en cuanto se traslada a una nueva ubicación. En este mundo, cada objeto es único. El infante debe hacer frente a un número muy grande de objetos, cuando sólo uno está allí realmente. (pp. 37–38)

Esta discontinuidad física de los objetos cuando los objetos se mueven parece ir en paralelo con la discontinuidad emocional del yo y el objeto en diferentes "posiciones" afectivas del estado esquizo-paranoide. El mundo del infante en esta fase del desarrollo está atestado emocionalmente de diferentes objetos que son, desde el punto de vista de un observador externo, un único objeto.

Resumen

La concepción kleiniana de la posición esquizo-paranoide es una formulación del primer punto de apoyo del infante en la esfera psicológica. Esta posición implica un modo de generar y organizar la experiencia en el que la experiencia es predominantemente de carácter impersonal y no relexiva (es decir, la experiencia del yo que tiene poca cualidad de "yoidad"). Los pensamientos y los sentimientos no son creaciones personales, sino que son acontecimientos que suceden. No se interpreta la propia experiencia, sino que se reacciona ante ella con un elevado grado de automaticidad.

Los símbolos de alguien no reflejan una superposición de significados personales que deben ser interpretados y entendidos, los símbolos de alguien son lo que representan. Se trata del reino de las cosas en sí mismas.

El modo principal de gestión del peligro es la escisión, una reordenación de las cosas en sí mismas, en un intento de separar el objeto en peligro del motivo del mismo. La identificación proyectiva es una elaboración del proceso de separación en el que uno utiliza a otra persona para experimentar a distancia lo que uno no está dispuesto o no es capaz de experimentar por sí mismo.

La escisión permite que el infante, el niño o el adulto ame con seguridad y odie con seguridad, mediante el establecimiento de una discontinuidad entre los aspectos amados y temidos del yo y del objeto. Sin dicha discontinuidad, el infante no podría alimentarse de forma segura y, como consecuencia de ello, moriría. Resulta fundamental para el estado del ser que caracteriza a la posición esquizo-paranoide que la reescritura continua de la historia esté al servicio del mantenimiento de las discontinuidades de los aspectos de amor y odio del yo y del objeto. Es esencial que exista un solo plano emocional a la vez. De lo contrario, las relaciones de objeto se contaminan y, como consecuencia, se vuelven insoportablemente complejas para la psique primitiva.

Notas

1. Cuando hablo de *estado del ser*, tengo presente ese aspecto de la experiencia psicológica que tiene que ver con lo que se siente al estar vivo. La cualidad de un estado determinado de ser es un reflejo del grado de la subjetividad (de la experiencia de la "yoidad") que se ha logrado; la ubicación psicológica de esta subjetividad en relación con los pensamientos, la mente, el cuerpo, el no-yo del individuo; la experiencia del espacio psicológico en el que pensamos nuestros pensamientos, vive en nuestro cuerpo, sueña nuestros sueños; el sentido del lugar de nuestra experiencia en relación con nuestro pasado y nuestro futuro, nuestro grado de diferenciación, nuestros símbolos y lo simbolizado.

2. El código instintivo asociado al instinto de muerte sirve para organizar la sensación de peligro en narrativas relacionadas con el objeto (por ejemplo, fantasías presa-depredador [ver Grotstein, 1985]). Bion (1962a) describió la degeneración patológica de las fantasías relacionadas con el objeto del peligro en un sentido de "terror sin nombre" que se produce cuando la madre no quiere o no puede procesar las identificaciones proyectivas del infante.
3. Véase Ogden, 1979, 1981, 1982b para ejemplos clínicos de este tipo de reificación y transposición de fenómenos mentales.
4. Me parece que, dado el marco que Bion propone, la noción de que los elementos beta son proyectados por el infante en la madre presupone que estos elementos han adquirido cierto grado de significado. De lo contrario, sería difícil imaginar por qué iban a ser advertidos o señalizados para su "expulsión".
5. Creo que es necesario hacer una revisión de esta visión de la identificación proyectiva. Como se ha, mencionado en el capítulo 2, considero que la identificación proyectiva debe entenderse en cuanto a la creación de una nueva unidad psicológica (la madre-infante o el proyector-receptor), cuya formación explica la capacidad del proyector para moverse más allá de su modo anterior de organización de la experiencia, es decir, para moverse más allá de sí mismo. En los capítulos 7 y 8 se presentarán más análisis sobre esta forma de actividad mental.
6. La concepción de un estado no reflexivo se solapa en cierta medida con la noción de Sartre (1943) de *ser-en-sí mismo*, una forma de ser que simplemente es lo que es: "El ser-en-sí-mismo no tiene un *dentro* que se oponga a un *fuera* y que sea análogo a un juicio, una ley, una conciencia de sí mismo. El en-sí no tiene nada secreto, sino que es algo sólido. En cierto sentido, podemos designarlo como una síntesis. Pero es lo más indisoluble de todo: la síntesis de sí mismo consigo mismo (p. lxvi). Este aspecto del ser está absolutamente indiferenciado de sí mismo y por lo tanto es una forma mucho más extrema de objetividad (no reflectividad) que la asociada a la posición esquizo-paranoide.
7. N. del T. Estas citas en las que se hace referencia a la ausencia del uso de pronombres son más evidentes en el texto original en inglés, donde el pronombre sujeto es obligatorio para la construcción de la frase: "In kitchen ... fuck ... face smash ... crack ... son of a bitch." "Went to school today ... no luck ... teacher's a prick ... hate him."
8. N. del T.: En inglés americano, "favored".
9. La concepción de Lacan (1949–1960) del ámbito de lo imaginario (antes de la entrada en el orden simbólico) y la concepción de Hegel (1807) del carácter de la experiencia "no consciente", "sin autoconciencia"

no-dialéctica o predialéctica también implica concepciones de experiencia sensorial no mediada (inmediata). Para Lacan, es el sistema de símbolos lingüísticos lo que nos permite mediar entre uno mismo y la experiencia sensorial vivida por uno. Para Hegel, esto se logra a través de la mediación del trabajo (las producciones del hombre) que se hacen con fines distintos de los necesarios para la supervivencia del hombre como animal.

CAPÍTULO 4

La posición depresiva y el nacimiento del sujeto histórico

> Klein consiguió dejar claro ... cómo la capacidad de preocupación y de sentirse culpable es un logro .... Se trata de la contribución más importante de Klein en mi opinión, y yo creo que está en el mismo nivel de importancia que el concepto de complejo de Edipo de Freud.
>
> —*Donald Winnicott*

Las posiciones esquizo-paranoide y depresiva representan la conceptualización de Klein de las organizaciones psicológicas que generan ámbitos distintivos de la experiencia o de estados del ser. No se sale de la posición esquizo-paranoide en el propio "umbral" de la posición depresiva, sino que más bien, se establece una relación dialéctica más o menos exitosa entre las dos, una relación en la que cada estado crea, conserva y niega al otro, al igual que lo hacen la mente consciente e inconsciente en el modelo topográfico de Freud.

La descripción de la posición depresiva que se presenta en este capítulo se basa en las ideas introducidas por Klein, pero fundamentalmente va más allá de lo que se manifiesta de forma explícita en los escritos de Klein. Melanie Klein se interesó principalmente por los contenidos mentales y, como resultado de ello, dejó relativamente sin explorar las implicaciones de su teoría en relación con una concepción psicoanalítica de los estados de fondo fundamentales del ser.

La transición hacia la posición depresiva

Como se ha tratado en el capítulo anterior, la posición esquizo-paranoide es un modo de generación de la experiencia impersonal y automática. El peligro y la seguridad se gestionan mediante la prestación de la experiencia discontinua (por medio de la escisión) y expulsando hacia otra persona los aspectos inaceptables o en peligro de uno mismo (mediante la identificación proyectiva). La posición esquizo-paranoide implica un estado no reflexivo del ser, en el que los pensamientos y los sentimientos de uno son acontecimientos que simple y llanamente suceden.

La posición depresiva constituye un ámbito completamente diferente de la experiencia con respecto a lo que constituye la posición esquizo-paranoide. Entrar en la posición depresiva implica un avance psicológico monumental. El concepto de una línea de desarrollo (A. Freud, 1965) no capta adecuadamente el carácter no lineal del cambio que se produce, ni es análogo al hecho de unir las piezas de un rompecabezas, que consigue crear poco a poco un todo a partir de la suma de las partes (como en la concepción de Glover [1968] del desarrollo temprano del yo a partir de los núcleos del yo). Del campo de la física puede extraerse una analogía más adecuada: los elementos y condiciones se acumulan, lo que lleva a la consecución de una masa crítica, momento en el que surge un nuevo estado, construido sobre el que lo precedía, aunque cualitativamente diferente a aquel, en una forma que no podría haberse previsto al observar la suma de los componentes (véase la teoría genética de campo de Spitz [1959]).

Mientras que la transición entre estos dos modos o posiciones conlleva cualidades de salto cuántico, también debe tenerse en cuenta que las posiciones esquizo-paranoide y depresiva son procesos y no entidades estáticas. Por lo tanto, resulta engañoso hablar de la "consecución de la posición depresiva". Sería más exacto decir que se ha comenzado a funcionar en cierta medida en el modo de la posición depresiva, teniendo en cuenta que este modo está sometido a un desarrollo continuo en el transcurso de la vida de alguien y que la operación en este modo presupone siempre la operación simultánea en el modo de la posición esquizo-paranoide.

Desde una perspectiva kleiniana (desarrollada por Bion [1962a, 1963, 1967]), el proceso psicológico-interpersonal de la identificación proyectiva constituye uno de los principales vehículos (en asociación con la maduración psico-fisiológica y un predominio de la buena experiencia) mediante los cuales se da el paso desde la posición esquizo-paranoide a la posición depresiva. El mundo de los objetos del infante en la posición esquizo-paranoide se compone de objetos parciales que interactúan de acuerdo con líneas predeterminadas por los dos códigos instintivos principales. La experiencia real, a no ser que esté modificada por el proceso de identificación proyectiva, sencillamente confirmará las preconcepciones polarizadas del infante de peligro absoluto y de seguridad serena.

La identificación proyectiva permite una salida del sistema—inicialmente cerrado—de la realidad psíquica del infante. La interacción con la madre que constituye la identificación proyectiva hace posible que el infante modifique sus prejuicios instintivos, es decir, que aprenda de la experiencia. La anticipación no reflexiva de un infante que supone el rechazo sádico hacia la madre puede ser atemperada por el "proceso de contención" materno (Bion, 1962a, 1962b). El objeto idealizado se somete a la modificación de un modo parecido. La buena experiencia y la madurez no dan una explicación plena de la transformación de los objetos parciales, sino que se trata más bien de la modificación de la cualidad de la receptividad del infante y del sistema de generación de significado que se produce en la interacción que constituye la identificación proyectiva,[1] lo que hace posible que el infante discrimine la nueva experiencia de aquella que ya tenía prevista.

Los kleinianos (Klein, 1935, 1958; Segal, 1957, 1964) recurren a una combinación de factores madurativos y de experiencia real para dar una explicación de la integración de los objetos parciales buenos y malos. Los factores madurativos están formados por una disminución de la intensidad del impulso instintivo y de un despliegue de capacidades cognitivas, entre las que se incluye la estabilización de la capacidad para la comprobación de la realidad y la memoria. Con estos cambios madurativos como base, la integración de los objetos parciales y de las partes del yo se hace posible cuando prevalece la buena experiencia. Una experiencia satisfactoria con los objetos mejora el sentimiento del infante de apego y de amor hacia los objetos internos buenos y disminuye el miedo del infante hacia los objetos malos. Mientras esto ocurre, los objetos malos no tienen por qué ser excluidos tan enérgicamente por medio de la proyección y de la identificación proyectiva. El resultado es una disminución de la ansiedad persecutoria. El objeto bueno no tiene por qué ser mantenido tan separado emocionalmente del objeto malo y, poco a poco, a medida que avanza este proceso, los aspectos positivos y negativos del yo y los objetos parciales buenos y malos pueden ser experimentados como cualidades diferentes de un único objeto total y de un único yo total.[2]

El desarrollo de la subjetividad

En el proceso del paso de la relación del objeto parcial a la relación de objeto total y de la experiencia de autoescisión a una continuidad de la experiencia del yo, el infante se vuelve humano y potencialmente humanitario. Al intentar comprender la transformación de la cualidad de la experiencia que se hace posible en la posición depresiva, uno se sorprende por la amplia gama de avances evolutivos que subyacen a esta metamorfosis, por ejemplo, una mayor capacidad de diferenciación del auto-objeto, el desarrollo de la capacidad para la formación de símbolos, el aumento de las capacidades para la modulación afectiva, la comprobación de la realidad y la memoria. Ningún avance de desarrollo da una explicación del cambio en el estado del ser del infante que se describirá. Por desgracia, no se puede abordar la totalidad del desarrollo sin tener en cuenta las partes por separado, con lo que se da la ilusión de que una parte lleva a la otra de manera secuencial. En la realidad, cada aspecto del desarrollo crea las condiciones necesarias para la aparición de los otros.

Comenzaremos tratando el tema del desarrollo de la subjetividad, la experiencia de la "yoidad", que es un elemento concomitante de la diferenciación entre el símbolo y lo simbolizado. En la posición esquizo-paranoide, el símbolo y lo simbolizado eran emocionalmente intercambiables, lo que conducía a una inmediatez de la experiencia manifiesta en la concreción extrema de pensamiento, en el estar atrapado en lo manifiesto y en la cualidad delirante de la experiencia (que incluye la experiencia de la transferencia). El símbolo es lo que representa. En el umbral de la posición depresiva, la madurez de la organización psicológica del infante ha llegado al momento en el que se hace posible un cambio estructural. Cuando el símbolo y lo simbolizado se vuelven distinguibles, un sentido de "yoidad" rellena el espacio que existe entre el símbolo y lo simbolizado. Este "yo" es el intérprete de los símbolos de uno mismo, el mediador entre los pensamientos de uno mismo y lo que uno está pensando, el intermediario entre el yo y la propia experiencia sensorial vivida. Nos podríamos preguntar si el sentido de "yoidad" permite diferenciar entre el símbolo y lo simbolizado o si la diferenciación del símbolo y lo simbolizado permite el surgimiento de un sentimiento de "yoidad". Me gustaría pensar que ambos son ciertos: cada uno hace al otro posible, pero ninguno es la causa del otro en sentido lineal.

En el momento en que el infante se vuelve capaz de experimentarse a sí mismo como intérprete de sus percepciones es cuando nace el infante como sujeto. A partir de ese momento, toda experiencia supone una creación personal (a menos que exista una regresión posterior). En la posición esquizo-paranoide, todo es lo que es (es decir, los acontecimientos hablan por sí mismos), mientras que en la posición depresiva, nada es sencillamente lo que parece ser (los acontecimientos no tienen un significado intrínseco). En la posición depresiva un acontecimientos es lo que uno hace de él y su importancia radica en la interpretación que se le da[3] (Debe tenerse en cuenta que el estado psicológico del ser que acabamos de describir siempre convive con la posición esquizo-paranoide en la que las percepciones son experimentadas como cosas en sí mismas).

Cuando el infante se convierte en un sujeto que interpreta, por primera vez puede proyectar ese estado de ánimo en su percepción del otro y considerar la posibilidad de que otras personas experimenten sentimientos y pensamientos de una manera muy parecida. La conciencia de la posibilidad de que otra persona sea tanto un sujeto como un objeto crea las condiciones en las que el infante puede sentir preocupación por otra persona.[4]

Cuando el infante llega a ser capaz de sentir preocupación por el otro como persona total e independiente, es decir, como ser humano vivo, entonces se vuelve capaz de sentir culpa y de desear hacer compensaciones. Es posible que se sienta mal por el modo en que ha hecho daño a otra persona (en la realidad o en la fantasía) y que pueda, en gran medida, distinguir entre los daños reales y los imaginarios.

Existen grandes diferencias entre la experiencia de la destructividad y de la restitución en la posición esquizo-paranoide y en la depresiva. En la primera, el objeto de la agresión de uno mismo es un objeto impersonal que no se percibe que tenga sentimientos o subjetividad, ya que el propio infante está desprovisto de subjetividad. La posición esquizo-paranoide es un estado mágico en el que uno no tiene que preocuparse por destruir al enemigo, porque es capaz omnipotentemente de recrear lo que ha destruido si desea restaurarlo.[5]

Desde el punto de vista de esta visión del estado experiencial que caracteriza a la posición esquizo-paranoide, es posible comprender por qué la ansiedad principal de la posición esquizo-paranoide no es el miedo a la muerte, sino el miedo a la "aniquilación".[6] No se puede morir si no se está vivo. Las sillas ni mueren ni se hacen daño, sino que son dañadas o destruidas. En la posición esquizo-paranoide, no hay una historia inmutable creada intersubjetivamente y conservada en la memoria subjetiva. En lugar de morir, uno desaparece sin dejar rastro. Por el contrario, una muerte al final de una vida es a la vez más y menos absoluta. Es menos absoluta porque una persona puede prever que continuará existiendo en las personas que han sido influenciadas por la experiencia compartida o por los símbolos que ha creado (y que han sido interpretados por otros) para reflejar su individualidad. Paradójicamente, la idea de la muerte desde el punto de vista de la posición esquizo-paranoide es menos absoluta de lo que lo es en el contexto de la posición depresiva. En la posición esquizo-paranoide, la ausencia nunca es permanente, sino que siempre existe la posibilidad de la recreación omnipotente del objeto ausente.

Mientras que la ansiedad principal de la posición esquizo-paranoide es el miedo a la aniquilación, la ansiedad principal de la posición depresiva es el miedo a la pérdida del objeto. El objeto perdido se experimenta como un ser humano total y separado de quien uno teme que se marche, o que resulte herido o muerto. El duelo es el trabajo a través de la ansiedad depresiva; la depresión y la enfermedad maníaco-depresiva son formaciones patológicas generadas en respuesta a la ansiedad depresiva. (La defensa maníaca contra la ansiedad depresiva se tratará más adelante en este capítulo).

La gestión del peligro en la posición depresiva

La objetividad (no reflectividad) del yo en la posición esquizo-paranoide representa el modo de gestión del peligro que se utiliza en ese estado del ser. En un mundo de cosas en sí mismas (que incluyen el yo como objeto), no es posible garantizar la seguridad a través de un entendimiento o compromiso en el que cada una de dos o más partes (sujetos) se cambian (intersubjetivamente) con el fin de obtener su paz.

En un ámbito de objetos (en contraposición a los sujetos) la seguridad se logra a través de los cambios cuantitativos y las transformaciones mágicas de todo o nada. La seguridad se alcanza en relación con el peligro interno colocando mágicamente el peligro fuera de uno mismo, uno se protege a sí mismo contra los objetos persecutorios mediante la adquisición de un ejército mayor de buenos objetos; protege a un aspecto de sí mismo que está en peligro transformando por arte de magia a la otra persona en un repositorio de ese aspecto del ser, con lo que se preserva a uno mismo en la forma de otro con el que mantiene una conexión de identidad (identificación proyectiva).

La renuncia a la omnipotencia de la posición depresiva está conectada íntegramente con el establecimiento de la separación del objeto de uno mismo. Sólo cuando no se puede crear o transformar mágicamente el objeto es cuando existe algo o alguien que no es uno mismo. Si hay alguien que no soy yo, a quien no puedo crear, controlar ni transformar, entonces yo también surjo como una persona aparte. Al renunciar a la omnipotencia, lo real es creado como una entidad separada de los propios pensamientos. En lo relativo a la formación de los símbolos, lo simbolizado (el referente de mis pensamientos en lo real) es liberado, por primera vez, del símbolo que yo creo (mis pensamientos y sentimientos acerca de lo que estoy percibiendo). Uno se libera del ámbito de la cosa en sí.[7]

La envidia y los celos

La distinción que existe entre la envidia y los celos proporciona referentes experienciales específicos para el análisis que ha precedido la relación que existe entre la posición esquizo-paranoide y la depresiva. Para Klein (1952c, 1957, 1961), la envidia es una de las manifestaciones más importantes del instinto de muerte. Como fenómeno de la posición esquizo-paranoide, la envidia es un relación de objeto parcial en la que uno odia el objeto por tener lo que uno cree que no tiene y lo que necesita desesperadamente. Uno desea robarle la posesión envidiada al objeto y arruinar lo que no puede robar.

Durante la psicoterapia de una paciente con perturbación grave, la terapeuta se quedó embarazada. La paciente, la Sra. W., negaba sin muchas ganas que tuviera ningún sentimiento sobre esto, pero desarrolló un sentimiento horripilante de que iba a descubrir un feto abortado en cada inodoro que estaba a punto a utilizar. Durante el mismo periodo, a la Sra. W. le resultaba insoportablemente doloroso hacer compras en las tiendas porque sólo podía comprar unas cuantas cosas y dejaba tantas cosas en la tienda que lo poco que podía comprar le resultaba como una burla de sí misma. Y le suponía un gran esfuerzo conseguir abstenerse de robar.

El deseo inconsciente de la paciente de tener a toda la terapeuta le llevó totalmente a sumirse en una envidia intensa e inconsciente del bebé de la terapeuta (y, en segundo lugar, de la terapeuta por tener al bebé). La paciente deseaba inconscientemente matar al bebé porque el bebé tenía lo que quería la paciente. Además, la Sra. W. deseaba arruinar la posesión envidiada del bebé y de la terapeuta.

La envidia implica una relación de objeto parcial entre dos personas, mientras que los celos se entienden como un fenómeno de la posición depresiva relacionado con el objeto total de tres personas. Los celos son una manifestación de la voluntad de la persona de ser amada de la manera que siente que la otra persona (el objeto de los celos) es amada por una tercera persona. Implica un elevado nivel de empatía con la otra persona (ponerse en el lugar del objeto de los celos, sin perderse a sí mismo en el otro) y una percepción de la tercera persona como un todo y como algo aparte, a quien uno puede imaginar que ama y que es amado por ella.

La envidia no sólo implica el odio hacia el objeto por poseer lo bueno, sino también el odio hacia lo bueno en sí, porque el poseedor y lo poseído del usuario son emocionalmente equivalentes. Los celos son un estado emocional mucho más complejo (en el núcleo hay un conjunto de sentimientos amorosos ambivalentes) que implica la ira por ser excluido de una relación amorosa. Uno desea amar y ser amado, pero se siente excluido de esa experiencia por otra persona, a la que percibe como alguien que está disfrutando de esa relación amorosa en su lugar. Los celos se basan en una serie de situaciones intermedias entre deseo-miedo diseñadas en gran parte para hacer frente a problemas de ambivalencia: uno no se atreve a participar en una relación amorosa y, sin embargo, lo hace indirectamente a través de una identificación con el objeto de los celos, uno no se atreve a odiar directamente el objeto del amor y, en su lugar, odia un objeto del desplazamiento (el objeto de los celos), uno teme la destructividad fantaseada de la excitación sexual y la modula a través del uso de un intermediario; uno disfraza violentamente los deseos voyeristas intrusivos mediante la sensación de que uno se ha visto obligado a la posición de observador profundamente interesado. En los celos, estos deseos y miedos son sentimientos generados por un sujeto. Los sentimientos propios son experimentables *potencialmente* como propios, a pesar de que uno pueda intentar enérgicamente repudiar estos sentimientos por medio de la represión, la proyección, la negación, el desplazamiento, o la identificación proyectiva.

Al describir esquemáticamente la envidia y los celos como si fueran estados de sentimientos separables, es importante hacer hincapié en que estas emociones representan los extremos coexistentes de una sola pendiente, siempre en una relación jerárquica el uno con respecto al otro. Ni la envidia ni los celos se dan de forma pura. Cada estado psicológico en el que estos sentimientos desempeñan un papel debe ser entendido como una interacción de estas dos formas de relación.

La creación de la historia

En la posición depresiva, el infante renuncia cada vez más al poder de volver a crear por arte de magia lo que ha dañado o destruido. En este nuevo contexto emocional, el infante desarrolla una nueva cualidad de relación de objeto que implica el deseo de ofrecer una compensación por lo que ha hecho. No puede nihilar el pasado y empezar de nuevo. El yo histórico existe por primera vez.

La experiencia de la historia es un fenómeno netamente humano (Kojève, 1934–1935). Los animales se someten a una progresión evolutiva en la que se ponen en juego los patrones de respuesta determinados biológicamente. La historia requiere una capacidad de autorreflexión y si no se da esta capacidad, los animales viven sólo en el presente. Sólo el hombre puede recordar de manera autorreflexiva quién era después de que cambiara a través de su experiencia en el mundo. El infante en la posición depresiva comienza a experimentarse a sí mismo y a la otra persona en gran parte como las mismas personas que eran antes de que el infante, por ejemplo, le hiciera daño a la madre (en la fantasía o en la realidad). No se convierten en personas diferentes, sino que se ha añadido un nuevo acontecimiento a su experiencia en común.

Por el contrario, en la posición esquizo-paranoide, el pasado está en constante cambio: cada nuevo acontecimiento cambia radicalmente todos los anteriores. El presente se proyecta de manera inmediata sobre toda la experiencia previa y, de ese modo, aniquila el pasado. El pasado se convierte en una mera extensión fluida del presente. Cuando el paciente borderline se enfada con el terapeuta, toda experiencia anterior es considerada como un engaño por parte del terapeuta.[8]

En la posición depresiva, el infante ya no tiene acceso al tipo de reescritura orwelliana de la historia, que es posible en la posición esquizo-paranoide. En el estado depresivo del ser, cuando se percibe que se ha hecho daño a otra persona, uno se ha quedado atascado en ese hecho. No se puede negar o reescribir la historia, ni se puede borrar el hecho de que se ha producido un acontecimiento de determinado carácter. Uno puede tratar de hacer las paces con la otra persona, a sabiendas de que esto no cambia el pasado. El desarrollo de la capacidad de hacer compensaciones de algún tipo que no sea mágico es una de las características principales de la posición depresiva.

Sólo cuando otra persona ya no puede ser recreada por arte de magia (por ejemplo, mediante la sustitución global de una nueva figura maternal en lugar de una que está ausente), se hace posible echar de menos a alguien que está lejos o llorar a alguien que ha muerto o que se ha marchado para siempre. Cuando el otro puede experimentarse como alguien que tiene una existencia separada de la nuestra propia, se hace posible estar con esa persona y estar lejos de esa persona de una manera totalmente diferente de lo que había sido posible anteriormente. Uno no puede dejar o ser dejado por otra persona si no se ha permitido que la otra persona esté presente y viva como ser humano. Por analogía, uno no puede irse de un lugar en el que nunca ha estado (véase Searles, 1982). El peligro al que nos exponemos cuando entramos en el mundo de los seres humanos (es decir, cuando se alcanza la relación de objeto total de la posición depresiva) es el de sentirnos preocupados por las personas que no controlamos. Por lo tanto, nos abrimos a la posibilidad de que otra persona nos deje (física y emocionalmente). Por primera vez en la posición depresiva, se genera y se mantiene el sentimiento de soledad. La vivencia de la soledad a través del tiempo requiere que el individuo tolere la presencia de una ausencia sin rellenar el vacío con las proyecciones del yo, a través del cumplimiento alucinatorio de un deseo o de la construcción de un mundo paranoide en el que los objetos persecutorios proporcionan compañía constantemente.

La principal ansiedad de la posición depresiva, la ansiedad de que uno va a hacer daño o va a ahuyentar a la persona a quien se ama, no podrían haber surgido en la posición esquizo-paranoide, aunque hubiera habido fantasías de aniquilar el objeto en ese estado. En la posición esquizo-paranoide, las personas que son amadas y las personas que son odiadas son personas diferentes. Se trata de una nueva actualización desde un punto de vista diferente de la idea de que el proceso de escisión en la posición esquizo-paranoide permite que el infante evite el dilema de odiar a la persona amada y de amar a la persona odiada.

Desde la perspectiva desarrollada hasta este momento, puede observarse que el término *posición depresiva* es engañoso. El término *posición histórica* representa mejor lo normativo en el logro de esta organización psicológica. El luto en lugar de la depresión es el proceso psicológico por el cual se abandonan los vínculos con los objetos anteriores. La memoria histórica es, en sí misma, una forma de duelo, ya que reconoce el hecho de que el pasado (y los vínculos de objeto que constituyen el pasado de uno) ya no existen en su forma anterior. Como Freud (1911–1915) señaló en sus escritos técnicos, la transferencia es un acto de repetición en lugar de recuerdo y, por lo tanto, supone siempre una resistencia a renunciar a los vínculos de objetos que constituyen la transferencia. El análisis de la transferencia es, en parte, un proceso de transformación de algo que se repite en un recuerdo y, en este sentido, va destinado a ampliar la historicidad de la posición depresiva. El proceso de transformación de la ejecución en el recuerdo (la elaboración de los sentimientos en un ámbito simbólico con una dimensión histórica) y el sostenimiento de dichos sentimientos a través del tiempo está en el núcleo de lo que Freud (1932) entiende por: "*Wo Es war, soll Ich werden*" ("Dónde estaba ello, allí estaré yo").

La responsabilidad de la acción en la posición depresiva

El acto de reconocimiento del propio rol como intérprete de la experiencia es una forma importante de asumir la responsabilidad de las propias acciones. La contrapartida de esta experiencia de ser responsable de las propias acciones (incluida la actividad mental) es la experiencia de la libertad. Unicamente cuando uno se ha apoderado de la responsabilidad de las propias acciones es cuando se pueden tomar decisiones en las que se sienten distintos grados de libertad, dependiendo de la importancia que se perciba de la limitación de los factores internos y externos.

El lenguaje de la acción de Schafer (1976) es el lenguaje totalmente articulado de la posición depresiva. Es una forma de hablar en la que se reconoce totalmente la responsabilidad del sujeto hacia sus pensamientos, sentimientos y comportamientos. Por ejemplo, Schafer cree que la cosificación del afecto y la motivación sirven para desautorizar la posición del sujeto como agente activo en relación con su actividad y comportamiento psicológicos. En un esfuerzo inconsciente por negar su responsabilidad con respecto a lo que ha hecho con ira, un paciente podría decir: "La ira se fue acumulando en mí hasta tal punto que estallé" o "No sé lo que me llevó a hacer eso". En una postura de negación de la acción, los pacientes protestan inconscientemente: "Permítenos nuestras ilusiones de ignorancia, pasividad e impotencia. No nos atrevemos a reconocer que somos maestros en nuestra propia casa" (p. 154).

En la posición depresiva totalmente desarrollada (un estado ideal nunca alcanzado), somos sujetos conscientes de nuestra responsabilidad hacia nuestros pensamientos, nuestros sentimientos y nuestra conducta. Sin embargo, desde la perspectiva que se desarrolla en este capítulo, la posición depresiva convive dialécticamente con la posición esquizo-paranoide. Cuando el individuo está funcionando predominantemente en un modo esquizo-paranoide, está siendo vivido de manera considerable por la experiencia. Por lo tanto, sería inexacto utilizar un lenguaje que implicara lo contrario. El lenguaje de acción no sirve para reflejar el carácter de la estructura del componente esquizo-paranoide de todos los estados psicológicos, un componente que es el que predomina en los estados mentales primitivos. La incapacidad del individuo para experimentarse plenamente a sí mismo como "el dueño de su propia casa", no es simplemente un reflejo de una "posición asustada, resistente, que niega la acción" (p. 154).

En la medida en que aún no hay un sujeto en la posición esquizo-paranoide, no se puede, posiblemente, asumir la responsabilidad de las emociones que se le presentan a un yo no subjetivo como fuerzas y objetos que inciden sobre un yo como objeto, o que emanan del mismo. Esta experiencia del yo como objeto no se trata simplemente de una defensa, sino que es un componente inevitable del desarrollo psicológico y una faceta permanente de la organización psicológica. No consiste en olvidarse de este modo de organizar la experiencia, sino de incorporarla a la relación dialéctica madura de los estados del ser esquizo-paranoide y depresivo. Desde esta perspectiva, el lenguaje de acción de Schafer exagera el grado en que somos sujetos y subestima el grado en el que el yo siempre permanece como un objeto. El ello (id) nunca se convierte totalmente en yo (ego), ni tampoco queremos que así sea. Necesitamos un lenguaje distinto al lenguaje de acción para hablar con y sobre ese aspecto del ser.

La defensa maníaca

Los pacientes que han llegado de forma inestable a la posición depresiva dependerán a menudo de una forma específica de defensa que Klein (1935, 1952c) denomina *proceso maníaco* o *defensa maníaca*. Esta defensa (que se concibe, de forma más precisa, como un grupo de defensas) es un fenómeno intermedio, que incorpora elementos de la organización psíquica tanto de la posición esquizo-paranoide, como de la depresiva. Se trata de una defensa contra la ansiedad depresiva (el miedo a la pérdida de un objeto que se experimenta como un todo y por separado), pero emplea modos de defensa que son característicos de la posición esquizo-paranoide (por ejemplo, la escisión, la negación, la proyección, la introyección, la idealización, la identificación proyectiva y el pensamiento omnipotente). El proceso maníaco implica una regresión a un estado del ser en el que la subjetividad, la historicidad, la experiencia de la realidad psíquica y la capacidad de formación de símbolos maduros, llegan y se avienen a soluciones intermedias en gran medida. El paciente que utiliza las defensas maníacas no vive en un mundo de significados simbólicos estructurados en capas donde pueden entenderse los sentimientos, los pensamientos y los acontecimientos. El paciente hipomaníaco o maníaco vive en un mundo de acción donde los acontecimientos hablan por sí mismos y se tratan de manera reactiva. La defensa maníaca no es utilizada de ninguna manera sólo por los pacientes maníaco-depresivos más de lo que la proyección supone una defensa utilizada exclusivamente por los pacientes paranoicos. Sin embargo, la defensa maníaca se muestra en su forma más extrema en los estados maníaco e hipomaníaco. Una vez que se ha comenzado a consolidar la organización psíquica de la posición depresiva, la defensa maníaca se convierte en una parte del repertorio defensivo normativo.

La defensa maníaca implica la negación de la propia dependencia de otras personas (Klein, 1935, 1963b). Esta negación se ve reforzada por la fantasía inconsciente del control omnipotente sobre el objeto, cuya fantasía protege al individuo frente a la ansiedad de ser abandonado por el objeto: no tenemos que temer la pérdida de un objeto sobre el que sentimos que tenemos el control absoluto. Por otra parte, el desprecio hacia el objeto sirve para aislar al individuo de la pérdida, ya que uno no tiene por qué preocuparse por la pérdida de un objeto que desprecia y al que no le da ningún valor (véase Segal, 1964).

Se me pidió que pasara consulta a un hombre de cuarenta y pocos años que se encontraba hospitalizado y al que habían traído al hospital contra su voluntad dos días antes. El paciente, el Sr. L., entró con altivez en la sala de entrevistas y de inmediato comenzó a quejarse de la "estrechez de miras" del personal de enfermería de la planta. Pensaba que para él sería mucho más interesante tener ocasión de hablar con un médico. Hablaba en voz alta, con una voz algo amenazadora que transmitía claramente lo mucho que podría enfadarse y explotar si le hicieran sentir que no controlaba totalmente la situación. Usaba expresiones en francés y alemán para expresar con precisión el significado de lo que quería decir. El Sr. L. me dijo que era licenciado en literatura comparada por una prestigiosa universidad, pero que, por razones económicas no había podido terminar sus estudios. Evitaba hablar de cualquier cosa que me pudiera dar lugar a preguntarle el motivo por el que estaba en el hospital. Ese tema habría echado por tierra la ilusión de que los dos éramos simplemente "hombres cultos" que entablaban una conversación. A pesar de sus bravatas, había algo muy conmovedor acerca de la fragilidad de este hombre, y es el hecho de que parecía estar rogándome silenciosamente a lo largo de la entrevista que no le robara sus ilusiones.

El rumbo de la sesión cambió cuando me preguntó cuántos idiomas hablaba. Me mostré dubitativo y dije que esperaba que me permitiera no tomarme su pregunta en sentido literal porque ... El me interrumpió antes de que pudiera terminar la frase diciendo que yo estaba, obviamente, intentando ocultar la auténtica verdad de mi ignorancia y que él ya no tenía más interés en hablar conmigo. Me pareció que el Sr. L. pensaba que mi renuencia a responder a su pregunta y la probabilidad de que estuviera a punto de ofrecerle una interpretación representaba un intento de hacer alarde de mi poder, para disminuir el suyo, y para hacerme con el control de la entrevista. En ese momento, cogió una revista de la mesa que había entre nosotros y comenzó a hojearla fingiendo que estaba relajado. Durante los quince minutos siguientes, actuó como si estuviera solo en la habitación, especialmente cuando yo trataba de hablar con él. Cuando por fin le dije que se nos había acabado el tiempo, no dio respuesta alguna y estuvimos sentados en silencio durante varios minutos. En ese momento arrojó su revista sobre la mesa, diciendo: "Hace mucho calor en esta habitación, me voy de aquí". Salió de la habitación, pero me dio la impresión de que no había ido muy lejos. Cuando abrí la puerta de la entrada, estaba allí de pie muy cerca de la puerta. Le dije que yo también pensaba que había más cosas que decirnos el uno al otro y que podríamos hablar al día siguiente, si lo deseaba. Cabizbajo, se alejó caminando muy despacio.

En esta entrevista, el Sr. L. se apoyó, en gran medida, en un conjunto de defensas maníacas entre las que se incluían la negación (de que yo iba a terminar la reunión y del carácter de nuestra relación), una fantasía de hermanamiento ostentoso (los dos éramos hombres superiores), el desprecio y el control omnipotente fantaseado (que se refleja en su dominación del flujo y la dirección de la entrevista).

El paciente también se apoyó en la identificación proyectiva, mediante cuyo proceso, era yo el que acarreaba los sentimientos repudiados de temor y tristeza del paciente (hasta que se terminó la entrevista). A pesar del carácter primitivo de las defensas que estaba utilizando, estaba claro que el Sr. L. estaba intentando protegerse contra la pérdida dolorosa de autoestima y la pérdida de conexión con otra persona. Este paciente no permitiría que le sucediera a él el desastre de un apego roto y, sin embargo, no se mantendría del todo lejos de su añoranza por la compañía de otra persona de quien esperaba inconscientemente poder depender.

El uso de defensas maníacas rara vez es tan dramático como en el caso que acabamos de describir. Debe reiterarse que las defensas maníacas constituyen un componente del repertorio defensivo de todas las personas. Por ejemplo, un paciente neurótico que estaba experimentando miedo al abandono en el contexto de una transferencia materna se retiró de su modo habitual (relativamente maduro) de relación de objeto y comenzó a tratar al terapeuta con condescendencia, por ejemplo, al hacer ostentación (de manera encubierta) de sus propios logros en comparación con los del terapeuta. A veces, las manifestaciones de la defensa maníaca de este paciente eran extremadamente sutiles, en un principio observables sólo en el toque de desprecio de su tono de voz o en el aire de despreocupación sobre el retraso en el pago de su factura.

El logro de la ambivalencia

En estos momentos, me gustaría centrar el debate en los procesos psicológicos interpersonales implícitos en el movimiento del desarrollo hacia la capacidad de ambivalencia. La idea de la integración de objetos parciales buenos y malos, aunque resulte atractiva desde el punto de vista heurístico, no describe totalmente lo que se implica en este avance del desarrollo. La ambivalencia no es simplemente una cuestión de amar y odiar consciente e inconscientemente al mismo objeto en un momento dado, ya que esto podría describir ciertamente un estado de la cuestión muy primitivo no diferenciado de los asuntos, que se observa a menudo en los pacientes esquizofrénicos. En tales circunstancias, el paciente esquizofrénico es incapaz de determinar si sus sentimientos son de amor o de odio, ya que estas emociones están "todas mezcladas". Existe una correlación física que acompaña regularmente a esta falta de diferenciación de sentimientos: el paciente es incapaz de distinguir entre diferentes sensaciones físicas/emocionales, por ejemplo, entre el hambre y la excitación sexual o entre las náuseas y la ira.

Del mismo modo, no basta con decir que, en la ambivalencia, uno odia conscientemente y ama inconscientemente, o viceversa, porque esto no aborda la relación de lo que se odia con lo que se ama. El logro fundamental en la consecución de la ambivalencia es el hecho de que la persona a la que se odia es la *misma persona* a la que se ha amado e inconscientemente todavía se ama y se espera claramente amar de nuevo. No existe una reescritura de la historia, no hay sensación de que se haya descubierto la verdad acerca de la cual antes solamente éramos vagamente conscientes. Cuando se odia, el amor que se había sentido todavía es real y está presente en la historia que se comparte con la persona odiada. Por lo tanto, el sentimiento de tristeza forma parte integral de la ambivalencia porque nada puede ser recuperado. En la posición esquizo-paranoide, la tristeza no forma parte simplemente del vocabulario emocional de alguien. ¿Cómo podía ser? Todo se recupera cuando se introduce un nuevo estado emocional. Los sentimientos de tristeza que participan en el duelo, la culpa, y la renuncia a la omnipotencia son algunos de los "precios" que se pagan por volverse humanos de la forma en que se hace en la posición depresiva. La "depresión" de la posición depresiva se concibe de forma más precisa acerca de un sentimiento de tristeza implicado en el reconocimiento de que la historia no se puede reescribir. Uno es vulnerable ante la pérdida de los objetos amados que no se pueden controlar de forma omnipotente ni se pueden volver a crear o restaurar. Aparece la tristeza al saber que uno puede tratar de compensar el daño que ha hecho, pero ya no se puede cambiar el hecho de que se haya hecho. Además, la tristeza de la posición depresiva se relaciona con la aceptación del hecho de que los anhelos más apasionados que se derivan de las relaciones de objeto tempranas de uno no fueron totalmente realizados y no se cumplirán en la forma en que se había deseado. Como se tratará más adelante, en el núcleo de estas "renuncias" (quizás mejor descritas como renuncias pesarosas) están los propios anhelos edípicos.

El fenómeno de la transferencia madura (en contraposición con la transferencia delirante o psicótica descrita por Searles, 1963 y Little, 1958) hace que la tristeza de la posición depresiva resulte soportable. Porque igual que no se puede recuperar el pasado, el pasado nunca nos lo pueden quitar. La forma de transferencia posible en la posición depresiva permite perpetuar, tener de nuevo, unas partes importantes de lo que se ha experimentado con la gente que uno ha perdido a través de la ausencia, la muerte, la falta de disponibilidad emocional o el cambio psicológico. Esta experiencia de transferencia (tanto dentro como fuera del ámbito terapéutico) hace tolerable el dolor de la pérdida. Uno no reemplaza por arte de magia los objetos anteriores, sino que se experimentan con la nueva persona sentimientos como los que se sintieron con la persona anterior. De este modo, uno no tiene que renunciar por completo a la experiencia pasada con los objetos significativos. Puede tener que renunciar a personas a las que ha perdido, pero no tiene que renunciar por completo a su experiencia con esas personas. Se sabe que la persona en el presente (el objeto de la transferencia, que es también experimentado como una persona real por derecho propio) y el objeto original son diferentes. Pero este conocimiento es tolerable debido a que la nueva experiencia (inconscientemente) se percibe conectada con la anterior y, de esta manera, se conserva la experiencia anterior.

En este punto puede establecerse una distinción muy importante: *la transferencia en la posición depresiva es un intento de conservación de un estado emocional procedente de una relación pasada, la transferencia en la posición esquizo-paranoide es un intento de conservación del objeto perdido en sí.* En las transferencias psicóticas o delirantes, el paciente experimenta el objeto presente y el objeto original como idénticos, a pesar de las diferencias "inconsecuentes" por razón de sexo, edad, raza, etc. En la posición esquizo-paranoide, se reescribe constantemente la historia y en esta reescritura se pueden incluir fácilmente cuestiones de edad, sexo o raza.

Ahora podemos observar desde un nuevo punto de vista que la capacidad para el tipo de transferencia alcanzado en la posición depresiva facilita la posibilidad de que la idea de la muerte de uno mismo se vuelva tolerable. Del mismo modo que uno llega a sentir que la propia experiencia con los objetos perdidos nunca se ha perdido del todo, también se puede llegar a sentir que la experiencia de los otros con uno mismo y los símbolos que uno ha creado pueden no perderse del todo después de la propia muerte.

La posición depresiva y el complejo de Edipo

El conflicto psicológico que se genera en la posición depresiva es de un tipo claramente diferente del que se observa en la posición esquizo-paranoide. El padre a quien se desea ver muerto es la misma persona a quien uno ama y a quien no se querría perder. En la posición depresiva, las fantasías de aniquilar de manera omnipotente a nuestro rival ya no proporcionan una solución satisfactoria a un problema de relación humana. En el desarrollo normal, en este contexto se genera una nueva forma de defensa. La nueva defensa conserva la continuidad de la historia de la relación de objeto, incluso si ahuyenta a la conciencia de un aspecto de la relación. La nueva defensa, la represión, se basa en una creencia inconsciente de que "lo que yo no sé, no me hará daño, y olvidar algo no le hará daño [o le cambiará la identidad] a lo que se olvida".

La relación de uno con su propio padre, incluida la ira asesina hacia él cuando se siente que está actuando de manera egoísta, injusta y tiránica, se conserva de forma inconsciente. En el acto de represión, se cambia lo que uno sabe (más exactamente, lo que se confiesa saber), no quién es uno o quién es la otra persona. La historia no se reescribe en la represión como ocurre en la escisión, sino que la historia (que es una combinación de la memoria y la fantasía) se "entierra" y, por lo tanto, se conserva.

A menudo se piensa equivocadamente que la fase edípica del desarrollo va después de la posición depresiva, pero dicha concepción mezcla cualitativamente los diferentes constructos del desarrollo. El logro de la posición depresiva es la entrada en el mundo de las relaciones de objeto total, es decir, el mundo de los seres humanos subjetivos, cada uno de los cuales posee un pasado inmutable y una historia relativamente fija. Estas personas pueden ser queridas y se puede llorar su pérdida, se puede sentir culpabilidad y remordimiento hacia ellos. La relación de la posición depresiva con la situación edípica es la relación entre contenedor y contenido, cada uno de ellos moldeando al otro y ejerciendo su influencia sobre él.

Como se ha tratado en el capítulo 2, el complejo de Edipo para Freud no es simplemente uno de los muchos contenidos psicológicos, sino que es un núcleo determinado filogenéticamente para la creación y la organización de los significados sexuales y agresivos. Por este motivo, el complejo de Edipo es tratado por Freud como una piedra angular del psicoanálisis, una teoría fundamental de significados simbólicos, una teoría del desarrollo, una teoría de la patogénesis y una teoría de la terapia. En este capítulo, haré algunos comentarios introductorios destinados a un debate sobre este importante tema.

Klein (1945, 1952c, 1955) veía el complejo de Edipo como un fenómeno de la posición depresiva. El calendario del desarrollo de Klein se basa en una visión del desarrollo tanto sincrónica, como diacrónica. Las etapas del desarrollo se suceden unas a otras de forma secuencial y, al mismo tiempo, todas las etapas psicosexuales coexisten desde el principio. Por ejemplo, al hablar del desarrollo temprano de la niña, Klein (1932a) afirma:

> Debido a que la frustración oral que ha sufrido por parte de su madre ha estimulado también todas las demás zonas erógenas y ha despertado sus tendencias y deseos genitales en relación con el pene de su padre, este último se convierte en el objeto de sus impulsos orales, uretrales, anales y genitales, *todo a la vez*. [énfasis nuestro] (p. 272)

En otro momento, Klein (1932a) explica:

> ... En mi opinión, a partir de la frustración que [la niña] ha sufrido de la mama en la primera infancia da paso a la temprana ecuación del pene con la mama, y al mismo tiempo ejerce una poderosa influencia en ella y afecta en gran medida la tendencia general de su desarrollo. También creo que la ecuación del pene y de la mama, ya que está acompañada por un "desplazamiento desde arriba hacia abajo", activa las cualidades receptivas orales de los genitales femeninos en una edad temprana y prepara a la vagina para que reciba al pene. Por lo tanto, despeja la camino para las tendencias de Edipo de la niña—aunque es verdad que estas no despliegan

> todo su poder hasta mucho más tarde—y sienta las bases de su desarrollo sexual. (p. 271, nota al pie)

Bibring (1947) ha descrito el pensamiento de Klein como una teoría del desarrollo en el que la "difusión" (p. 73) se produce entre los niveles de desarrollo libidinal, antes de un momento en el que uno concibe ordinariamente las fases de desarrollo "posterior" (por ejemplo, uretral, anal y genital) como algo que ya ha sido logrado. El desarrollo lo entiende Klein no sólo como un proceso de despliegue secuencial, sino también como un proceso de "precipitación" (Bibring 1947, p. 83), es decir, que pone en juego al principio los aspectos de todos los niveles del desarrollo de la líbido. El inconsciente, según Klein, no está limitado a un modo lineal y secuencial de la maduración o del desarrollo.[9]

La experiencia edípica que se origina entre el cuarto y el sexto mes de vida está organizada por el niño como una mezcla de las fantasías orales, uretrales, anales y genitales (Klein, 1928, 1932b, 1952c). Entre estas se incluyen, por ejemplo, las concepciones de relaciones sexuales de los padres entre las que se cuentan la madre comiéndose al padre con la boca/la vagina; las fantasías de bebés fecales dentro de la madre, las fantasías del niño penetrando a la madre con envidia y destruyendo al padre/pene/a los bebés hermanos rivales que están dentro de la madre.[10] Como he comentado en el capítulo 2, el contenido de estas fantasías (que surgen antes del conocimiento que se deriva de la experiencia de la anatomía sexual y de las relaciones sexuales) lo entiende Klein (1932b, 1952c) como parte de la propia herencia filogenética. El intenso debate generado sobre este aspecto del calendario de desarrollo kleiniano y el debate sobre el carácter de los contenidos de las fantasías sexuales y edípicas del niño (véase Bibring, 1947; Glover, 1945; Waelder, 1937; Zetzel, 1956), ha impedido, creo yo, un debate y una exploración completos de las implicaciones de la propuesta más básica de Klein de que el complejo de Edipo surge y se resuelve dentro del contexto de una organización depresiva. En lo que se expone a continuación, voy a hablar de lo que yo entiendo por las implicaciones del contexto "depresivo" (es decir, histórico) para el drama edípico. Las ideas que voy a presentar aquí no fueron exploradas por Klein.

Las capacidades emocionales fundamentales implícitas en la resolución de la situación edípica son: la capacidad de subjetividad, historicidad, amor de objeto, ambivalencia, luto, culpa, y compensación. En la situación edípica positiva para el niño, el amor del niño por su madre lo ha lanzado a un conflicto de deseo subjetivo. Se ha enamorado de su madre e inconscientemente desea tener relaciones sexuales genitales y pregenitales con ella. Al mismo tiempo siente inconscientemente que el cumplimiento de estos deseos implica el incumplimiento de las leyes sagradas (Eliade, 1963; Loewald, 1979). Desde el punto de vista cultural, estas leyes sagradas (que son comunicadas de forma inconsciente por los padres) incluyen la prohibición del incesto y del parricidio.

En cuanto al sistema de significados que tiene el niño, generado de forma individual, la idea de la relación sexual con la propia madre implica una regresión a un estado indiferenciado y, por lo tanto, a una aniquilación de uno mismo y de la propia madre como individuos separados. Además de esta aniquilación del yo y del otro, también hay un deseo por parte del niño de matar a su padre, a su madre y a sus hermanos, en la medida en que se experimentan como obstáculos en el camino para la realización de sus deseos.

Este conflicto de deseo no es posible en un estado predominantemente esquizo-paranoide, ya que todavía no existe un sujeto responsable de sus pensamientos, sentimientos y conducta. Cuando los pensamientos y sentimientos propios se experimentan como acontecimientos o fuerzas que simplemente suceden, no se puede estar en conflicto. Uno puede temer, lamentar o anhelar acontecimientos internos y externos específicos (por ejemplo, un hombre de una tribu puede rogarle a los dioses que manden lluvia o temer los efectos de su "ojo diabólico" sobre su hijo), pero estos no son conflictos internos del deseo subjetivo.

El impacto del complejo de Edipo en la formación de la estructura psicológica viene determinado por el método que tiene el niño de tratar de resolver este conflicto de deseo subjetivo. Si la escisión y la recreación se utilizan como métodos de defensa contra la ansiedad edípica, entonces se produce un cambio psicológico limitado. De manera simultánea, el niño mantiene vivos múltiples polos de sus deseos en conflicto (por ejemplo, el deseo del niño de ser el marido y la pareja sexual de su madre y su deseo de ser su hijo), y establece una serie de relaciones con los objetos parciales que contiene cada uno de los aspectos de sus deseos no renunciados.[11]

Cuando uno es capaz de mantener la relación de objeto total, la subjetividad y la historicidad de la posición depresiva frente al conflicto edípico, la propia falta de voluntad de incumplir las prohibiciones sagradas en los actos de incesto y parricidio supera el propio deseo de llevar a efecto los deseos edípicos propios. El contexto de esta renuncia a los anhelos edípicos es tanto intrapsíquico como interpersonal. Los padres deben, tanto aceptar los deseos del niño, como prohibirlos de manera protectora. Los deseos inconscientes del niño deben ser reconocidos por los padres para que el niño experimente el amor edípico como una importante reflexión de la individualidad, de la separatividad y de la consolidación de la identidad de género. Los deseos parricidas del niño también deben ser reconocidos y aceptados por los padres, ya que estos también son deseos que ayudan a establecer las bases para que los esfuerzos del niño trasciendan psicológicamente su identidad como niño o como niña y, finalmente, se convierta en adulto y en padre o madre. "En nuestro papel como hijos de nuestros padres, mediante una verdadera emancipación [en el proceso de dominar el complejo de Edipo], en efecto matamos algo vital en ellos [nuestros padres], pero no todo de un golpe y no en todos los aspectos, sino contribuyendo a su muerte. Como padres de nuestros hijos, nos sometemos al mismo destino, a menos que los reduzcamos [no permitiéndoles crecer]" (Loewald 1979, p. 395).

Pero, naturalmente, en la respuesta parental al complejo de Edipo del niño, existe mucho más que el reconocimiento (y el tipo particular de aceptación descrito por Loewald) de los deseos del niño. Los padres deben, al mismo tiempo, ayudar al niño en sus esfuerzos por preservar las existencias individuales de él mismo y de sus padres, que se ven amenazadas por deseos incestuosos y parricidas. Para poder entender el carácter del papel de los padres en esta situación, tenemos que diferenciar entre prohibición y amenaza. Una amenaza es un intento de inducir el cumplimiento mediante la inducción en el otro de un temor al castigo o a la represalia. En la prohibición no tiene por qué darse la amenaza; una señal de peligro colocada sobre una caja de fusibles eléctricos no tiene que experimentarse como algo amenazante. Si se dan las circunstancias adecuadas, las prohibiciones edípicas de los padres se ofrecen y se reconocen como mandamientos predominantemente protectores y de atención que aportan seguridad frente a los peligros potenciales relacionados con el objeto. Debido a que el principio del talión representa un aspecto importante de la moralidad esquizo-paranoide, las prohibiciones parentales son distorsionadas universalmente por el niño y son experimentadas en parte como amenazas (de castración e infanticidio) que funcionan como represalias de los deseos sexuales y agresivos del niño. En la medida en que las prohibiciones parentales se experimentan como amenazas, el niño internaliza un superyó primitivamente punitivo. La polarización del castigador y del castigado, el motivo del peligro y el objeto en peligro suponen una forma de escisión que no implica luto y que no conlleva la resolución definitiva del complejo de Edipo.

Por otro lado, cuando las prohibiciones parentales se experimentan de manera inconsciente como mandamientos de atención (a pesar de que sean, en gran medida, de bienvenida), la identificación con los propios padres prohibidores facilita tanto el luto de la relación con el objeto perdido (por ejemplo, la relación romántica y erótica de la niña con su padre) como el establecimiento de una seguridad interna en relación con los deseos sexuales y agresivos de uno. La renuncia del amor romántico y sexual de la niña por el padre (o el amor del niño hacia su madre) no está bien definida ni es absoluta (porque eso reflejaría la negación) y quizás se describe mejor como una resignación pesarosa. El dolor de este duelo se ve atenuado, en cierta medida, por la independencia que el niño alcanza en el proceso. El amor edípico, como todos los actos de enamoramiento, contiene una cualidad adictiva e impulsiva. Existe un considerable alivio para el niño en edad de latencia en su liberación de la presión interna por estar enamorado de un objeto prohibido. Un grado de libertad de este conjunto intenso y conflictivo de relaciones de objeto brinda al niño la oportunidad de comenzar a desarrollar una vida independiente de sus padres.

La identificación con los padres prohibidores que subyace en el establecimiento del superyó está motivada, en gran medida, por el deseo de compensar a los propios padres, a quienes se ama y hacia quienes uno se siente culpable por los propios deseos de muerte e incesto. Al llegar a ser como los propios padres mediante la internalización de sus prohibiciones inconscientes de los propios anhelos sexuales y agresivos, uno intenta compensar el incesto y el parricidio fantaseados. Paradójicamente, a través del mismo acto identificativo, uno se mueve en la dirección de completar el proceso de hacerse independiente proporcionando el propio entorno interno de seguridad.

Resumen

La cuestión de lo que se encuentra "más allá de la posición depresiva", a partir de la perspectiva desarrollada en este capítulo, es una cuestión que se basa en un concepto erróneo. La "depresión" de la posición depresiva no es algo que se supere o se trabaje con el fin de llegar a otra fase de desarrollo. Los sentimientos de pérdida, culpa, tristeza, remordimiento, compasión, empatía y soledad son cargas inevitables si se quiere llegar a ser un ser humano histórico en la posición depresiva. Lo que uno gana es humanidad subjetiva y la posibilidad de ser libres para tomar decisiones. Esto no es un dilema que uno mismo pueda resolver: uno se ha quedado atascado en él, con todas sus ventajas e inconvenientes, a menos que se huya regresivamente de él hacia el refugio y la prisión de la posición esquizo-paranoide o mediante el uso de las defensas maníacas.

Notas

1. Como se ha tratado en el capítulo 2, Klein sólo llegó a ser mínimamente consciente de estas implicaciones interpersonales del concepto de identificación proyectiva.
2. Klein da una explicación mecánica de la consecución de las relaciones de objeto total y no aborda la cuestión de lo que ha cambiado para permitir la transformación radical de la cualidad de la experiencia lograda en la relación del objeto total de la posición depresiva. El pensamiento de Klein (1935, 1940) se ve obstaculizado por el hecho de que ella se está ocupando en su totalidad dentro del vocabulario conceptual de los contenidos mentales. Da una explicación cuantitativa en la que las supresiones sucesivas de los extremos afectivos e ideacionales permiten "poner juntas" las partes internas buenas y malas para formar un objeto total y un yo total con cohesión interna. Creo que el hecho de que Klein no desarrollara una conceptualización de la matriz intrapersonal e interpersonal dentro de la cual existen contenidos mentales hizo que le faltaran términos suficientes para dar una explicación de la transformación que estaba abordando. Una descripción más completa del carácter de la transformación radical del desarrollo en cuestión depende de la comprensión de la concepción de Winnicott del espacio potencial. El debate de esta contribución al diálogo psicoanalítico se aplazará hasta los capítulos 7, 8 y 9.
3. Incluso aunque se interprete la propia experiencia en la posición depresiva, cada individuo como ente aislado no puede crear significado. Los significados se crean intersubjetivamente en el contexto de la familia y de la cultura propia, con el lenguaje utilizado como vehículo para un sistema compartido de símbolos e interpretaciones (Véase Habermas, 1968).
4. Winnicott (1954–1955) hace referencia a este avance en el desarrollo como desarrollo del infante de la capacidad de tener "piedad" (p. 265), que

contrasta con el estado de "crueldad" que existe antes del desarrollo del reconocimiento del otro como persona viva. Para Winnicott, la crueldad no es algo hostil en la intención, sino que simplemente refleja la incapacidad del infante para tener empatía con la madre en relación con el impacto de su estado de necesidad y dependencia intensa de ella.

5. La distinción que se establece aquí entre la subjetividad y la objetividad del otro aparece reflejada hasta cierto punto en la siguiente alegoría política. Se ha sugerido que "el botón" para lanzar misiles que lleven cabezas nucleares se implantara quirúrgicamente bajo la piel de un agente del servicio secreto que acompañaría al Presidente en todo momento. Si el Presidente decidiera que el país participe en una guerra nuclear, él tendría que abrirle la piel al hombre del servicio secreto para poder "pulsar el botón". Nos da bastante vergüenza reconocer ante nosotros mismos que, en cierto sentido, sentimos más rechazo ante la idea de abrirle la piel al agente del servicio secreto que ante la perspectiva de la destrucción de millones de personas (no mencionadas). En nuestra identificación con el Presidente en esta escena fantaseada, se experimenta al agente del servicio secreto como un hombre al que se le ve, se le habla y se le toca y, por lo tanto, está vivo como ser humano, mientras que los millones a los que no visualizamos en esta fantasía no están vivos para nosotros como seres humanos y, por lo tanto, ni pueden sufrir dolor ni pueden morir.
6. El neologismo de Kojève *néantir* traducido por Nichols (1960) como "nihilar" me parece que capta la idea de la negación de la propia existencia. El término *aniquilar* en gran medida connota una negación destructiva y violenta de la propia existencia o de la existencia del otro. En este libro, voy a utilizar *nihilar* o *aniquilar*, dependiendo de si el acto de destrucción es fundamental para la actividad descrita.
7. Este espacio que existe entre la propia omnipotencia y la que se encuentra fuera de la propia omnipotencia es el "espacio potencial" de Winnicott (1971e) y fue, en gran parte, no conocido e inexplorado por Klein. Este aspecto del desarrollo temprano será examinado detenidamente en el análisis de la obra de Winnicott sobre el espacio potencial (Véase especialmente el capítulo 8).
8. Véase el capítulo 5 para ejemplos clínicos de este tipo de reescritura de la historia.
9. Véase también Boyer, 1967, para una lúcida descripción del aspecto sincrónico de la teoría kleiniana del desarrollo.
10. Para una explicación detallada del carácter de estas fantasías, véase Klein, 1932b.
11. Véase el caso de la Sra. H que se describe en el Capítulo 3, como ejemplo de escisión utilizada para gestionar los deseos edípicos.

CAPÍTULO 5

Entre la posición esquizo-paranoide y la posición depresiva

> Pensé que Argos y yo participamos en diferentes universos; pensé que nuestras percepciones eran las mismas, pero que él las combinaba de otra forma y hacía otros objetos con ellas; pensé que tal vez no había objetos para él, sólo un juego vertiginoso y continuo de impresiones tremendamente breves. Pensé en un mundo sin memoria, sin tiempo; contemplé la posibilidad de un idioma sin sustantivos, un idioma de verbos impersonales o epítetos indeclinables.
>
> —*Jorge Luis Borges*, "El inmortal"

En este capítulo voy a intentar, mediante una serie de vinetas clínicas, captar algo de la experiencia de movernos entre las posiciones esquizo-paranoide y depresiva. Mis ejemplos se presentan como ilustración de las formas en las que los conceptos de las posiciones esquizo-paranoide y depresiva, según se han interpretado en los dos capítulos anteriores, servirán para mejorar el trabajo clínico del terapeuta no kleiniano.[1]

Antes de pasar al material clínico, me gustaría esbozar una clasificación de la psicopatología basada en las conceptualizaciones de los estados esquizo-paranoide y depresivo que se han desarrollado en los capítulos anteriores. Esta concepción de los niveles de psicopatología servirá de base para el debate clínico posterior.[2]

El grupo más avanzado del desarrollo (metafóricamente, el "nivel más alto") de los trastornos psicológicos refleja el conflicto en el ámbito de los significados personales (incluidos los deseos) en un sistema de personalidad que está suficientemente desarrollado para que los deseos del individuo sean vividos como propios. La persona es un sujeto, así como un objeto, que se experimenta a sí mismo como un individuo completo y continuo en relación consigo mismo y con los otros a lo largo del tiempo y del espacio. La persona vive en el ámbito de la capas de los significados simbólicos. Las neurosis son paradigmáticas de este nivel de psicopatología, ya que se entienden en parte como manifestaciones de significados edípicos del conflicto. En la psicopatología del significado personal de conflicto, los propios deseos—por ejemplo, los sentimientos sexuales y filiales de un niño hacia su madre—se viven como dolorosamente incompatibles. Hay partes del sistema de significados propios que son repudiadas y, sin embargo, son conservadas mediante la represión y las defensas relacionadas, por ejemplo, el desplazamiento, el aislamiento del afecto, la intelectualización y la formación de síntomas de hacer concesiones. En la terminología kleiniana, se trata de una psicopatología desarrollada en la posición depresiva.

Un segundo grupo, más primitivo, de los trastornos psicológicos incluye a los significados asediados "impersonales" que se viven como cosas en sí mismas. Los deseos no son vividos como los pensamientos y sentimientos propios sino, más bien, como cosas o fuerzas por las que nos vemos atacados, protegidos, ahogados, asfixiados, comidos vivos, quemados o penetrados. La simbolización se da en forma de una ecuación simbólica. La subjetividad se encuentra en un estado rudimentario de desarrollo, y, por lo tanto, el yo es predominantemente el yo como objeto que puede hacer cosas y que puede ser hecho, pero que no se experimenta a sí mismo como el autor del deseo o el intérprete de la experiencia.

Las psicosis son paradigmáticas de esta forma de psicopatología, que se desarrolla en la posición esquizo-paranoide. Según este esquema, una gama muy amplia de estados psicopatológicos (que incluyen los trastornos de la personalidad borderline, el narcisismo patológico, los trastornos graves del carácter, la depresión psicótica, la enfermedad maniaco-depresiva y las perversiones) son vistos como problemas de equilibrio e intercomunicación entre los modos depresivo y esquizo-paranoide. En el capítulo 8, se tratarán estas "alteraciones del equilibrio" como ruptura de una relación dialéctica entre la realidad y la fantasía.

Un tercer grupo de trastornos mentales (el "nivel mínimo" de psicopatología) implica el embargo del significado. Es el ámbito de la "no-experiencia" en el que los pensamientos y sentimientos posibles no se atribuyen un significado simbólico (como sucede en las neurosis) ni se les da existencia como cosas (como sucede en las psicosis). Como ejemplos de este nivel de perturbación podemos mencionar las enfermedades psicosomáticas (McDougall, 1974), la alexitimia (Nemiah, 1977; Sifneos, 1972), y la no-experiencia esquizofrénica (Bion, 1959, 1962a; Ogden, 1981). La persona existe, pero, en la medida en que ha dejado fuera el significado, está muerto psicológicamente. El paciente psicótico ha generado al menos una enfermedad psicológica (aunque sea aquella en la que los sentimientos y las ideas son tratados como cosas), pero incluso esto representa un avance en relación con un estado en el que la tensión que podría haberse convertido en experiencia se ve relegada, por ejemplo, al ámbito de la enfermedad física (véase McDougall, 1984a). Hay que tener en cuenta que los tres niveles de psicopatología están presentes en cada individuo y que, por lo tanto, ese embargo psicosomático del significado puede ser una característica a tener en cuenta en el tratamiento tanto del paciente neurótico, como del psicótico.

Con estos esquemas como medio de agrupación en bruto de las formas de psicopatología, voy a centrarme ahora en el análisis del material clínico en el que el modo de organizar el paciente la experiencia y el modo de relación con el objeto cambian según el paciente se desplace entre un estado del ser predominantemente esquizo-paranoide y un estado del ser predominantemente depresivo. Como se tratará más adelante, se requiere un cambio pertinente en la forma de escuchar del terapeuta, en su manera de conceptualizar la interacción terapéutica y en su modo de responderle al paciente.

Regresión aguda a la posición esquizo-paranoide

Cuando un paciente está funcionando en un modo predominantemente esquizo-paranoide, la relación terapéutica no se desarrolla en el contexto de un cuerpo de experiencia reconocida y compartida. A lo sumo, el paciente esquizofrénico siente que un nuevo terapeuta ha aparecido con cada estado de sentimiento nuevo (Searles, 1972).

El Sr. H., un hombre soltero de unos treinta años, padecía desde la adolescencia ansiedad intensa de tipo paranoico. Había pasado por periodos de confusión al final de la adolescencia y no había sido capaz de trabajar ni de asistir a la universidad. En el transcurso de la psicoterapia intensiva durante un periodo de siete años, logró acabar los estudios universitarios y llevar adelante un trabajo responsable en el campo de la informática. El paciente había nacido con un defecto congénito del corazón que había alarmado a su madre y le había llevado a "hacer todo lo posible por él, salvo respirar". La mayoría de sus piedras angulares en el desarrollo se habían retrasado. Su padre fue excluido del par madre-infante hasta que el paciente alcanzó la edad escolar. En ese momento, la madre del paciente dejó repentinamente al paciente al cuidado de su padre y de varias empleadas domésticas. El padre del Sr. H. no mantenía en secreto el hecho de que experimentaba al paciente como una "rémora" alrededor de su cuello.

En la terapia, el paciente tenía mucho miedo a desarrollar sentimientos de afecto o de dependencia hacia el terapeuta. El Sr. H. hacía referencia continuamente al terapeuta como un "mal necesario, como una medicina que tiene mal sabor". En los primeros años de la terapia, el Sr. H. llevó una existencia esquizoide prácticamente sin relaciones reales, en la que la música rock a todo volumen, la televisión y la masturbación sustituían el contacto humano.

No voy a centrarme en el proceso por el cual el paciente evolucionó desde su fuerte dependencia de retiro y comunicación esquizoide, mediante la identificación proyectiva, hasta una relación más madura con el objeto. En el transcurso de este trabajo, el paciente desarrolló un intenso vínculo ambivalente con el terapeuta. Según se desarrollaba este vínculo, el paciente experimentaba de forma intermitente una ansiedad homosexual. En un momento dado, el Sr. H. mencionó titubeando que un amigo le había comentado que a un hombre le puede gustar otro hombre sin que eso sea una señal de que son homosexuales. Después, el paciente dijo: "Se me ha ocurrido que algo así es lo que debe de estar pasando aquí, pero si alguna vez me recuerdas que lo he dicho, lo negaré. Sabes que lo haré".

En la última parte del séptimo año del tratamiento, un amigo del paciente se encontraba a punto de terminar su terapia, algo que en gran medida aumentaba la ansiedad del paciente acerca de su sensación de dependencia con respecto al terapeuta. Al mismo tiempo, el paciente informó de que se había peleado a golpes con su jefe, como resultado de lo que el paciente percibía como la incompetencia del jefe. El Sr. H. habló largo y tendido sobre el hecho de que a él no le importaba un comino si su jefe trataba de despedirlo porque tanto él como su jefe sabían que el paciente podría conseguir un nuevo trabajo en el momento en que quisiera.

El terapeuta, en este periodo del trabajo, comenzó a percibir al paciente como alguien "pegajoso", una sensación que él entendía como un reflejo del temor de que el paciente pudiera no ser capaz de poner nunca fin a esta terapia y de que el paciente y el terapeuta "se harían viejos juntos". El terapeuta experimentaba una especie de "claustrofobia" cuando estaba con el paciente. Sólo retrospectivamente, después de que el terapeuta procurase asesoramiento sobre este caso, llegó a entender esta claustrofobia como identificación proyectiva[3] por parte del paciente, en la que unos sentimientos congruentes con los del padre y la madre agobiados y asfixiados (objeto interno) del paciente se engendraron en el terapeuta. Dichos sentimientos llevaron a una intensificación de los miedos, en gran medida inconscientes, del terapeuta de su propia inclinación (partiendo de su propia infancia) a aferrarse con miedo a un objeto que se manifestaba en retirada.

El resultado de la incapacidad del terapeuta para gestionar esta identificación proyectiva fueron una serie de intervenciones que reflejaban el temor del terapeuta ante los deseos del paciente (y los suyos propios) de no volver nunca a ser independientes el uno del otro. Por ejemplo, el Sr. H. contó un sueño en el que el contenido manifiesto representaba el encuentro casual del paciente con un antiguo maestro del colegio por quien el paciente había sentido gran admiración. En el sueño, el Sr. H. se sentía orgulloso de todo lo que había logrado, pero tenía miedo de que al maestro no le fuera bien. Sólo retrospectivamente entendió el terapeuta el sueño como una expresión de la ansiedad del paciente en relación con la finalización de la terapia. Esto se había representado en el sueño mediante el temor de haber sido olvidado por el maestro (terapeuta) y en la ansiedad acerca del bienestar del maestro (terapeuta) después de la separación.

En otro momento, el terapeuta llamó la atención del Sr. H. sobre el hecho de que el paciente era ahora capaz de gestionar un aspecto de su vida que no había podido gestionar con anterioridad. Cuando el Sr. H. finalmente hizo mención de un pensamiento sobre el hecho de que la terapia terminaría "algún día", el terapeuta hizo un comentario sobre lo impreciso que había sido el Sr. H. El efecto acumulativo de estas y muchas otras intervenciones similares consiguió exacerbar la ansiedad del paciente sobre el hecho de que se descubriera que ejercía un drenaje destructivo sobre el terapeuta, lo que daría lugar a la terminación prematura de la terapia.

El fin de semana que siguió a la sesión en la que el terapeuta había comentado lo impreciso que había sido el paciente con respecto a sus pensamientos sobre la finalización de la terapia, el Sr. H. demostró un comportamiento totalmente psicótico y fue trasladado al servicio de urgencias de un hospital de la zona. Avisaron al terapeuta y acudió para reunirse con el paciente. El Sr. H. se asustó del terapeuta y pidió que no le dejaran en la habitación a solas con él. El paciente estaba a veces muy alterado, gritando que el terapeuta era un hombre peligroso y lleno de artimañas que había asesinado y cortado en pedazos a muchos pacientes y los había enterrado bajo su consulta, mientras fingía ser un médico "respetable".

El terapeuta intentó durante unas cuantas horas hablar con el paciente. En varios momentos, el terapeuta mencionó lo que le había ocurrido en la última sesión. Dijo que pensaba que el Sr. H. debía haber pensado que el terapeuta estaba tratando de deshacerse del paciente cuando hablaron sobre la referencia del paciente a la finalización de la terapia. Dijo que entendía que esto debía haberle parecido algo peligrosamente cercano a la experiencia del Sr. H. cuando era niño y había sentido que le apartaban de su madre de manera repentina y absoluta. El paciente siguió insistiendo en que el terapeuta y sus trucos no iban a conseguir manipularlo, aunque no hizo ningún intento por salir de la habitación. El terapeuta hizo referencia a acontecimientos anteriores de la terapia en los que el paciente y él habían resistido juntos, pero el paciente dijo que consideraba que esto era sólo otra de las maniobras del terapeuta. El terapeuta tenía la sensación de que la persona con quien estaba hablando en urgencias no era el mismo paciente con el que llevaba trabajando siete años.

El Sr. H. se negó a tomar ningún medicamento, ni aceptaba que el personal de urgencias le diera los nombres de otros terapeutas a quienes podría consultar. Durante los cuatro días siguientes, el paciente se mantuvo en un estado paranoide. El terapeuta se dio cuenta de que el Sr. H. pasaba el tiempo en el barrio donde estaba la consulta del terapeuta, pero el terapeuta no hizo ningún intento de hablar con el paciente ni de desviarse de su camino para no cruzarse con él. Tampoco sentía miedo del paciente. A partir del segundo de estos cuatro días, el paciente se sentaba de vez en cuando en la sala de espera del terapeuta cuando sabía que el terapeuta no estaba en el edificio. El Sr. H. finalmente llamó al terapeuta para pedirle que reanudara el tratamiento. En el primero de estos encuentros, el paciente parecía estar familiarizándose de nuevo a sí mismo con alguien a quien había conocido años antes y tratando de determinar de qué manera había cambiado la otra persona. Su ira y desconfianza contra el terapeuta se hicieron notar, pero no eran abrumadores.

En los meses que siguieron, a medida que el paciente se volvía capaz de reflexionar sobre este periodo de la terapia, dijo que en urgencias y durante la mayor parte de la semana siguiente, estaba seguro de que el terapeuta lo había asesinado y que él era su propio fantasma que se negaba a morir. Había sentido que su venganza sería rondarle y supuso que por eso se sentía obligado a pasar el tiempo en el barrio del terapeuta. El Sr. H. comentó una y otra vez que sentía como si estuviera contando un sueño al recordar este periodo. El terapeuta había sido como una figura de una pesadilla. La relación causa-efecto que veía ahora le parecía que se le suministraba de manera retrospectiva, ya que en el momento él "hizo las cosas por razones", hizo lo que hizo porque "tenía que hacerlo". Dijo que realmente no podía saber a ciencia cierta lo que ocurrió en ese momento y lo que interpretaba después. De hecho, algunas veces, no estaba seguro de si lo estaba inventando todo de manera retrospectiva; casi deseaba que así fuera. El Sr. H. dijo con desenfado que el hecho de que merodeara por el barrio del terapeuta había sido un "merodeo benigno", porque había pasado una gran parte de ese tiempo recogiendo papeles de la calle.

El terapeuta le dijo al Sr. H. que entendía que sus comentarios habían sido escuchados como reflejo del deseo del terapeuta de deshacerse del Sr. H. y que eso debía haber sido algo terrorífico para él. El terapeuta también dijo que pensaba que el paciente había huido tanto para proteger al terapeuta de su ira, como por el propio miedo a ser herido por él. Después de todo, el paciente se había matado simbólicamente y se había exilado y había velado por el terapeuta.

En el periodo anterior al inicio de la psicosis, el Sr. H. había tratado de utilizar defensas maníacas, incluida la negación de la dependencia, la devaluación del objeto y las fantasías omnipotentes de sustitución de un objeto por otro. En este periodo, el jefe del Sr. H. sirvió como objeto de desplazamiento de la transferencia. Cuando el paciente ya no fue capaz de mantener una defensa maníaca, resultó una regresión a gran escala en la que el Sr. H. se implicó en una reescritura radical de la historia en su huída desde los temores de la pérdida del objeto y la destrucción del terapeuta (un objeto amado ambivalentemente hasta ese momento). El terapeuta era físicamente reconocible, pero era una entidad emocionalmente diferente, ya no era un ser humano que había compartido un conjunto de experiencias con el paciente. En lugar de eso, había un descubrimiento de una nueva verdad que lo cambiaría todo. El terapeuta era percibido como alguien que había sido desenmascarado como impostor y, en ese estado, el temor terriblemente anticipado del terapeuta al final de la terapia y el temor a hacer daño al terapeuta se transformaron en una serie de ataques y contraataques entre el objeto que estaba en peligro y el objeto causante del peligro.

De manera retrospectiva, el comentario del paciente de que negaría su interés afectivo-sexual hacia el terapeuta si le pidieran más adelante que lo reconociera, se puede interpretar como un deseo de que la historia pudiera negarse defensivamente. En la posición depresiva, esta negación implica un acto inconsciente de ocultar y conservar un aspecto de uno mismo en relación con otra persona (es decir, la represión). En la regresión del paciente a la posición esquizo-paranoide, esta negación se convirtió en algo mucho más profundo e implicó una reescritura completa de la historia (sobre la base de la escisión), volviendo discontinuos al paciente y a su experiencia con otros. El presente se proyectaba hacia atrás y hacia delante en el tiempo, destruyendo la historia como un proceso en evolución y creando un presente intemporal. Cada nuevo estado afectivo se vivía como el descubrimiento de la verdad que luego desacreditaba la experiencia previa como si se tratase de una ilusión falsa.

En estos momentos, me gustaría destacar dos facetas de la gestión técnica del caso. En primer lugar, en la gestión de la regresión a la posición esquizo-paranoide, se intentó la interpretación de la transferencia y se evaluó su eficacia. Creo que la interpretación del significado de la regresión como respuesta al temor del paciente ante el abandono y su deseo de tomar represalias era correcta. Sin embargo, ya que el paciente era mínimamente capaz de diferenciar en ese momento la realidad interna y la externa, su capacidad para utilizar la interpretación verbal era bastante limitada. La utilización de la interpretación implica un acto de mediación entre el símbolo y lo simbolizado por parte de un sujeto que se experimenta a sí mismo como distinto de ambos. Sin embargo, incluso en regresión profunda, casi siempre hay un aspecto de la personalidad que sigue siendo capaz de dicha diferenciación (excepto en los estados maníaco y paranoide más avanzados). Por este motivo, la interpretación desempeña un papel en el tratamiento de todas los fases de la regresión (véase Boyer, 1983; Boyer y Giovacchini, 1967).

En segundo lugar, la presencia constante del terapeuta durante una entrevista extensa, a pesar de los ataques del paciente hacia él, cumplió una función de contención en relación con la experiencia psicótica del paciente. El hecho de que el paciente se sintiera al borde de la desintegración fue representado en su delirio de ser un paciente troceado y enterrado bajo la consulta del terapeuta. Los intentos sin represalia del terapeuta por comprender la experiencia del paciente ofrecieron al Sr. H. el acceso a una interacción integradora. El paciente no huyó de la habitación ni aceptó los medicamentos o la sustitución por otro terapeuta. En cambio, hizo uso del terapeuta como presencia contenedora[4] (tanto durante la entrevista como después de la misma al sentarse en la sala de espera del terapeuta y pasar el tiempo cerca de la consulta del terapeuta) en lugar de utilizar al terapeuta como un objeto idealizado, de protección o como un objeto persecutorio.

El uso que hizo el Sr. H. del terapeuta como presencia contenedora facilitó su reintegración y su retorno al terapeuta como objeto. En ese momento se le ofrecieron las mismas interpretaciones que se habían hecho en urgencias, pero debido a que el paciente ya había resurgido más plenamente como sujeto, pudo participar de una manera diferente en el proceso de utilización de los símbolos para mediar entre él mismo y su vivencia inmediata.

Una incursión en la posición depresiva

La importancia que tuvo para la práctica clínica el reconocimiento de las características de los modos esquizo-paranoide y depresivo de procesamiento de la experiencia no se limita a la gestión de regresiones dramáticas del tipo que acabamos de describir. Hay pacientes que fluctúan entre las dos organizaciones psicológicas en casi todas las sesiones. Sin embargo, como sucede con lo que vamos a describir ahora, las incursiones en un modo depresivo pueden ser bastante sorprendentes cuando surgen de un trasfondo de largos periodos de relación de objeto parcial en los que el terapeuta casi nunca ha sido reconocido como un sujeto.

El Sr. L. había estado visitando a un terapeuta por las mañanas, temprano, antes de las horas habituales de consulta. Este arreglo fue necesario porque el paciente había empezado a trabajar en otro sitio. En los dos años y medio de estos encuentros por la mañana temprano, el único reconocimiento que hizo el Sr. L. en relación a esta hora fueron quejas ocasionales acerca de lo inconveniente que le resultaba quedar a esa hora. Por lo tanto fue una sorpresa para el terapeuta cuando el paciente dijo una mañana que se sentía un poco avergonzado por su ceguera anterior ante el hecho de que al terapeuta también le resultaba inconveniente quedar temprano. El Sr. L. se preocupó de que podría haber "dejado pasar" cosas que son obvias para otras personas y que esto le podría traer desventajas sociales y para salir adelante en el trabajo. El paciente se había implicado con cierta frecuencia en relaciones bastante crueles con mujeres y compañeros de trabajo. Sentía que esa era "la forma en la que se hacen las cosas", así que seguía con su vida de esa manera alegremente, sin sentir culpa y sin pedir disculpas.

El terapeuta no hizo ningún comentario en ese momento sobre la observación del paciente acerca de sí mismo. Sin embargo, la idea de que al paciente le pudiera "dejar pasar" algo fue usada con el tiempo por el paciente como el eje de una red de ideas a las que volvería de manera periódica. Los significados que tiene para el Sr. L. la expresión "dejar pasar" se ampliaron en el transcurso de este trabajo y llegaron a hacer referencia no sólo a la idea de no poder percibir algo que pudiera utilizar en su "trato" con los demás, sino también a la idea de perderse una serie de sentimientos que sienten otras personas. Esto condujo en última instancia a la sensación de que dejaba pasar una parte de sí mismo. La empatía fugaz demostrada por el paciente en el momento de la terapia que acabamos de describir reflejaba el comienzo de una capacidad de concienciación de la subjetividad de otra persona.

A continuación damos otro ejemplo del principio de movimiento desde la posición esquizo-paranoide a la depresiva, esta vez reflejada en el tipo de alteración de la compensación que el paciente intenta realizar en la transferencia.

La Sra. C. manifestaba con regularidad su descontento hacia la terapia y hacia el terapeuta, pero todos los años le hacía al terapeuta un regalo por Navidad. A pesar de que la paciente le habría recriminado cosas al terapeuta el día anterior, todo era distinto el día que traía el regalo. Había un aire de jovialidad que le salpicaba al terapeuta, incluso después de que esto llevara sucediendo varios años. El terapeuta percibía los regalos como "caballos de Troya", demandas airadas que se presentaban bajo la apariencia de una ofrenda de paz.

Cada vez que se le hacía entrega del regalo de Navidad, el terapeuta interpretaba la resistencia de la paciente a considerar el significado del regalo que hacía. La paciente veía inconscientemente estas interpretaciones de resistencia como indicaciones de que el deseo de compensación no había sido reconocido o aceptado. Como resultado de ello, la paciente se enfurecía inmediatamente y se negaba tercamente a conceder ninguna credibilidad al terapeuta. El terapeuta tenía razón cuando afirmaba que la paciente estaba realizando una demanda de que sus deseos omnipotentes fueran aceptados sin modificación alguna. Sin embargo, al no reconocer y admitir el terapeuta el hecho de que el deseo fuera, en parte, reparador llevaba a la paciente a retirar el gesto como una actuación de defensa y a sustituirlo por una cruda hostilidad.

En el cuarto año de terapia, el terapeuta de pronto se vio obligado a ausentarse durante dos semanas debido a la muerte de un familiar. Esta fue la única vez que el terapeuta tuvo que cancelar las horas de terapia con la Sra. C. avisándole con poca antelación. El terapeuta llamó a la paciente y le dijo que había sucedido algo inesperado y que iba a estar fuera durante dos semanas. Cuando el terapeuta regresó, la Sra. C. le trajo un plato que ella había cocinado en el horno. La comida en sí no era el regalo. El regalo era la voluntad de la paciente de tratar de hablar sobre el significado del regalo. Anteriormente, el regalo en sí había tenido la función mágica de arreglar las cosas, limpiar el aire, y crear una buena sensación. Ahora la paciente parecía sentir que el objeto entregado era inerte y que su esfuerzo por expresar su preocupación reparadora hacia el terapeuta debía estar ubicado en un proceso intersubjetivo de ofrecer algo de sí misma al terapeuta como persona aparte que es, con su propia subjetividad.

En momentos anteriores de la terapia, la paciente no podía haber empatizado lo suficiente con el terapeuta como para saber lo que éste habría querido. El terapeuta había sido tratado casi en su totalidad como una exteriorización de uno o más de los objetos internos de la paciente. Al entregarle el regalo después de que el terapeuta se ausentase, la paciente parecía haber dado de corazón al terapeuta algo que ella había creado (comida que había cocinado y pensamientos que había pensado) y, por lo tanto, simbólicamente, había dado algo de sí misma. También, uno podría especular que regalar comida tenía especial importancia empática porque podría haber reflejado la sospecha consciente o inconsciente de la paciente de que se había producido una muerte y que el terapeuta podría verse reconfortado por la comida, como en el simbolismo oral manifestado en un velatorio.

Con motivo de la entrega de la comida por parte de la paciente y las asociaciones relacionadas, el terapeuta simplemente dio las gracias a la paciente y no interpretó la resistencia a más asociaciones. Esto dio como resultado la sensación de la paciente de que su deseo de compensar lo que ella había hecho (y pensado) había sido aceptada por el terapeuta. La experiencia compartida pudo ser tratada más adelante y de hecho se habló de ello. Cuando se hicieron regalos con posterioridad, el terapeuta no interpretó inmediatamente las resistencias asociativas. La interpretación anterior de resistencia representaba un contraataque encubierto por parte del terapeuta, por lo que era en sí mismo una parte de una representación externa de la transferencia-contratransferencia.

Resulta lamentable cuando un terapeuta se siente obligado a interpretar de inmediato, ya sea la faceta expresiva ya sea la resistente de la transferencia representándola hacia fuera o asumiéndola. Pueden pasar meses o años antes de que esto se pueda hacer de manera productiva, pero ese retraso no significa necesariamente que uno esté participando en una terapia que intente ser sólo una experiencia emocional correctora.

La creación de la realidad psíquica

Cuando se crea un espacio entre el símbolo y lo simbolizado en el transcurso de la terapia se hace posible un modo diferente de trabajo analítico. La capacidad para establecer esta diferenciación permite al paciente ver sus pensamientos, sentimientos, percepciones y comportamiento como construcciones, a diferencia de registros impersonales de hecho. Sólo cuando el comportamiento propio es visto (al menos en parte) como una construcción simbólica personal puede uno sentir curiosidad acerca de por qué se hace lo que se hace, cómo se hace, con quién se hace, y cuándo se hace.

Una paciente bulímica se dio cuenta por primera vez después de un año de terapia de que existía cierta ironía en el hecho de que ella había llegado a la terapia haciendo un gran "sacrificio" de tiempo, dinero y esfuerzo con el fin de librarse de su bulimia y, sin embargo, lo arreglaba todo cuidadosamente para tener tiempo de "meterse un atracón" después de cada hora de terapia. En momentos anteriores de la terapia, ella simplemente había hecho estas cosas y nunca había pensado conscientemente en ello. Con el cambio psicológico reflejado en la concienciación de la ironía implícita en su comportamiento, se hizo posible utilizar las referencias repetidas del paciente al poder que su agresividad, exigencia y poder de control podían tener para ayudarla a comprender la forma en la que, devorar comida después de las reuniones, había servido en la mente (inconsciente) de la paciente para proteger al terapeuta de ser comido vivo por la paciente. Lo que se trataba de algo que le sucedía a la paciente (la necesidad de pegarse un atracón) se convirtió en su deseo (de comer de una manera particular) que sirvió para desviar los sentimientos peligrosos hacia fuera del terapeuta y con ello salvaguardar la relación que mantenía con el terapeuta.

La afirmación de Freud (1932) de la meta analítica, "Dónde estaba eso, yo allí estaré (o me estaré volviendo)" ("Wo Es war, werden soll Ich"),[5] es una descripción elocuente del cambio experiencial implícito en el movimiento desde un estado esquizo-paranoide hasta un estado depresivo. En este sentido, el objetivo del psicoanálisis es la transformación de lo que había sido un acontecimiento impersonal (eso) que me está pasando (por ejemplo, un "ataque" de ansiedad, una "onda" de depresión, una irresistible "necesidad" de comer desenfrenadamente, de consumir drogas, de ponerse en peligro físico), en una experiencia que tiene una cualidad de "yoidad". Por ejemplo, una compulsión de matarse de hambre a sí mismo que ha sido una necesidad urgente irresistible puede llegar a vivirse como algo que estoy haciendo, y haciéndolo de una manera particular, porque estoy convencido (por razones que puedo llegar a entender) de que si me mato de hambre a mí mismo, no me acusarán ni me acusaré de ser codicioso, perverso, o sanguinario. La privación oral es una expresión de mi creencia de que el acto de comer se traducirá en que yo tendré un cuerpo de un peso, forma, tamaño, textura u olor temidos, todos los cuales son signos vergonzosos de lo que he hecho, de cómo lo he hecho y de las razones por las que lo he hecho. En el proceso de que "eso" llegue a ser "yo", se me hace posible entender por qué me aferro con tanta fuerza a esta convicción, cómo desarrollé la convicción, y el tipo de dolor que sentiría si renunciara a ella.

Transferencia y contratransferencia en el nivel edípico

A menudo, cuando un paciente ha comenzado a entrar en un ámbito de la experiencia que es predominantemente de cualidad depresiva, el contenido edípico surge en la transferencia y en la contratransferencia.

Los sentimientos que participan en la situación edípica, por ejemplo, los vínculos ambivalentes de objetos triangulares, la culpa, los celos y la rivalidad son reflejos del hecho de que el desarrollo de la relación de objeto total va por buen camino. Hay precursores primitivos de esta experiencia en la posición esquizo-paranoide, por ejemplo, la envidia de las posesiones del objeto. Sin embargo, la cualidad de la experiencia en la posición esquizo-paranoide es bastante diferente de la situación edípica desarrollada en la posición depresiva. Por ejemplo, la ansiedad y la culpa implícitas en el deseo de derrotar y matar a la misma persona que se ama es una experiencia completamente diferente de la de desear destruir o robar contenidos valiosos (envidiados) de un objeto escindido malo.

Un terapeuta había estado viendo a la Sra. D. en psicoterapia intensiva durante casi cinco años. La terapia había sido productiva y la paciente, a quien se había diagnosticado inicialmente como esquizofrénica, había comenzado a relacionarse y a funcionar de maneras cada vez más maduras. El trabajo analítico se había centrado en los temores de la paciente por derretirse y adoptar la forma del terapeuta, o en conquistarlo o ser conquistada por él. La Sra. D. había pasado por periodos de rabia intensa hacia el terapeuta, algunos de los cuales eran experimentados como gritos durante las sesiones. Sin embargo, una gran parte de la ira, fue desplazada hacia el marido de la Sra. D., con el que la paciente se enzarzaba en peleas físicas violentas. Los sentimientos sexuales primitivos habían sido disfrazados de ira y se confundían con ella, en estas peleas. También había habido largos periodos durante el transcurso de esta terapia en los que la Sra. D. se había alejado del terapeuta por miedo y se había sentado en silencio durante muchas de estas reuniones.

La intensidad que consume los sentimientos de transferencia era entendida e interpretada como una repetición de aspectos de la relación del paciente con su madre. La madre de la Sra. D., una mujer con depresión crónica, confiaba en gran medida en la paciente como un receptáculo en el que volcar su miseria. Periódicamente también entraría en cólera contra la paciente. En el transcurso de la terapia, la Sra. D. llegó a entender su papel al provocar de forma inconsciente la rabia de su madre como una forma de consolidar el vínculo con su madre cuando ella se sentía ansiosa porque su madre se estaba "alejando".

En el quinto año de terapia, el terapeuta empezó a darse cuenta de que, a pesar de haber disfrutado del trabajo con esta paciente, por primera vez le estaba pareciendo sexualmente atractiva. Durante este periodo, la Sra. D. no contó ningún sueño (en fuerte contraste con la anterior abundancia de material del sueño) y parecía estar guardando tímidamente sus secretos en lugar de retirarse enfadada o asustada.

En los primeros años de la terapia, la paciente se había sentido dolorosamente débil e inadecuada en comparación con el terapeuta y con su marido, a quienes idealizaba como hombres poderosos y protectores. La paciente no había obtenido ningún placer, ya sea en los juegos sexuales previos o en las relaciones sexuales con su marido, pero sí disfrutaba con los abrazos que precedían y seguían al sexo.

En el periodo que siguió a la concienciación inicial del terapeuta de la atracción sexual de la paciente, la actitud de la paciente hacia el sexo cambió drásticamente. Ella comenzó a quejarse de que su marido era torpe e insensible en el terreno sexual. Mientras tenía relaciones con su marido, fantaseaba con tener relaciones sexuales con otros hombres. La Sra. D. comenzó a plantearse seriamente dejar a su marido. Durante este periodo, la paciente experimentaba una ansiedad intensa cuando estaba en presencia de cualquier hombre, incluido el terapeuta. Sentía que la angustia se derivaba de un temor a que se le notara que tenía pensamientos y sentimientos sexuales. Se imaginaba que se sentiría humillada si alguien supiera que tenía sentimientos sexuales, a pesar de que intelectualmente sabía que tales sentimientos eran universales. Finalmente, la paciente comenzó a darse cuenta de que lo que le resultaría la revelación más humillante era su deseo de tener una relación sexual con el terapeuta. Sentía que sería humillante, en gran parte, porque no sería correspondida y se sentiría como una tonta.

La paciente, a estas alturas de la terapia, había hablado muy poco acerca de su padre, pero durante este periodo habló de lo que le habían dicho sobre el hecho de que su padre abandonara a la familia cuando ella tenía algo menos de 2 años. El padre volvió a casarse y mantuvo contacto con la paciente de forma impredecible a lo largo de su infancia y de su vida adulta. Su relación con él se caracterizaba por una idealización de la nueva familia de él, de la que la paciente se sentía dolorosamente excluida. La paciente vinculó su miedo a sentirse como una tonta en relación con el terapeuta con su sensación de afecto hacia su padre, que había sido o no reconocido o valorado.

Este trabajo tuvo el tono familiar del comienzo del análisis de los sentimientos edípicos de transferencia relacionados con el objeto total. Sin embargo, un análisis del material exclusivamente a este nivel habría sido incompleto. Había una forma de ejecución que rodeaba este trabajo analítico autorreflexivo que comunicaba otro nivel de significado. Esta fase del trabajo se vio continuamente salpicada por crisis. Por ejemplo, la Sra. D. llamaba al terapeuta muy tarde por la noche ahogándose en lágrimas, diciendo que se sentía incapaz de respirar debido a la intensa ansiedad que sentía por salir sola a trabajar al día siguiente. Se había quedado atrás en su trabajo y se sentía completamente "sin preparación" para enfrentarse de nuevo a él. El terapeuta en este caso le dijo a la paciente que sentía que ella debía sentirse no preparada para los sentimientos que había tenido durante la sesión de ese día y que tenía miedo de que ella no pudiera gestionar esos sentimientos por su cuenta hasta la próxima vez que se vieran.

En la próxima cita, dos días más tarde, la Sra. D. dijo que se había sentido molesta con el terapeuta porque le había pedido que hiciera algo (es decir, pensar en lo que había sucedido en la cita), cuando su intención al llamarle a él era pedirle que hiciera algo por ella. Sin embargo, al mismo tiempo, se dio cuenta de que su ira le había servido como distracción de la ansiedad y del miedo que había estado sintiendo, y por lo tanto, le había servido de alivio. En el transcurso de su conversación telefónica, ella misma podía sentir que le costaba menos trabajo respirar. Ella dijo que cuanto más pensaba en ello, más se preguntaba si el terapeuta se había propuesto causar este efecto. Era consciente de que si esto era sí, ella volvería a estar cayendo en una intensa dependencia del terapeuta y no quería sentir que estaba pasando esto. El terapeuta le indicó, pero no le interpretó a la paciente, que había transformado a la defensiva su decepción y molestia en una idealización mágica.

Las crisis que se produjeron durante este periodo de la terapia pueden entenderse como reflejo de la ansiedad que se genera al enfrentarse a los sentimientos transferenciales en conflicto, sobre todo a los de carácter edípico. Representada en las crisis había una huida de las relaciones de objeto total por medio de una recreación de la cercanía sensorial no mediada que participa en la relación de objeto característica de la posición esquizo-paranoide. En un modo predominantemente depresivo, las ideas, los sentimientos y los sueños se sitúan en el espacio analítico que existe entre paciente y terapeuta, tanto para reflexionar sobre ellos, como para experimentarlos.

Por el contrario, las crisis no son acontecimientos que se interpongan entre personas situadas por separado, son acontecimientos en los que paciente y terapeuta están "juntos en ello". En un momento determinado de una crisis, la paciente le preguntó al terapeuta, "¿Qué *vamos* a hacer?" Las crisis fueron un intento de restablecer una cercanía sensorial no mediada; la paciente perdió desesperadamente tal cercanía mientras funcionaba en un modo maduro de relación que implicaba la intimidad mediada por la separación de los sujetos mediante el uso de símbolos para la comunicación y para la autorreflexión. El aislamiento inevitable de la relación con el objeto total (la ansiedad de irse sola a trabajar o de gestionar sola los sentimientos entre una sesión y otra) formaba parte de aquello para lo que la paciente se sentía "no preparada".

De este modo, esta fase de la psicoterapia de la Sra. D. se caracterizó por los avances en el desarrollo del modo depresivo, incluida la elaboración de las transferencias y contratransferencias edípicas relacionada con el objeto total. La regresión defensiva al modo esquizo-paranoide se vio motivada por una huida de los significados edípicos personales en conflicto y una huida desde la distancia o el aislamiento inevitables que se encuentran en la cualidad mediada simbólicamente de la experiencia en la posición depresiva.

El complejo de Edipo facilita la triangulación de la experiencia. Lacan (1957, 1961, véase también Lemaire, 1970) ha analizado la forma en la que el nombre-del-padre como portador de símbolos y nombres sirve como intermediario esencial entre la madre y el infante. Sin la terceridad introducida por la identificación inconsciente del niño con el padre, y sin el sistema de símbolos proporcionado por el lenguaje, el infante nunca sería capaz de distanciarse de su madre o de su propia experiencia lo suficiente como para participar en la experiencia mediada (autoreflexiva).

El siguiente material clínico, tomado de la psicoterapia de una mujer con trastorno de personalidad borderline que estaba gravemente perturbada, proporciona una segunda ilustración de la función de la configuración edípica en el proceso de individuación dentro de la posición depresiva.

La joven N., una estudiante universitaria de 27 años de edad, había sido bulímica durante cinco años antes de iniciar la terapia, que había comenzado a los 21 años. La bulimia continuó durante los primeros cuatro años de la terapia, en cuyo punto la paciente empezó a mantener una relación romántica erotizada con un profesor de la universidad, que era unos treinta años mayor que ella. La relación, que estaba en su segundo año en el momento en que nos centramos aquí, nunca fue explícitamente sexual. El siguiente extracto pertenece a una sesión del quinto año de la terapia.

La paciente comenzó la sesión diciéndole al terapeuta que habían pasado muchas cosas desde que se habían visto por última vez hacía dos días y que el terapeuta se sentara relajadamente y le escuchara. La paciente le dijo al terapeuta que durante el día anterior había ido a estudiar al parque y había hablado con un hombre muy guapo, que era unos cuantos años mayor que ella. La joven N. se preguntaba si el terapeuta estaba celoso del interés que habían mostrado por la paciente, e incluso sospechaba que ella podría estar tratando de que él se sintiera celoso.

Antes de las clases, en la mañana de esta sesión, la joven. N. había charlado con el profesor del que estaba encaprichada. Le había hablado del hombre del parque, pero había exagerado la vinculación que había mantenido con él. Más adelante durante la conversación, le había preguntado con coquetería si él la "entregaría" en la boda si ella se casara con el hombre del parque. El le contestó: "Sí, pero sólo si me viera obligado".

El profesor estaba organizando en esos momentos un comité académico y les pidió a la paciente y a otros alumnos que participaran en el mismo. La paciente le dio una excusa para no ser miembro del comité, a pesar de que sentía que le hubiera gustado muchísimo ser parte de él. Creía que no podía participar porque el comité se reuniría a una hora que ella reservaba habitualmente para sus elaborados rituales que precedían a sus episodios de atracones y de vómitos. La joven N., luego lloró y le suplicó al terapeuta que no intentara hacerle renunciar a sus atracones y a sus vómitos, porque no creía que pudiera vivir sin eso.

La joven N. había comenzado esa reunión pidiéndole al terapeuta que no interfiriera mientras que la paciente jugaba con fantasías edípicas románticas en presencia del terapeuta. La paciente era parcialmente consciente de sus esfuerzos por hacer que el terapeuta/madre se pusiera celoso, pero no era consciente de que estaba intentando conseguir el permiso del terapeuta para interesarse por alguien que no fuera el terapeuta. (Simbólicamente, la paciente estaba pidiendo la bendición de su madre ante su deseo de implicarse en un romance edípico con su padre).

El profesor con el que la paciente estaba coqueteando había adoptado intuitivamente el papel de un padre entregado en mitad de un romance con su hija, un romance que él conoce, y en parte lamenta, que no debe convertirse en algo abiertamente sexual y que debe terminar cuando él sea reemplazado por otro hombre. La paciente se burlaba tímidamente del profesor contándole historias sobre un hombre más joven, ante lo que el profesor respondía celosamente con una invitación propia. El hecho de que el profesor saliera de la fantasía de la paciente era gratificante en parte y en parte resultaba algo alarmante para la paciente.

El romance con un padre transferencia sirvió como cuña esencial entre la madre/terapeuta y la hija/paciente. La presencia emocional del padre introdujo la terceridad, un punto de vista externo a la díada madre-infante. Esta terceridad ofrecía la posibilidad de una perspectiva desde la cual la hija podría (mediante la identificación) verse a sí misma y ver su relación con su madre. En este sentido, el complejo de Edipo era la salida desde la dualidad no reflexiva de la posición esquizo-paranoide. Sin embargo, la joven N. se manifestaba profundamente escindida sobre si debía usar esta salida. En efecto, se dijo a sí misma y a su padre transferencia (el profesor) que su lealtad a su objeto interior madre era más importante. No estaba dispuesta ni era capaz de renunciar al vínculo con el objeto interno madre (representado en la sintomatología bulímica) lo suficiente como para dejar un espacio para un tercero. Este vínculo primitivo con el objeto interno-madre no es comparable, en absoluto, con el vínculo que existe con el padre o la madre en la situación edípica. La madre de los atracones y los vómitos es una madre de funciones corporales que es inseparable de uno mismo, a la que uno devora, se mezcla con la sangre de uno, y luego se vomita parcialmente con el fin de no desaparecer dentro de ella o ser tomado por ella. Esta es la madre con la cual el paciente se ve leal, esclavizado y enredado de forma conflictiva. El terapeuta como madre-objeto edípico amenaza con interferir con un vínculo más primitivo con la madre-objeto interno relacionada con el acto de los atracones y los vómitos, y anteriormente relacionada con la transferencia simbiótica hacia el terapeuta. La paciente le rogó a la madre-objeto/terapeuta que no insistiera para que dejara el vínculo con la madre objeto interno más primitivo.

La introducción por parte del paciente de los sentimientos románticos/sexuales hacia el profesor reflejaba la introducción de la terceridad, tanto en el ámbito de las relaciones de objeto como en el campo de la formación de símbolos. A la joven N., al mismo tiempo que desarrollaba un "enamoramiento" por su profesor, se le despertaba la curiosidad por los significados de la experiencia (por ejemplo, sus atracones). La paciente, como sujeto intérprete, podría servir como una tercera entidad interpuesta entre el símbolo y lo simbolizado, es decir, entre sus pensamientos (sus construcciones simbólicas) y lo que ella estaba pensando (lo simbolizado).

Como sucedía en el caso de la Sra. D. que se ha descrito anteriormente, la paciente sentía un profundo desgarro ante la perspectiva de la introducción de la terceridad. La terceridad le ofrecía un alivio de la sensación de estancamiento doloroso en la dependencia del terapeuta; al mismo tiempo, existía una intensa sensación de pérdida implícita al renunciar a la sensación de relación no mediada que ella había experimentado en la relación más primitiva con la madre/terapeuta. El dolor implícito en la renuncia de esta forma de relación capaz de mantener la vida (fantaseada) representa una parte importante de lo que resulta depresivo en relación con la posición "depresiva".

La creación de la distancia reflexiva

Otra característica clínica de la entrada en la posición depresiva es el sentido de desarrollo de la distancia reflexiva desde uno mismo, en la que "yo" puedo observarme "a mí". Una paciente describió su experiencia anterior a este desarrollo como una "actividad frenética":

Un amigo que no me había visto desde hacía un año me dijo que hasta ese día sentía que, cuando él me miraba a los ojos, podía ver a través de mí. Yo sé lo que quiere decir. Lo que viste era lo que había. No lo dijo con la intención de que fuera un insulto. Yo solía decirle que era sincero y directo y eso le gustaba. No está tan seguro de que le guste que yo sea más misteriosa, tal vez incluso engañosa.

No es como si yo estuviera en una esquina observándome a mí misma. La concienciación de mí misma y el hecho de hacerlo están en el mismo lugar. Puedo sentir el viento contra las pantorrillas al caminar. No es que nunca pensara en mí misma o no fuera autorreflexiva, pero esto es algo diferente.

Estoy yo y hay algo dentro de mí, no algo, sino alguien, pero como ese alguien está dentro de mí, yo puedo tener una idea de quién es y no simplemente serlo. A veces, esto está conectado con una sensación de que se trata de un espacio físico dentro de mi cuerpo, pero a veces está en la cabeza o no se encuentra en ninguna parte concreta de mi cuerpo. Es un sentimiento, no un lugar, pero se siente como si fuera un lugar.

Observaciones finales

Se han presentado estos relatos clínicos en un intento de proporcionar un sentido de la forma en la que una conceptualización de los modos esquizo-paranoide y depresivo de la experiencia pueden contribuir a ayudar a que el terapeuta organice los datos clínicos. Se espera que el uso de estas ideas facilite la empatía con "el eso" mientras que el terapeuta facilita los esfuerzos del paciente para que se vuelvan sujetos de manera más plena.

Notas

1. Me gustaría expresar mi gratitud a los terapeutas a los que he supervisado para analizar su trabajo clínico conmigo de un modo que me ha ayudado mucho a desarrollar y aclarar muchas de las ideas tratadas en este capítulo.
2. Esta clasificación representa una síntesis y una ampliación de la obra de Bion [1967], Freud [1896a, 1914, 1915b], Klein [1935, 1975], Fairbairn [1941, 1944, 1946], Kernberg [1970], McDougall [1974], Winnicott [1959–1964] y otros.
3. La identificación proyectiva, aunque es un modo primitivo de defensa y comunicación, no es una característica exclusiva de la posición esquizo-paranoide. Dado que los modos esquizo-paranoide y depresivo siempre coexisten, la identificación proyectiva es una faceta potencial de todos los estados psicológicos y de todas las formas de relación con el objeto.
4. La idea de que exista una relación con una presencia contenedora sólo es insinuada por Klein (1955). Esta noción se volvió algo nuclear en Winnicott y se tratará en el Capítulo 7.
5. Esta afirmación fue mal traducida por Strachey al afirmar: "Donde estaba el ello, allí estará el yo" (Freud, 1932, p. 80). Freud (1926) advirtió de forma explícita contra el uso de "nombres griegos pomposos" (p. 195) para etiquetar estas experiencias cotidianas del yo y del no-yo inanimado (dentro de nosotros mismos).

CAPÍTULO 6

Relaciones de objeto interno

La teoría de las relaciones de objeto, que a menudo se piensa equivocadamente que es una teoría exclusivamente interpersonal que desvía la atención desde el inconsciente, se trata, de hecho, fundamentalmente de una teoría de las relaciones de objeto interno[1] en interacción dinámica con la experiencia interpersonal actual. El análisis de las relaciones de objeto interno se centra en la exploración de la relación que existe entre los objetos internos y las formas en las que el paciente se resiste a alterar estas relaciones de objeto interno del inconsciente frente a la experiencia real. La teoría clásica no cuenta con un concepto de objetos internos. En su lugar, hay conceptos relacionados—y, en parte, que se superponen—de huellas de la memoria, representaciones mentales del yo y del objeto, introyecciones, identificaciones y estructuras psíquicas.

En este capítulo se defiende la tesis de que la "internalización" de una relación de objeto implica necesariamente una escisión del yo[2] en partes que, cuando son reprimidas, constituyen los objetos internos que establecen una relación particular inconsciente entre sí. Esta relación interna viene determinada por el carácter de la relación de objeto original, pero no mantiene de ninguna manera una correspondencia unívoca con el mismo y es potencialmente modificable por la experiencia posterior. La relación de objeto interno puede ser más tarde reexteriorizada por medio de la proyección y de la identificación proyectiva en un entorno interpersonal, generando así los fenómenos de transferencia y contratransferencia de análisis y todas las demás interacciones interpersonales.

Propongo, además, que los objetos internos puedan considerarse como suborganizaciones dinámicamente inconscientes del yo capaces de generar significado y experiencia, es decir, capaces de pensar, sentir y percibir. Estas suborganizaciones se dan en las relaciones inconscientes entre sí e incluyen (1) auto-suborganizaciones del yo, es decir, aspectos del yo en los que la persona experimenta más plenamente sus ideas y sentimientos como propios, y (2) suborganizaciones objetos del yo, a través de las cuales los significados son generados basándose en la identificación de un aspecto del yo con el objeto. Esta identificación con el objeto es tan completa que el sentido original que uno tiene del yo se pierde casi en su totalidad. Esta concepción de las relaciones de objeto interno va mucho más allá de la noción clásica del yo y de las representaciones del objeto mental.[3] Lo que aquí se propone es la idea de que el yo se divida en partes, cada una de ellas capaz de generar experiencia en un modo modelado según, o bien el sentido de uno de un objeto en una experiencia de relación de objeto temprana, o bien la experiencia que tiene uno de uno mismo en la misma relación de objeto temprana. Las dos partes del yo permanecen vinculadas y, cuando son reprimidas, constituyen una relación inconsciente de objeto interno.

Esta conceptualización de las relaciones de objeto interno es una consecuencia de la obra de Freud, Abraham, Melanie Klein, Fairbairn, Winnicott y Bion. Aunque existan diferencias teóricas significativas entre este grupo de analistas, el concepto de objetos internos ha sido manejado por cada uno de ellos de tal manera que pudiera sentar las bases para el siguiente, en lo que constituye, en conjunto, una línea central de pensamiento de la teoría de las relaciones de objeto. Trataremos la contribución de cada uno de estos analistas al concepto de relaciones de objeto interno y presentaremos una concepción integrada del carácter de las relaciones de objeto interno. A continuación, mostraré cómo los fenómenos clínicos de transferencia, contratransferencia y resistencia pueden entenderse más a fondo cuando se observan desde la perspectiva de la teoría de los objetos internos propuesta.

Una teoría de las relaciones de objeto de los objetos internos

Freud

Freud no utilizaba el término "objetos internos", ni tampoco generó una conceptualización equivalente a la que se va a tratar aquí como concepción de las relaciones de objeto de los objetos internos. En *La interpretación de los sueños* (1900), Freud daba a entender que las huellas de la memoria inconsciente tenían el poder de perpetuar los sentimientos implícitos en la experiencia temprana olvidada, podían atraer la atención sobre sí mismas en el transcurso del sueño y de la formación de síntomas y podían presionar para que hubiera una expresión consciente, una representación del sueño y una representación simbólica en el comportamiento sintomático y en el carácter patológico. En 1914, Freud introdujo la idea de que las fantasías inconscientes acerca de los objetos pueden, en determinadas circunstancias, ocupar el lugar de las relaciones reales con la gente.

En "Duelo y melancolía" (1917), la identificación se contempla como el medio por el cual uno no sólo recuerda, sino que en parte sustituye emocionalmente, un objeto externo perdido por un aspecto de sí mismo que se ha modelado según el objeto externo perdido. Freud describió cómo, en la melancolía, una relación con un objeto externo se "transforma ... en una división entre la actividad crítica del yo y el yo como algo alterado por la identificación" (p. 249). Dicho de otro modo, se sustituye una relación externa por una interna que implica una interacción de dos aspectos *activos* de la persona que han dado como resultado una escisión del yo.

En 1923, Freud extendió la noción de identificación con el fin de que incluyera, no sólo una modelación de uno mismo según el objeto externo, sino, como en el caso de la formación del superyó, un proceso por el cual las funciones del objeto externo se instauraran dentro de la psique. Freud (1940a) resume al final de su vida su teoría de la formación de la estructura por la cual se genera una nueva agencia activa:

> Una parte del mundo externo ha sido, al menos parcialmente, abandonada como un objeto y, por identificación, ha sido llevada al yo. Por lo tanto, se convierte en una parte integral del mundo interior. Esta nueva agencia psíquica continúa acarreando las funciones que habían sido llevadas a cabo hasta ahora por las personas

> [los objetos abandonados] en el mundo externo: observa el yo, le da órdenes, le juzga y amenaza con castigos, exactamente como los padres cuyo lugar ha ocupado. (p. 205)

Freud propone así un modelo en el que un objeto externo es "mediante la identificación … llevado al yo" y continúa explicando que ocupar el objeto en el yo implica el establecimiento de "una nueva agencia psíquica", es decir, un aspecto de la personalidad que tiene la capacidad de llevar a cabo funciones en el mundo interior, que han sido realizadas previamente en el mundo exterior por el objeto. Esta nueva agencia se encuentra en relación con el yo y puede percibir, pensar, responder e iniciar una actividad. Además, tiene su propio sistema de motivaciones: "observa el ego, le da órdenes, le juzga y le amenaza con castigos". Freud está describiendo aquí una secuencia de desarrollo normal en la que el niño, en el contexto de sus relaciones con los objetos externos, establece una suborganización del yo que tiene capacidad de motivación independiente y lleva a cabo una relación de objeto con otros aspectos del yo.

"Fetichismo" (1927) y "Escisión del yo en el proceso de defensa" (1940b) de Freud recurren al concepto de una escisión en el yo[4] para dar cuenta de la manera en que uno puede saber y no saber al mismo tiempo. Dicho de otro modo, el yo puede dividirse defensivamente con el fin de operar sobre la base de diferentes tipos de comprensión de la realidad. Esto representa tanto una aclaración del proceso de escisión del yo implícito en la formación del superyó, como una extensión de la idea para dar cuenta de la división interna dentro de la personalidad, distinta de la que participa en la formación del superyó.

Abraham

El concepto freudiano de estructuras psíquicas o "agencias" que funcionan en un "mundo interno" que se desarrolla en el contexto de las relaciones tempranas que tenemos con los objetos externos constituye el marco teórico en el que se desarrolló cualquier contribución de éxito a la teoría de las relaciones de objeto. La obra de Karl Abraham desempeñó un papel fundamental en el desarrollo de la rama del psicoanálisis de las relaciones de objeto y, en particular, facilitó la base sobre la cual tanto Klein como Fairbairn desarrollarían sus ideas. Trabajando dentro del marco de la teoría de los instintos sexuales de Freud, Abraham

(1924) concede más importancia de la que dio Freud al papel del objeto en el desarrollo de la libido e hizo más hincapié en el lugar de la fantasía inconsciente dentro de la vida psicológica. La división del desarrollo temprano en las fases preambivalente, ambivalente y postambivalente de Abraham fue el precursor de los niveles esquizoide[5] y depresivo de Klein y Fairbairn en la organización psicológica temprana. La concepción de Abraham de las diferentes formas de ambivalencia hacia los objetos lleva intrínseca la idea de que existían ya una serie de formas de conflicto psicológico con respecto a la experiencia de la diferenciación yo-objeto.

Klein

Si bien las contribuciones de Abraham a la teoría de las relaciones de objeto consistió fundamentalmente en desplazar el énfasis que había dentro del marco conceptual facilitado por Freud, Melanie Klein (1975), al hacer primario el papel de las relaciones inconscientes de objeto interno, presentó una nueva perspectiva desde la que organizar el pensamiento clínico y metapsicológico. Klein (1946, 1958) concibe al infante al nacer como alguien que funciona con un yo primitivo, poco organizado, pero un yo completo en relación con un objeto que se experimenta como un todo. Bajo la presión de la ansiedad intolerable de la inminente aniquilación producida por el instinto de muerte, el infante intenta distanciarse defensivamente de su sentido de destructividad dividiendo tanto el yo como el objeto en facetas buenas y malas más manejables (al estar por separado) de la experiencia relacionada con los objetos. Dicho en términos menos mecánicos, el infante simplifica una relación complicada e imposible de manejar con la madre (que incluye la coexistencia de los sentimientos de amor y odio hacia la madre y experimentados a partir de la misma) mediante el tratamiento de la relación como si fueran muchas relaciones entre concepciones inconfundiblemente amorosas e inconfundiblemente malévolas del yo y del objeto. Estos aspectos de la relación del infante con el objeto se mantienen separados por medio de las fantasías proyectiva e introyectiva. La escisión que hace el infante de su experiencia de sus relaciones con los objetos le permite crear un santuario psicológico (a salvo de sentimientos hostiles y destructivos) en el que se puede alimentar de forma segura, tomando de forma segura lo que necesita de su madre.

Esta teoría del desarrollo temprano estableció una concepción de la vida psicológica basada en una organización interna derivada de la relación de los aspectos escindidos del yo con los objetos internos asociados. Existen fallos considerables en la teoría de las relaciones de objeto interno de Klein. Fundamentalmente, Klein no tiene claro si entiende las relaciones de objeto interno como fantasías o como relaciones entre las agencias activas capaces de sentir, pensar y percibir. De hecho, afirma las dos cosas y con frecuencia mezcla las dos mediante la formulación de fenómenos clínicos refiriéndose a las relaciones entre una agencia activa y un pensamiento (véase Mackay, 1981). Se trata de una confusión de niveles de abstracción análogo a afirmar que un pensamiento está contenido en una neurona.

La falacia de establecer relaciones directas entre agencias activas e ideas impregna los escritos de Klein. Por ejemplo, al describir el desarrollo de la vida psicológica temprana, Klein escribe: "La escisión de figuras persecutorias que pasa a formar parte del inconsciente está ligada también a la escisión de figuras idealizadas. Las figuras idealizadas se desarrollan para proteger al yo frente a las terroríficas" (Klein 1958, p. 241). Los analistas clásicos señalan que la noción de figuras idealizadas que protegen al yo frente a las terroríficas equivale a proponer que hay "demonios" internos amistosos y hostiles que operan dentro la mente. "Una multitud de mentes se introduce en una aparato psíquico individual … la persona está siendo imaginada como un contenedor de microorganizaciones innumerables e independientes que también son microdinamismos" (Schafer 1968, p. 62). Los kleinianos han respondido que estas figuras no son demonios, sino más bien fantasías inconscientes: "Los objetos internos no son 'objetos' situados en el cuerpo o en la psique: como Freud [en su teoría del superyó], Melanie Klein describe fantasías inconscientes que la gente tiene en relación con lo que contienen" (Segal 1964, p. 12). Sin embargo, a pesar de esta aclaración por parte de los kleinianos, hay que recordar que una fantasía inconsciente (el producto del "pensamiento de fantasía" [Isaacs 1952, p. 108]) es, después de todo, un pensamiento, igual que las figuras que están dentro de la fantasía. Si los objetos internos son pensamientos, como Segal e Isaacs los conceptualizan, entonces ellos mismos no pueden pensar, percibir o sentir por sí mismos, ni pueden proteger o atacar al yo. Incluso hasta el momento presente, los teóricos kleinianos no han sido capaces de separarse a sí mismos de la Escila de la demonología y del Caribdis de la mezcla de niveles de abstracción incompatibles (es decir, las agencias y los pensamientos activos).

Fairbairn

Esta teoría kleiniana de las relaciones de objeto interno, con su mezcla insatisfactoria de fantasía y dinamismo, junto con la teoría del origen del superyó de Freud, constituyeron la base para las contribuciones de Fairbairn a la teoría de las relaciones de objeto. Fairbairn (1940, 1944), como Klein, veía el yo infantil como algo completo en el momento del nacimiento y capaz de relacionarse con los objetos externos totales. En la medida en que el "ajuste" entre la madre y el infante resulta deficiente, el infante experimenta una sensación intolerable de desconexión y se defiende a través de la escisión de los aspectos del yo que se sentía que eran inaceptables para la madre. Estas partes escindidas del yo permanecen fijas en una relación con el aspecto insatisfactorio del objeto. Esta relación de objeto parcial (ego escindido en relación con un objeto emocionalmente ausente o que nos rechaza) se reprime con el fin de dominar los sentimientos que participan en la misma y en un intento de cambiar el objeto y de hacer de él un objeto satisfactorio. El yo y el objeto frustrante se someten a nuevas subdivisiones en línea con la división determinada por diferentes cualidades afectivas de la relación del objeto insatisfactorio. Por ejemplo, las cualidades tentadoras de la relación y las cualidades de rechazo de la relación se separan la una de la otra en el mundo interno del infante. Un aspecto significativo del yo (el yo central) mantiene una relación con las cualidades aceptantes y aceptadas del objeto (la madre "suficientemente buena" [Winnicott, 1951] en lugar de la madre idealizada defensivamente). El yo central es, en parte, el yo consciente, pero también contiene facetas dinámicamente inconscientes, por ejemplo, sus esfuerzos defensivos por hacerse conscientes de los aspectos insatisfactorios de la experiencia relacionada con el objeto.

Aunque Fairbairn trabajara dentro de un marco psicoanalítico freudiano, estaba luchando contra lo que consideraba como deficiencias tanto de la teoría freudiana, como de la kleiniana. Fairbairn (1946) señaló que Freud (1932) concebía el ello como energía sin estructura y el yo como estructura sin energía; el ello era visto como "investiduras instintivas que buscaban descargarse—lo que, a nuestro juicio, es lo único que hay en el ello" (Freud 1932, p. 74), y el yo era percibido como algo organizado en funciones, pero carente de su propia fuente de energía. Fairbairn (1944, 1946) sustituyó la dicotomía freudiana del yo y el ello, de estructura y energía, por una noción de "estructuras dinámicas". Estas estructuras dinámicas se conciben como aspectos de la mente capaces de actuar como agencias independientes con sus propios sistemas de motivación. Refiriéndose al lado psicológico, Fairbairn afirma que estos aspectos de la persona tienen capacidad de pensar y desear de acuerdo con su propio sistema de generación de significado. Según esta teoría, cada trocito del yo (un aspecto de la personalidad) que se ha escindido defensivamente en el transcurso de las funciones de desarrollo funciona como una entidad en relación con los objetos internos y en relación con otras subdivisiones del yo.

En cuanto a la importante cuestión del estado teórico de los objetos internos, Fairbairn afirma que:

> En aras de la coherencia, debo señalar ahora la conclusión lógica de mi teoría de la estructura dinámica y reconocer que, puesto que los objetos internos son estructuras, deben ser necesariamente, en alguna medida al menos, dinámicos. Al elaborar esta conclusión y hacer este reconocimiento, no sólo estoy siguiendo con ello el precedente de Freud, sino también, podría parecer, conforme a las exigencias de tales hechos psicológicos según se revelan, por ejemplo, en los sueños y en los fenómenos de la paranoia .... Hay que reconocer, sin embargo, que, en la práctica, es muy difícil diferenciar entre la actividad de los objetos internalizados y la actividad de las estructuras del yo a las que están asociados; y, con el fin de evitar cualquier apariencia de demonología, parece sabio equivocarse, en todo caso, hacia el lado de la sobreponderación de la actividad de las estructuras del yo y no hacer lo contrario. Sin embargo, sigue siendo cierto, que en determinadas condiciones, los objetos internalizados pueden adquirir una independencia dinámica que no puede ignorarse. Es, sin duda, en esta dirección en la que debemos buscar una explicación del animismo fundamental de los seres humanos, que sigue estando, no obstante, persistente bajo la superficie .... (1944, p. 132)

La conclusión de Fairbairn de que no sólo las suborganizaciones del yo, sino también los objetos internos, deben ser considerados "en alguna medida, al menos" como estructuras dinámicas, establece por completo el concepto de las relaciones de objeto interno entre agencias semiautónomas activas dentro de una única personalidad. Sin embargo, el pasaje que acabamos de citar demuestra que Fairbairn vaciló en la elaboración de su conclusión. En gran parte parecía demasiado cercana a las formulaciones de Klein, que él consideraba demonológicas. Existe una serie de aspectos formulados de manera incompleta en la teoría de Fairbairn que pueden haber contribuido a sus recelos en relación con esta faceta de su pensamiento.

Al estudiar la obra de Fairbairn, uno busca en vano definiciones de los términos *estructura* y *dinámico*. (Tampoco podemos encontrar una definición del concepto de estructura psíquica en la obra de Freud). Deduzco del uso que hace Fairbairn del término *estructura* que está pensando en un conjunto estable de ideas o representaciones mentales. Estas ideas conscientes e inconscientes son creencias consistentes según las cuales uno planifica y mide el comportamiento y las respuestas propias ante la nueva experiencia. Pero estas ideas no piensan, responden ni perciben por sí mismas. La capacidad de pensar, sentir y percibir constituye la base para la determinación de que un aspecto de la personalidad es dinámico.

Cuando Fairbairn dice que los objetos internos no son "meros objetos", sino estructuras dinámicas, parece querer decir que las figuras internas no son simplemente representaciones mentales de objetos, sino, más bien, agencias activas cuya actividad es percibida por sí misma y por otras estructuras dinámicas como algo que tiene características específicas, que luego se organizan y registran como representaciones mentales estables. Las estructuras pueden existir sin dinamismo (como conjuntos estables de ideas o convicciones), pero no es posible que haya dinamismo sin estructura. Para Fairbairn, el concepto de ello como depósito de energía se sustituye por una noción de un conjunto inconsciente de estructuras del yo y de objeto, cada uno de ellos capaz de llevar a cabo la actividad psicológica de los diversos grados de primitivismo.

No queda claro en el pensamiento de Fairbairn el tipo de relación que el concepto del yo mantiene con el concepto de objetos internos dinámicos. ¿Puede haber una estructura dinámica (por ejemplo, un objeto interno) que sea distinta del yo? Parece ser que esto es lo que Fairbairn afirma y, como se verá más adelante, puede que sea ésta la razón de su indecisión a la hora de reconocer plenamente el carácter dinámico de los objetos internos.

Winnicott

La principal contribución de Donald Winnicott a la teoría de las relaciones de objeto interno es el concepto de auto-organizaciones múltiples que funcionan en relación la una con la otra dentro del sistema de la personalidad. Winnicott (1951, 1952, 1954, 1960a) imaginó al infante como alguien que había nacido con el potencial de individualidad única de la personalidad (llamado organización de la personalidad del Verdadero Yo), que puede desarrollarse en el contexto de un entorno de explotación de respuesta proporcionado por una madre suficientemente buena. Sin embargo, cuando una madre sustituye algo de sí misma por el gesto espontáneo del infante (por ejemplo, su propia ansiedad por la separación debido a la exploración curiosa del infante), el infante experimenta una interrupción traumática de su desarrollo del sentido del yo. Cuando dichas "intrusiones" constituyen una característica central de la temprana relación madre-infante, el infante tratará de defenderse a sí mismo mediante el desarrollo de la organización de una segunda personalidad (reactiva) (la organización del Falso Yo). Este Falso Yo vigilante controla y se adapta a las necesidades conscientes e inconscientes de la madre y, al hacerlo, proporciona un exterior protector detrás del cual se le concede al Verdadero Yo la privacidad que necesita para mantener su integridad.

El Falso Yo no se concibe como malévolo. Al contrario, el yo cuidador (1954) "gestiona" energéticamente la vida para que un yo interior no pueda experimentar la amenaza de aniquilación que resulta de la presión excesiva por desarrollarse de acuerdo con la lógica interna de otra persona (por ejemplo, la madre). El temor de la aniquilación experimentada por el Verdadero Yo da como resultado un sentimiento de total dependencia de la organización de la personalidad del Falso Yo. Esto hace que a una persona le resulte extremadamente difícil disminuir su dependencia del modo de funcionamiento del Falso Yo a pesar de la conciencia del vacío de vida que le corresponde a dicho funcionamiento. A menudo, funcionando de este modo se puede llegar al éxito académico, profesional y social, pero con el tiempo la persona se experimenta cada vez más a sí misma como alguien que está aburrida, "va pasando por los movimientos" de manera individual, mecánica y con falta de espontaneidad (véase Ogden, 1976).

Winnicott no habla del estado teórico del objeto, pero en sus escritos deja claro que trata a los objetos internos como representaciones mentales. Tanto la teoría de la estructura dinámica de Fairbairn, como la concepción de Winnicott de los Yos Verdadero y Falso son pasos significativos en el desarrollo de una teoría de las relaciones de objeto en los que los aspectos inconscientes de la persona, cada uno de ellos con capacidad para generar significados de acuerdo con sus propios patrones de vinculación, entablan relaciones internas entre sí. La obra de Fairbairn y de Winnicott lleva implícita la idea de que la conceptualización del conflicto intrapsíquico como fantasía inconsciente que opone fuerzas internas no capta adecuadamente la forma en la que la persona efectivamente siente, piensa, percibe y se comporta de dos maneras a la vez, y no simplemente imaginando que eso sea lo que ocurre. Según Fairbairn y Winnicott, es más exacto decir que la persona se comporta como dos personas a la vez que decir que está pensando en ser dos personas que están en conflicto entre sí.

Bion

Sin olvidarse de la asignatura pendiente del estado teórico de los objetos internos, una de las consideraciones de los aspectos de la obra de Wilfred Bion se vuelve particularmente pertinente. En primer lugar, Bion describió la identificación proyectiva como un proceso interpersonal en el que uno se encuentra "siendo manipulado como si estuviera desempeñando un papel, no importa lo difícil que sea reconocerlo, en la fantasía de otra persona" (1952, p. 149). En el entorno interpersonal, la persona que identifica proyectivamente participa en una fantasía inconsciente de expulsión de un aspecto de sí mismo no deseado o en peligro y de depósito de esa parte en otra persona de una manera determinante. Se ejerce una presión interpersonal sobre el "receptor" de la identificación proyectiva, una presión que está diseñada inconscientemente para obligar al "receptor" a experimentarse a sí mismo y a comportarse de una manera que sea congruente con la fantasía proyectiva inconsciente. En circunstancias óptimas, el receptor "contiene" (Bion, 1962a) o "procesa" (es decir, maneja con madurez) los sentimientos y las ideas evocadas, y así las pone a disposición de la reinternalización del proyector, una versión más manejable e integrable que la que había sido proyectada.[6]

Bion (1957) aclaró más adelante que veía la identificación proyectiva no sólo como un proceso interpersonal sino también como un proceso intrapersonal. Concibe al individuo como a alguien compuesto por suborganizaciones múltiples de la personalidad, cada una de ellas capaz de funcionar de forma semiautónoma y, por lo tanto, capaz de procesar las identificaciones proyectivas la una de la otra. Como puede desprenderse de lo que se ha tratado anteriormente, esta visión del sistema de la personalidad es una consecuencia de las contribuciones de Klein, Fairbairn y Winnicott a la teoría de las relaciones de objeto.

Para Bion (1956, 1957) la identificación proyectiva implica el desdoblamiento de la personalidad (no simplemente un desdoblamiento de las autorepresentaciones) y una expulsión de la suborganización resultante hacia un objeto interno. Los esquizofrénicos, a causa de su incapacidad casi completa de tolerar la realidad, sustituyen la percepción por una forma extrema de identificación proyectiva. Al fragmentar las funciones preceptuales en componentes aislados y proyectar luego estas funciones (todavía experimentadas hasta cierto punto como yo) en el objeto, el esquizofrénico crea un tipo de objeto interno denominado "objeto extraño". El objeto se experimenta entonces como si tuviera vida propia: "En la fantasía del paciente las partículas expulsadas del yo llevan a una existencia independiente e incontrolable fuera de la personalidad, ya sea que contenga objetos externos o que sea contenida por ellos" (1956, p. 39). Un ejemplo dado por Bion es la proyección de la función visual en un gramófono (más exactamente, la representación psicológica del gramófono), con lo que produce de este modo un objeto extraño que se percibe como capaz de espiar al paciente. Es como si una parte de la personalidad "se hubiera convertido en una cosa" (1957, p. 48). Este tipo de fragmentación defensiva y la proyección de la mente en un objeto (representación) es el sello distintivo de la personalidad psicótica.

Bion subraya el papel de la fantasía en el proceso de la generación de objetos extraños. Al hacerlo, sin embargo, parece pasar por alto la forma en la que el proceso de fragmentación del aparato mental es más que una fantasía. Yo creo que se debe entender la formación de objetos extraños a través de la participación de dos tipos diferentes de funcionamiento mental. Una de las facetas del proceso es simplemente una fantasía—un gramófono es una representación mental que se imagina como algo capaz de percibir. Sin embargo, esta fantasía es un pensamiento generado por una parte de la mente que, de hecho, se ha escindido de la mente "no psicótica" y está funcionando en realidad como una suborganización separada y activa de la personalidad que se experimenta a sí misma como una cosa (véase Ogden, 1980, 1982b). Entiendo que la imagen del gramófono es equivalente a una autorepresentación de este aspecto de la personalidad.

Grotstein (1981, 1983) se basó en la teoría de Bion del funcionamiento simultáneo de las partes psicótica y no psicótica para construir un "modelo de doble vía" de la mente en el que la experiencia ya no se concibe como unitaria, sino como una superposición de dos o más experiencias separadas generadas por suborganizaciones autónomas de la personalidad. Unicamente mediante la integración de diversas perspectivas experienciales se crea la ilusión de la experiencia unitaria, igual que se obtiene un campo visual integrado con profundidad visual mediante una integración de las imágenes visuales ligeramente diferentes percibidas por cada ojo. La propuesta de Grotstein representa un redescubrimiento importante de una de las contribuciones más fundamentales de Freud a la psicología. Freud propuso que veíamos la mente humana como formada por dos facetas, la mente consciente y la inconsciente. Aunque estos dos aspectos de la mente funcionan en modos diferentes (proceso primario y secundario), operan simultáneamente y juntos contribuyen a la generación de la experiencia que el sujeto siente como unitaria. Este sentido de unidad de la experiencia se logra a pesar de que los aspectos conscientes e inconscientes de la mente estén operando de manera semiautónoma.

Una teoría revisada de los objetos internos

Antes de presentar la integración de las contribuciones anteriores a una teoría de los objetos internos, voy a recapitular brevemente sobre los puntos de inflexión fundamentales que se dan en el desarrollo de este aspecto de la teoría psicoanalítica. Melanie Klein fue la primera en establecer una concepción de un mundo de objetos internos organizados en torno a relaciones de objeto interno, que constan de un aspecto escindido e inconsciente del yo que está en relación con un objeto interno. Su teoría presentaba una formulación insatisfactoria del estado teórico de los objetos internos, que eran concebidos como fantasías inconscientes, pero que, al mismo tiempo, eran entendidos como capaces de pensar, sentir, percibir y responder. Fairbairn aclaró la cuestión cuando afirmó que ni los objetos ni las representaciones de objetos son internalizados, sino que lo que es internalizado es una relación de objeto que consta de una parte escindida del yo que está en relación con un objeto que es en sí, al menos en parte, una estructura dinámica. El aspecto escindido del yo mantiene la capacidad de funcionar como agencia psicológica activa, aunque funcione de un modo primitivo debido a su aislamiento relativo de otros aspectos de la personalidad en desarrollo. Aunque Fairbairn estuviera designando estructuras dinámicas de objetos internos, no explicó cómo un objeto interno (en principio, algo que era supuestamente un pensamiento) logra su dinamismo. Winnicott amplió la noción de escisión del yo e incluyó subdivisiones de la experiencia del yo, pero no contribuyó a aclarar el concepto de los objetos internos.

La teoría de la formación patológica de objetos extraños de Bion aportó una descripción importante sobre la formación de todos los objetos internos. Tuvo la visión de una escisión defensiva de la mente en partes que constan de suborganizaciones activas de la mente, que luego se experimentan a sí mismas como algo que se ha convertido en cosas. Por lo tanto, la formación de un objeto extraño es un proceso mediante el cual una suborganización de la mente se encuentra implícita en una fantasía específica relacionada con el objeto que implica sentimientos de fusión con el objeto o de sentirse atrapados por el mismo.

Basándome en estas contribuciones a la teoría de las relaciones de objeto, trataré de aclarar ahora el estado teórico de los objetos internos de una manera que facilite el pensamiento clínico sobre varios fenómenos de transferencia y resistencia. Una relación de objeto interno implica necesariamente que existe una interacción entre dos subdivisiones de la personalidad, cada una de las cuales es capaz de ser una agencia psicológica activa. De lo contrario, la teoría de uno debe postular o bien una relación directa entre los niveles no equivalentes de abstracción, por ejemplo, el yo (una estructura) en una relación con una representación de objeto (un pensamiento), o bien una relación entre dos pensamientos, lo que necesariamente dotaría a los pensamientos de la capacidad de pensar. El reconocimiento de Freud del hecho de que se requieren dos agencias activas para una relación de objeto interno se refleja en su teoría de la formación del superyó en la que el yo se ve dividido en dos organizaciones activas que establecen una relación interna entre sí.

La visión que tiene Fairbairn de que las relaciones de objeto, en lugar de los objetos, están internalizadas abrió el camino al pensamiento de que tanto los componentes del yo como los componentes del objeto de la relación interna eran agencias activas, "estructuras dinámicas". El componente del yo se entendía como un aspecto escindido del yo, lo que explicaba su capacidad de pensar, percibir y responder. Sin embargo, aunque Fairbairn reconoció que la consistencia teórica exigía que el componente objeto de la relación de objeto interno también debería considerarse como estructura dinámica, no ofreció una explicación para la fuente del dinamismo del objeto interno. Al aplicar la teoría de Bion de la formación de objetos patológicos extraños a la formación de objetos internos en general se pueden conceptualizar los objetos internos como aspectos escindidos del yo que se han "proyectado en" representaciones mentales de los objetos; un aspecto del yo se escinde y se identifica profundamente con una representación de objeto. Debido a que la suborganización del yo es capaz en sí misma de generar significados, su identificación con una representación de objeto da como resultado un cambio en la forma en que ese aspecto de la persona piensa en sí mismo. Lo que originalmente era una representación de objeto se convierte en algo equivalente experiencialmente a una autorepresentación de una de las facetas escindidas del yo.

A la vista de lo anterior, sugiero que la internalización de una relación de objeto se entienda como algo que implica necesariamente una subdivisión dual del yo. *Dicha división dual daría como resultado la formación de dos nuevas suborganizaciones del yo, una identificada con el yo en la relación de objeto externo y la otra profundamente identificada con el objeto.* Esta formulación da cuenta del carácter dinámico del objeto interno y también define la relación que existe entre el concepto del yo y el concepto de los objetos internos. En resumen, los objetos internos son subdivisiones del yo que se identifican profundamente con una representación de objeto a la vez que mantienen las capacidades de todo el yo para el pensamiento, la percepción, y el sentimiento. Dicha propuesta no avanza mucho más en dirección a la demonología de lo que avanzó Freud en la descripción de la formación del superyó.

La extensión lógica de la teoría de la estructura dinámica de Fairbairn es que el yo es la única fuente de dinamismo y que las estructuras dinámicas nuevas se forman sólo por una subdivisión del yo. El dinamismo de un objeto interno debe reflejar, en todos los casos, el hecho de que un aspecto del yo se ha escindido y se encuentra en el núcleo de la nueva estructura. El hecho de que esta estructura (el objeto interno) se experimente como no-yo se explica por medio de su profunda identificación con el objeto. La internalización que requiere una escisión del yo se produce sólo en el desarrollo temprano, y, como resultado, la identificación con el objeto es de carácter poco diferenciado. La cualidad de la experiencia de la identificación es la de "convertirse en el objeto" en lugar de "sentirse como" el objeto. Las "internalizaciones" adultas se construyen sobre divisiones existentes en el yo y no implican la creación de otras nuevas.

Transferencia, contratransferencia e identificación proyectiva

Desde la perspectiva de la visión de las relaciones de objeto interno que se ha esbozado anteriormente, la transferencia y la contratransferencia se pueden entender ahora como la externalización ("actualización", Ogden, 1980, 1982b) interpersonal de una relación de objeto interno. La transferencia puede adoptar dos formas, dependiendo de si es el papel del objeto o el del yo de la relación de objeto interno el que se asigna a otra persona en el proceso de externalización. Cuando el papel proyectado es el del objeto interno, el paciente experimenta a otra persona a medida que él ha experimentado inconscientemente ese objeto interno (una parte inconsciente y escindida del yo, identificada con el objeto). En tal caso, la contratransferencia implica la identificación inconsciente del terapeuta con ese aspecto del yo del paciente identificado con el objeto ("identificación complementaria" de Racker [1957]).

La identificación proyectiva implica, *además*, una presión interpersonal sobre el terapeuta para que participe en dicha identificación. Se coacciona al "receptor" (por ejemplo, al terapeuta) para que se vea a sí mismo sólo como el objeto representado en la relación de objeto interno. Por decirlo más exactamente, se intenta hacer que la experiencia del receptor sea congruente con la manera en la que el objeto interno (el aspecto del yo) se *experimenta en sí* y percibe el componente del yo de la relación interna. El sujeto fantasea inconscientemente con que expulsa una parte de sí mismo y entra en el objeto controlándolo.

Transferencia

Esta forma de externalización en la que otra persona es tratada como si fuera el componente objeto de una relación de objeto interno constituye el proceso que se denomina generalmente como transferencia. Por ejemplo, un paciente de 20 años de edad, mantenía una relación interna y temerosa, aunque desafiante, en la que un aspecto del yo estaba enfrascado en una batalla con otro aspecto escindido del yo identificado con la representación de un padre intimidador. Este paciente estaba preocupado por la ansiedad que sentía por un profesor en concreto, al que experimentaba como extremadamente intimidatorio. Sin embargo, el paciente luchaba contra los deseos inconscientes de perjudicar y "poner en evidencia" al profesor en clase. Dicha relación de transferencia (basada en la externalización del componente objeto de la relación interna) se convirtió en una identificación proyectiva a medida que el paciente comenzó a imaginarse capaz de "pulsar los botones" del profesor de manera omnipotente ya que esto haría, en realidad, que el profesor se colocara en una posición intimidatoria.

La otra forma de transferencia descrita se produce cuando el paciente experimenta a otra persona (por ejemplo, al terapeuta) de la misma manera en la que el objeto interno (la parte escindida del yo identificada con el objeto) experimenta el aspecto del yo identificado con el yo. En este caso, la contratransferencia consiste en la identificación del terapeuta con el componente del yo de la relación de objeto interno del paciente ("identificación concordante" de Racker, 1957). La identificación proyectiva implicaría, en este caso, además, una fantasía inconsciente de proyectar el componente del yo en el objeto externo junto con la presión interpersonal en el objeto para cumplir con esta fantasía, es decir, la presión sobre el objeto externo para experimentarse a sí mismo sólo a medida que el objeto interno experimenta el yo en la relación de objeto interno.

La externalización del componente del yo de una relación de objeto interno se ejemplificaba mediante un adolescente psicótico que estaba continuamente atormentado por pensamientos obsesivos intrusivos, alucinaciones auditivas acusatorias y sensaciones de que su mente estaba siendo controlada. Sentía que no podía encontrar un solo momento de respiro de estos asaltos emocionales internos. El paciente fue tratado en psicoterapia individual intensiva en un hospital psiquiátrico a largo plazo. En el transcurso de este trabajo, la experiencia actual del paciente llegó a entenderse como una versión interna de la experiencia que él tenía de la relación con su madre, que le había observado habitualmente en secreto durante horas en la guardería, le había dado medicación placebo para sus "nervios", y había grabado sus conversaciones a la hora de cenar y sus rabietas para ponérselas luego y "estudiarlas". También le habían enviado a un amigo de la familia para que hiciera terapia. Después de cada sesión, el "terapeuta" informaba a los padres sobre lo que había ocurrido.

En la psicoterapia que tuvo lugar durante la hospitalización del paciente, el paciente sometió al terapeuta a un continuo ataque verbal y sensorial. En voz alta y con un tono implacable, quejumbroso y ejerciendo mucha presión con la voz, exigía cosas al terapeuta constantemente. Cuando no era gratificado, el paciente podría aludir al terapeuta con una serie de nombres burlescos que se repetían tan a menudo y en un tono tan alto que una sesión de 50 minutos le parecía al terapeuta que habían sido horas escuchando el martilleo de una taladradora. El terapeuta no sólo estaba enfadado, sino que también experimentaba sentimientos de desorganización y de total impotencia que a veces le hacían sentir pánico ante la sensación de que se estaba ahogando. El paciente describe estas sesiones como "juegos de control mental negativos", un término que hace referencia a la idea de que los esfuerzos por controlar su mente estaban "atascados" y el atasco, a su vez, tenía el efecto de devolver el control de la mente de nuevo a su origen.

En este ejemplo, el componente del yo de una relación de objeto interno (en la que el paciente se experimentaba a sí mismo como teniendo la sensación de que su madre se entrometía violentamente en su vida) se proyectó en el terapeuta. La fantasía del control mental negativo venía acompañada por una interacción interpersonal que servía para inducir en el terapeuta la experiencia del yo en la relación de objeto interno. La fantasía, la presión interpersonal y la respuesta resonante del terapeuta en conjunto, constituyen una identificación proyectiva.

A continuación, sigue otro ejemplo del tipo de transferencia que implica la externalización del componente del yo en la relación de objeto interno. Robert, un paciente esquizofrénico de 20 años, que acude a consulta de psicoterapia intensiva, inconscientemente comprometido en una relación dolorosa de objeto interno en la que se sentía "contaminado" por una madre que se insinúa a sí misma en todas las facetas del cuerpo y de la mente de él. Durante un periodo prolongado de terapia, el paciente se negó a bañarse, y con el paso del tiempo, el terapeuta se preocupó por el olor del paciente, que impregnaba la consulta mucho después de que el paciente se hubiera ido. El asiento de la consulta del terapeuta absorbía el olor del paciente y se convertía en un símbolo de la entrada del paciente en la vida del terapeuta fuera de las horas de la terapia. Por lo tanto, el terapeuta se sentía como si él mismo estuviera siendo impregnado ineludiblemente por el paciente. En este caso, el terapeuta, sin saberlo, se había visto obligado a experimentarse a sí mismo como el componente del yo de la relación interna con la madre contaminante (un aspecto del yo del paciente identificado con esta representación de la madre).[7]

Según mi experiencia, la identificación proyectiva es una característica universal de la externalización de una relación de objeto interno, es decir, de la transferencia. Lo único variable es el grado en que el objeto externo aparece en la lista como participante en la externalización de la relación de objeto interno. Siempre hay un componente de la respuesta del terapeuta a las transferencias del paciente que representa una identificación inducida con un aspecto del yo del paciente que está bloqueado en una relación particular e inconsciente de objeto interno. Esta identificación por parte del terapeuta representa una forma de entendimiento del paciente que no se puede adquirir de ninguna otra manera.

En mi opinión, no es posible analizar la transferencia sin ponerse uno mismo a disposición para participar en cierta medida de esta forma de identificación. Sin embargo, no basta de ninguna manera con haber llegado a ser participante en la externalización de una relación interna. Uno debe, además, ser capaz de entender lo que se está experimentando como reflejo de la necesidad por parte del paciente de reducir al terapeuta a la condición de sustituto de una parte del yo del paciente. El propio terapeuta debe ser consciente de que el paciente está excluyendo todos los aspectos de la personalidad del terapeuta que no se corresponden con las características del yo escindido con el que el terapeuta está siendo identificado. Existe un considerable trabajo psicológico implícito en el hecho de que el terapeuta integra consciente e inconscientemente las funciones que se le imponen con su sentido más amplio de sí mismo (en particular, de su papel como terapeuta), más basado en la realidad.

Resistencia

Desde la perspectiva de esta concepción de los objetos internos, la resistencia se entiende como la dificultad que tiene el paciente para renunciar a los apegos patológicos que participan en las relaciones inconscientes de objeto interno. Fairbairn (1944, 1958) fue el primero en comprender la resistencia de esta manera y en hacer especial hincapié en el vínculo con el objeto interno malo. Este vínculo se basa en la necesidad que tiene uno de cambiar el objeto malo y hacer de él la clase de persona que se desea que el objeto sea.

Fairbairn (1944) describió dos formas de apego con el objeto interno frustrante. Una forma es el apego del yo anhelante con el objeto tentador.

El carácter de este vínculo con el objeto es el del adicto al agente adictivo y es extremadamente difícil de abandonar.[8]

La segunda categoría de enlace con un objeto interno malo es el vínculo del yo agraviado y deteriorante con el objeto rechazante, que no ama. Esto, a menudo, adopta la forma de una cruzada para exponer la injusticia o la frialdad, u otras formas de malas prácticas por parte del objeto interno.

Fairbairn (1940) presentó datos clínicos gráficos que demostraban el fenómeno de la lealtad hacia el objeto interno malo que es alimentado por la convicción inconsciente de que un objeto malo es preferible a que no haya ningún objeto en absoluto. El pensamiento de Fairbairn nace de la idea de que la salud mental y la supervivencia de un ser humano dependen de la relación con el objeto, y una persona experimenta el terror de la aniquilación inminente cuando siente que todos los vínculos de objetos externos e internos están siendo cortados. Por lo tanto, se aferra desesperadamente a cualquier vínculo de objeto (externo o interno), incluso a los que se experimentan como malos, cuando son lo único de lo que se dispone.

Debido a su formulación incompleta del carácter de los objetos internos, Fairbairn se centró exclusivamente en resistencias derivadas de la experiencia del componente del yo de la relación de objeto interno. Como se ha señalado anteriormente, Fairbairn sólo aceptó con vacilación la idea de que los objetos internos son estructuras dinámicas y no fue capaz de delinear la relación que existía entre el concepto de objetos internos y el concepto del yo. Como resultado, se limitó a estudiar formas en las que la lealtad del yo con el objeto interno funciona como resistencia al trabajo terapéutico.

Otras formas de resistencia se vuelven reconocibles desde la perspectiva de una teoría que considera las relaciones de objeto interno como la participación de dos agencias activas, cada una de ellas capaz de generar experiencia. No sólo nos encontramos con una resistencia derivada de la lealtad del yo hacia el objeto malo, sino que nos encontramos habitualmente con una resistencia basada en la necesidad del objeto hacia el yo. No se trata de introducir una concepción de un mundo interior ocupada por objetos internos que vuelan sobre la mente de uno a su propio ritmo. Desde la perspectiva del presente capítulo, estos objetos internos se entienden como aspectos del yo identificados con objetos, y como tales, pueden entrar en una relación tormentosa, tentadora, humillante, dependiente o de cualquier otra forma con otros aspectos del yo. El propio Freud utiliza este tipo de palabras para describir la relación del superyó con el yo. La resistencia a renunciar a los vínculos de objeto interno se puede ver, de este modo, que proviene tanto de aquellos aspectos del yo experimentados como yo, como de aquellos aspectos del yo identificados con los objetos. Este último conjunto de resistencias no han sido ni tan bien reconocidas ni tan dilucidadas.

Hasta ahora, el centro de atención se ha situado casi exclusivamente en la experiencia del yo en relación con los objetos en las relaciones de objeto interno. Esto ha sido así, en gran parte, porque el componente de objeto se ha conceptualizado principalmente como una representación mental (una idea) y, por lo tanto, no tendría sentido hablar de la manera en la que un pensamiento experimenta un cambio en una relación de objeto interno. Sin embargo, desde la perspectiva del objeto como suborganización del yo, nos encontramos en condiciones de reflexionar sobre los siguientes aspectos de la resistencia que se derivan de la falta de disposición del objeto para renunciar a su vínculo con otros aspectos del yo implícitos en las relaciones de objeto interno:

1. La suborganización del yo identificado con el objeto se encuentra bajo la presión constante del componente del yo de la relación para transformarse en un objeto bueno. Dicha transformación se encuentra con la resistencia enérgica del componente objeto, porque este tipo de cambio masivo en la identidad se experimentaría como la aniquilación de un aspecto del yo. La relación de objeto interno cuenta con una vigorosa defensa desde dos direcciones: el componente del yo no está dispuesto a correr el riesgo de aniquilación resultante de la ausencia de la relación de objeto y, en su lugar, se esfuerza por cambiar el objeto malo por uno bueno, pero al mismo tiempo, el componente objeto mantiene a raya la aniquilación que resultaría de transformarse en una nueva entidad (el objeto bueno). Es esta última motivación la que representa el momento que se da con frecuencia en la terapia cuando el paciente suplicante mira al terapeuta y le dice: "Yo sé que lo que estoy haciendo es contraproducente, pero para dejar de pensar y actuar de esa manera sería necesario que me convirtiera en otra persona más y yo no puedo hacer eso. No me reconocería a mí mismo al mirarme al espejo".

   En el trabajo con los pacientes con trastorno de personalidad borderline y esquizofrénicos, esta forma de resistencia a menudo subyace a los sentimientos del paciente en intenso conflicto relacionados con la aceptación de las interpretaciones del terapeuta. Con frecuencia, la relación de transferencia en tales circunstancias implica una externalización de una relación de objeto interno del tipo siguiente: el analista se experimenta como el componente del yo de la relación interna en la que el yo tiene la intención de cambiar el componente objeto a costa de aniquilar ese aspecto del paciente. Por ejemplo, un paciente esquizofrénico a lo largo de muchos años de terapia se volvió psicótico periódicamente y entró en regresión profunda hasta el punto de pasar a un estado de quedarse casi totalmente mudo e inmóvil durante muchos meses. Estas regresiones se produjeron justo cuando el paciente comenzaba a "mejorar". La "mejora" era experimentada por el paciente al convertirse literalmente en el terapeuta y, al hacerlo, se perdía a sí mismo por completo. La pasividad testaruda puesta en evidencia por el paciente en esos momentos era una afirmación inconsciente de que el terapeuta no podía inducir, seducir, manipular o coaccionar al paciente para transformarlo en la persona que el terapeuta "deseaba" o "necesitaba" que el paciente fuera. "Mejorar" significaba transformarse en otra persona y dejar de existir como la persona que él sentía que era.

Las interpretaciones las experimentan de manera habitual los pacientes esquizofrénicos y los pacientes con trastornos de personalidad borderline situando al paciente ante un terrible dilema: escuchar (en fantasía "adoptar") supone el riesgo de convertirnos en el terapeuta; no escuchar (en fantasía "negarse a adoptar") se experimenta como correr el riesgo de perder cualquier conexión con el terapeuta y, como resultado, de quedarse flotando en un aislamiento "semejante al espacio exterior". De cualquier manera, la existencia del paciente está en peligro. El peligro de perder el propio yo como resultado de transformarse en un objeto "bueno" es el peligro experimentado por el componente objeto de la relación interna; el riesgo de aislamiento absoluto que resulta de la pérdida de conexión con el objeto interno es el peligro experimentado por el componente del yo de la relación de objeto interno. Es tan importante que el componente objeto del yo en la relación interna se resista a que se le cambie por el componente del yo, como lo es que el componente del yo intente cambiar el objeto malo por uno bueno.

2. La suborganización del yo identificado con el objeto experimenta tanta necesidad de relación de objeto como el componente del yo de la relación de objeto interno. El componente objeto mantiene con frecuencia unos vínculos de objeto interno mediante unos intentos de

ejercer control sobre su objeto (es decir, control sobre el componente del yo de la relación interna). El componente objeto puede burlar, avergonzar, amenazar, dominar o culpabilizar a su objeto (el componente del yo de la relación interna) con el fin de mantener la conexión con el componente del yo. Estos esfuerzos por ejercer control sobre el componente del yo se intensifican enormemente cuando se corre el riesgo de que el vínculo esté amenazado, por ejemplo, por una forma más madura de relación con el terapeuta que haría que esta forma interna, más primitiva, de relación fuera menos necesaria.[9]

Una paciente obsesiva que estaba en psicoterapia intensiva interrumpía habitualmente sus raros periodos de verdadera asociación libre autoanalítica con "brotes" de autotormento obsesivo. Por ejemplo, mientras hablaba con perspicacia de un intercambio con un novio, ella interrumpió su línea de pensamiento para rumiar una autocrítica sobre su peso, un tema por el que estaba preocupada de manera crónica. Como las reflexiones continuaban, le entró ansiedad porque la terapeuta terminara la terapia debido a su pensamiento obsesivo interminable e infructuoso. La paciente era consciente en este momento de la terapia de la conexión que había entre su autotormento y la forma en la que se había sentido menospreciada y atormentada continuamente por su madre. La madre de la paciente, además de señalar de forma incansable su desdén hacia la paciente, le amenazaba regularmente con enviarle a vivir con unos parientes. (Hay que subrayar que se trata de la experiencia de la paciente sobre su madre, no de una descripción objetiva de la madre, que se conserva en la relación de objeto interno).

La relación de objeto interno en la que se ha modelado la transferencia consistía en una relación madre-hija de dependencia mutua en la que la niña tenía ganas y se prestaba a ser masoquista, si eso ayudaba a solidificar el vínculo con una madre sádica que sentía que estaba siempre a punto de abandonarla. El objeto interno (la suborganización del yo) experimentaba la capacidad de los otros aspectos de la paciente para participar en asociación libre en el entorno terapéutico como indicios peligrosos de una mayor capacidad de esos otros aspectos del yo para participar en una forma más madura de relación con el terapeuta. El temor de que esta forma más madura de vínculo con el objeto diera como resultado la convicción del objeto de que dicha relación haría que el componente del yo de la relación de objeto interno fuera menos dependiente del componente objeto. En la secuencia clínica descrita, el objeto (la suborganización del yo) duplicó luego sus esfuerzos por someter al yo masoquista al tormento sádico en forma de burlas culpabilizadoras sobre el exceso de peso. El carácter de la amenaza definitiva hecha por el componente objeto consiste en abandonar el componente del yo de la relación interna. En la secuencia clínica, la amenaza de abandono se proyecta en el terapeuta y se experimenta como una amenaza hecha por el terapeuta de que abandonará a la paciente si ella no se comporta como él le exige.

En este material clínico, la resistencia (la interrupción de la asociación libre) surgió del temor a renunciar a una relación de objeto interno particular. Este temor es fundamentalmente el del objeto (la suborganización del yo) que, tras la detección de la disminución de la dependencia por parte del componente del yo, reintensificó sus esfuerzos de control aumentando el espectro de abandono. En el contexto de una relación de objeto interno, cualquier actividad independiente por parte de una de las partes de la relación se experimenta como una disolución inminente de la relación que se basa en la dependencia mutua. Desde la perspectiva de la realidad psíquica inconsciente del paciente, es tan fundamental que el componente objeto del yo en una relación interna mantenga su vínculo con el componente del yo, como lo es que el componente del yo persiga sin descanso al objeto interno y trate de aferrarse a él.

3. Los sentimientos de envidia que experimenta el componente objeto y que van dirigidos al componente del yo de una relación de objeto interno constituyen otro tipo de relación de objeto interno, que puede servir como base para la resistencia. En numerosas ocasiones escuchamos a pacientes que manifiestan su envidia hacia los demás en momentos en que no tendría sentido inmediato según la situación del paciente en ese momento. Por ejemplo, una paciente borderline que había estado en psicoterapia intensiva durante cuatro años fue capaz por primera vez en una década de volver a estudiar y de relacionarse con su segundo marido de un modo del que ella se sentía orgullosa. Ella había abandonado a sus hijos en edad de latencia al dejar a su primer marido hacía quince años. En sus reuniones de terapia actuales, además de hablar de la mejora de sus sentimientos de autoestima, comunicó que les había escrito una carta tremendamente dura a sus hijos. Mientras hablaba de esto, dijo que

había sido una madre mucho mejor para ellos de lo que su propia madre lo había sido para ella (su madre se había suicidado cuando ella tenía 10 años). La paciente veía con claridad que ella sentía una profunda envidia de sus hijos. Desde el punto de vista del yo en una relación de objeto interno con una madre profundamente deprimida, rechazante, la envidia no es un sentimiento que pueda esperarse en un momento en el que la paciente está experimentando una mejora de su autoestima. Sin embargo, desde el punto de vista del objeto (la suborganización del yo del paciente identificado con su madre), no sólo es el control sobre el componente del yo amenazado por los sentimientos de mejora de la autoestima, el objeto también siente envidia del yo por este conjunto de sentimientos recién adquiridos. El componente objeto, a fin de mantener un vínculo (basado en el control) sobre el componente del yo, deseaba debilitar los sentimientos de bienestar de su objeto (el yo) y hacer propios esos sentimientos. Para el objeto es de vital importancia que se mantenga la conexión con el yo. Los signos de disminución de la dependencia por parte del yo se atacarán con envidia cuando el objeto (la suborganización del yo) comience a sentir temor de quedarse atrás.

Searles (1979) describe vívidamente datos clínicos similares en los que el paciente funciona inconscientemente como múltiples personas, una de las cuales puede llegar a sentir celos de la otra. Relata cuidadosamente la forma en la que dicha escisión interna puede externalizarse como experiencia de contratransferencia en la que un aspecto del terapeuta siente celos de otro aspecto de sí mismo que se siente que es más deseable para el paciente. Searles (1979) coincide con Fairbairn en que, aunque tales divisiones internas son más evidentes en individuos borderline y esquizoides, "haría falta ser atrevido para afirmar que su yo estaba integrado tan perfectamente como para ser incapaz de revelar ninguna evidencia de escisión en los niveles más profundos, o que dichos indicios de escisión del yo no podrían, en ningún caso, declararse a niveles más superficiales, incluso en condiciones de sufrimiento, dificultades o privaciones extremas" (Fairbairn 1940, p. 8).

Searles se centra exclusivamente en los celos del yo con respecto a otro aspecto del yo. El marco teórico de este capítulo nos permite complementar las ideas de Searles con una manera de pensar acerca de los tipos de resistencia basados en los celos o la envidia de un objeto interno hacia el yo.

Resumen

El concepto de las relaciones de objeto interno se aborda por primera vez en este capítulo mediante un estudio de su desarrollo histórico. La teoría de la formación del superyó de Freud implica la noción de una escisión del yo (en el contexto de la identificación del niño con un objeto externo), seguido por el establecimiento de una relación entre los dos aspectos resultantes del yo. Melanie Klein aportó la noción de un mundo de objetos internos organizados en torno a las relaciones de los aspectos escindidos del yo con los objetos internos. Sin embargo, los escritos de Klein están plagados de contradicciones acerca de si los objetos internos deben ser contemplados como fantasías, agencias activas, o como ambos. Fairbairn insistió en que las relaciones de objeto, no los objetos, se internalizan y que los objetos internos son, al menos en parte, estructuras dinámicas. Estableció por completo por primera vez la idea de que en todas las relaciones de objeto interno participan dos agencias activas. Sin embargo, la fuente del dinamismo de los objetos quedó sin explicación. La teoría de los objetos extraños de Bion proporciona un modelo de reflexión sobre la forma en la que un aspecto de la mente puede llegar a escindirse y a implicarse en una identificación profunda con un objeto inanimado, lo que lleva a la sensación de que se ha convertido en "una cosa".

Sobre la base de estos hechos, he propuesto que se requiere una doble escisión en el yo para el establecimiento de una relación de objeto interno. Un aspecto escindido del yo se identifica con el yo en la relación de objeto original, mientras que el otro se identifica a fondo con el objeto. Los conceptos de transferencia, contratransferencia e identificación proyectiva se contemplan entonces desde esta perspectiva.

La resistencia se entiende como la dificultad que tiene un paciente de renunciar a los apegos patológicos implícitos en las relaciones inconscientes de objeto interno. El punto de vista de lo objetos internos propuesto en este capítulo pone de relieve los tipos de resistencia que se habían entendido sólo parcialmente con anterioridad. Estos tipos de resistencia se basan en la necesidad del objeto interno (la suborganización del yo) no se cambian por el yo (la suborganización del yo), la dependencia del objeto interno del yo, la envidia y los celos del objeto interno hacia el componente del yo de la relación de objeto interno.

Notas

1. En este capítulo, el término "interno" se utilizará para referirse no a una localización geográfica, sino a un acontecimiento intrapersonal (es decir, un acontecimiento en el que participa un único sistema de personalidad) en contraposición con una interacción interpersonal que cuenta con la participación de dos o más personas.
2. El término *yo* se utilizará para referirse a un aspecto de la personalidad capaz de generar significados psicológicos conscientes e inconscientes, que incluyen significados de percepción, significados cognitivos y significados emocionales. A medida que avanza el desarrollo, este aspecto de la personalidad se vuelve cada vez más capaz, no sólo de organizar y conectar significados individuales en el proceso de pensar, recordar, amar, odiar, etc., sino también de regular la relación que existe entre las suborganizaciones del yo que se han escindido del todo inicial.
3. Véase Hartmann, 1964; Jacobson, 1964; Sandler y Rosenblatt, 1962.
4. Bettelheim (1983) señaló que "el ego" es una traducción incorrecta de "das Ich" que se traduce más exactamente como "el yo". La expresión "escisión del yo" capta mejor la noción de una subdivisión de la capacidad de la persona para pensar, percibir y crear la experiencia que la expresión "escisión del ego", que es más impersonal.
5. Klein utiliza inicialmente el término *posición paranoide*, pero, por influencia de la obra de Fairbairn, adoptó el término *posición esquizo-paranoide* en 1952 (Klein 1975, p. 2n).
6. Véase Ogden, 1979, 1981, 1982a para un análisis más detallado de la identificación proyectiva.
7. Véase Ogden, 1982a, para un análisis a fondo de este caso.
8. Véase Ogden, 1974, para una descripción de una psicoterapia en la que la resistencia central se deriva de este tipo de vínculo de objeto interno.
9. Las suborganizaciones inconscientes del yo y del objeto del yo se ven afectadas en cierta medida por la experiencia actual. Las suborganizaciones del yo están influenciadas por la experiencia, sobre todo porque la experiencia actual implica cuestiones de metas, ambiciones y autonomía. Las suborganizaciones del objeto están influenciadas por las relaciones actuales con los objetos externos, en particular, con respecto a las cuestiones de la idealización, la denigración, los celos, la envidia, etc. Una medida de salud psicológica es el extremo hasta el que pueden modificarse las relaciones de objeto interno a la vista de la experiencia actual.

CAPÍTULO 7

La madre, el infante y la matriz en la obra de Donald Winnicott

Un libro que no encierra su contralibro es considerado incompleto.

—*Jorge Luis Borges*, "Tlön, Uqbar, Orbis Tertius"

Donald Winnicott desarrolló su contribución al diálogo psicoanalítico en el clima intelectual y social de la Sociedad Psicoanalítica Británica durante la década de 1920 y hasta el inicio de la década de 1970. Durante gran parte de este periodo, la Sociedad Británica se encontraba fuertemente y, con frecuencia, amargamente dividida entre las ideas y las personalidades de Anna Freud y de Melanie Klein. Winnicott fue analizado por primera vez por James Strachey y después por Joan Rivière, uno de los primeros kleinianos del "círculo interno" y fue supervisado por Melanie Klein en su trabajo psicoanalítico con niños. Aunque el pensamiento de Winnicott se desarrolló en una dirección diferente a la de Klein, nunca denunció el pensamiento kleiniano, del modo en que lo habían hecho muchos analistas que en algún momento habían estado abiertos a las ideas de Klein (por ejemplo, Glover, 1945 y Schmideber, 1935).

Winnicott era dialéctico. Su pensamiento prosperó en medio del intenso debate existente entre lo clásico freudiano y los grupos kleinianos. Entendía que, una vez que sentimos que hemos resuelto finalmente una cuestión psicoanalítica básica (ya sea en nuestra teoría o en nuestro entendimiento de los pacientes), nuestro pensamiento ha llegado a un callejón sin salida. Winnicott (1968) afirma, creo que sin falsa humildad, que les ofrecía a sus pacientes interpretaciones para hacerles conocer los límites de su entendimiento. Muchos de los aportes clínicos y teóricos más valiosos de Winnicott se encuentran en forma de paradojas que nos pide que aceptemos sin resolver, porque la verdad de la paradoja no radica en ninguno de sus polos, sino en el espacio que existe entre ellos.

La teoría de las relaciones de objeto no está compuesta por una colección específica de principios: más bien, representa una colección diversa de las contribuciones que, en mi opinión, se han desarrollado en el contexto de uno de los diálogos psicoanalíticos más intensos y fructíferos. En este capítulo me centraré en el carácter de la dependencia del infante hacia la madre, ya que este concepto surge de la obra de Donald Winnicott. Yo creo que la forma en que Winnicott entiende el papel de la madre en el desarrollo temprano se vuelve plenamente accesible sólo cuando se aborda desde la atalaya del diálogo con Klein dentro del cual se han desarrollado sus ideas. Las ideas winnicottianas que se tratarán no son simplemente refutaciones de Klein, ni revisiones de Klein, ni extensiones de Klein. Estas contribuciones son ideas generadas en respuesta a un rico dilema epistemológico creado en gran parte por la contribución kleiniana.

Las tres secciones siguientes de este capítulo exploran tres formas diferentes de la concepción que tiene Winnicott de la dependencia evolutiva del infante con respecto a la madre. Se hará un intento, a través de la aclaración, interpretación y extensión de las ideas de Winnicott, de hacer más plenamente accesible para su examen analítico los significados importantes implícitos en esta faceta de la obra de Winnicott.

I. El periodo del objeto subjetivo

Aunque Klein no pasó por alto el papel de la madre, Winnicott no creía que Klein entendiera el carácter de la relación madre-infante.

> Ella [Klein] se limitó a mencionar la provisión del entorno, pero nunca reconoció plenamente que, junto con la dependencia de la primera infancia, es verdaderamente un periodo en el que no es

> posible describir a un infante sin describir a la madre de quien el infante aún no ha podido separarse desde un yo. Klein afirmaba que había prestado la debida atención al factor ambiental, pero, en mi opinión, era temperamentalmente incapaz de hacerlo. (Winnicott 1962a, p. 177)

Las cualidades específicas de la relación interpersonal entre madre e infante desempeñan un papel secundario al que tiene la fantasía en el pensamiento kleiniano, aunque, para Klein, la fantasía es siempre un objeto relacionado con el contenido. La madre, tal y como existe realmente, es entendida por Klein como eclipsada por la madre fantaseada que el infante construye sobre la base de sus proyecciones: "la realidad más temprana del niño es absolutamente fantástica" (Klein 1930, p. 238). La idea de que el infante está aislado de lo que un observador consideraría realidad no es a lo que Winnicott pone objeciones dentro de la teoría kleiniana. Más bien, la objeción de Winnicott va dirigida hacia lo que él ve como el fracaso de Klein al examinar el carácter de la influencia en el desarrollo psicológico de la dependencia del infante hacia la madre. El enfoque de Klein estaba centrado casi exclusivamente en los contenidos psicológicos: sus orígenes en la biología (estructura profunda instintiva), su elaboración intrapsíquica (por ejemplo, por medio de la escisión, proyección, introyección, pensamiento omnipotente, idealización y negación), y sus transformaciones interpersonales (por medio de la identificación proyectiva e introyectiva). Winnicott no era consciente del potencial que tiene la dimensión interpersonal en el concepto de identificación proyectiva de Klein. Sin embargo, la identificación proyectiva era para Klein principalmente un proceso por el cual se modificaban los contenidos psicológicos; no se pretendía hacer frente a la unidad básica de la psicología materna e infantil.

Klein (1946, 1948, 1957) considera al infante como una entidad psicológica distintiva desde el nacimiento. Entendía el desarrollo psicológico como una serie de transformaciones defensivas determinadas biológicamente en las que el infante se implica para *cuidar de sí mismo* frente a un peligro interno y externo. Por el contrario, la teoría del desarrollo de Winnicott no es una representación de ajustes defensivos realizados por un infante frente al peligro. Más bien, se trata de una exploración de la provisión de la madre del aplazamiento de protección de la madre y de la estimulación dosificada. Cuando el infante está en el útero, el papel de la madre consiste en proporcionar un entorno que le provea al infante del tiempo que necesita para madurar antes de tener que hacer frente a la inevitable tarea de separación física que tiene lugar en el momento del nacimiento. Precisamente de la misma manera, el papel de la madre durante los primeros meses de vida (antes de la entrada del infante en el periodo de los fenómenos transitorios que se produce "entre los cuatro y seis y los ocho y los doce meses" [Winnicott 1951, p. 4]), consiste en proporcionar un entorno en el que pueda tener lugar el aplazamiento de la separación psicológica mientras el infante se desarrolla como resultado de la interacción de la maduración biológica y la experiencia real. (Como se tratará más adelante, una parte crucial de esta interacción consiste en la estimulación dosificada, que incluye la frustración). El hecho de que el bebé sólo pueda desarrollarse en el sobre-protector, aplazante[1] ambiente materno constituye un nivel del sentido de la noción de Winnicott (1960a) de que "no hay otra cosa igual que un infante" (p. 39, nota al pie).

Unidad madre-infante

La madre y el infante crean una nueva entidad psicológica que no es el resultado de un proceso de simple suma de las partes. La situación se asemeja más a la interacción de dos elementos que reaccionan entre sí para generar una nueva entidad, un compuesto. Es el "compuesto", la madre-infante, lo que constituye la unidad del desarrollo psicológico para Winnicott: "El comportamiento del entorno forma parte del propio desarrollo personal del individuo" (Winnicott 1971e, p. 53).

Dado que la entidad madre-infante es una entidad psicológica a la que han contribuido (lo que un observador externo designaría así) la madre y el infante, la unidad de desarrollo psicológico es siempre tanto una organización psicológica primitiva como una organización relativamente madura. En este sentido, todos los niveles de desarrollo psicológico están representados en la psique de la madre-infante. (Esto explica la presencia del eje del desarrollo sincrónico implícito en el pensamiento de Winnicott que se va a describir a continuación). El estudio del desarrollo psicológico no es simplemente el estudio del crecimiento de la psique infantil desde lo primitivo a la madurez, sino que también es el estudio del desarrollo de la entidad madre-infante en una madre y un infante.

Un aspecto de la madre se mezcla con el infante en un estado que Winnicott llama "preocupación maternal primaria" (1956). Esta experiencia de perderse en el otro ("sentirse a sí misma en lugar de a su hijo" [p. 304]) es la experiencia de la madre de convertirse en una parte de la entidad madre-infante. Si no hay ningún aspecto de la madre que se integre con el infante, el infante se experimenta como un objeto foráneo. Una madre así hacía referencia a su bebé como "lo que vive en mi casa". (Por supuesto, hay un elemento de este sentimiento de alienación en el espectro de emociones experimentadas por la mayoría de las madres). De hecho, si no hay un aspecto de la madre fuera de la experiencia de la preocupación materna primaria, la madre se ha convertido en psicótica. En tales circunstancias, la separación del bebé se experimenta concretamente como un tipo de amputación.

Para Winnicott (1951, 1962b), el desarrollo psicológico no comienza con el despliegue de un conjunto predeterminado biológicamente de las funciones psicológicas por las que el infante se cuida a sí mismo haciendo frente a la ansiedad, sino que el desarrollo temprano se centra alrededor de la provisión inicial que hace la madre de la ilusión del "objeto subjetivo", es decir, la creación de la ilusión de que la realidad interna y la externa son una y la misma. La madre es capaz, en su estado de preocupación maternal primaria, de proporcionarle al infante lo que necesita, de la manera en que lo necesita y cuando lo necesita, como si él hubiera "creado" el objeto.

La ilusión de "unicidad invisible". El uso que hace Winnicott (1951) de la idea de la ilusión de la "creación de la mama" resulta un poco confuso si se piensa que la idea de crear la mama implica una conciencia de la alteridad. En un principio, la ilusión creada por la madre no es una ilusión del poder omnipotente del infante para crear lo que se necesita, más bien, la ilusión es la de que la necesidad no existe. Yo creo que la idea de "unicidad invisible" (véase el capítulo 8) de la madre y el infante quizás expresa mejor la forma de la experiencia que Winnicott propone en comparación con la idea de que el infante está creando la mama.

La creación de la mama es un fenómeno observable sólo desde un punto de vista externo a la unidad madre-infante. Dentro de la unidad madre-infante, la creación de la mama no se nota, porque el infante en este estado aún no tiene un punto de vista desde el que observar nada. En un campo homogéneo, no hay atalayas, no hay primeros planos ni fondos. Sin diferencia, no puede haber perspectiva. El cuidado de la madre es suficientemente bueno cuando es tan discreto como para pasar desapercibido. Incluso la estimulación que necesita el infante y que es aportada por la madre pasa desapercibida al principio. La capacidad del infante para estar sensorialmente con vida y hacer discriminaciones complejas (véase Stern, 1977) no es lo mismo que el conocimiento del yo o del otro. El retraso de la conciencia del niño de la separación se logra en gran parte por medio del encuentro entre la madre y la necesidad que tiene el infante, antes de que la necesidad se convierta en deseo. El infante sin deseo no es ni un sujeto ni un objeto: todavía ni siquiera existe el infante.

Debido a que el pensamiento de Winnicott implica una mezcla sutil de concepciones diacrónicas[2] explícitas de desarrollo y de nociones sincrónicas implícitas, la idea de que la madre debe, en primer lugar, proteger al infante de la toma de conciencia del deseo supone una representación incompleta del pensamiento de Winnicott. Es cierto que Winnicott (1945, 1971a) afirma en varias ocasiones que, en un principio, la madre debe satisfacer las necesidades del infante y, al hacerlo, protege al bebé de la toma de conciencia prematura de la separación. En esta concepción de las cosas, la separación sigue a la unicidad de manera secuencial y cronológica. Sin embargo, Winnicott (1954–1955, 1963) afirma en otras ocasiones que la maternidad, incluso al principio, no debe ser demasiado buena. El infante se ve privado de la experiencia del deseo si se prevé cada necesidad que tiene y se satisface antes de ser experimentada, por ejemplo, en forma de apetito. Incluso en circunstancias normales, el encuentro de las necesidades infantiles excluye posibilidades importantes al mismo tiempo que satisface y protege al infante.

> El bebé está engatusado por la propia alimentación; la tensión del instinto desaparece y el bebé está a la vez satisfecho y engañado. Se supone con demasiada facilidad que una alimentación viene seguida por la satisfacción y el sueño. A menudo, la angustia sigue a este engatusamiento, sobre todo si la satisfacción física le roba el entusiasmo al infante demasiado rápido. El niño se queda con: agresión no descargada—porque no se empleó suficiente erotismo muscular o impulso primitivo (motilidad) en el proceso de alimentación, o una sensación de "fracaso"—ya que la fuente del entusiasmo por la vida se ha ido de repente, y el infante no sabe que volverá (Winnicott 1954–1955, p. 268).

Así que no basta con decir que la madre debe satisfacer al principio las necesidades del infante con el fin de proteger al infante del conocimiento prematuro de separación (una afirmación diacrónica). Tampoco basta con decir que la madre desde el principio debe satisfacer las necesidades del infante de "entusiasmo" al permitirle al infante la oportunidad de desarrollar deseo a través de la experiencia de necesidades incumplidas parcialmente. Sólo una afirmación paradójica en la que se representen los ejes sincrónico y diacrónico puede acercarse a la visión integral: la madre debe proteger al infante de la toma de conciencia del deseo y de la separación y la madre debe salvaguardar la oportunidad del infante de experimentar el deseo y el conocimiento que acompaña a la separación.

Instinto, defensa e individualidad

Un punto clave de la teoría winnicottiana (1971a) del desarrollo es la idea de que existe una individualidad potencial al nacer y que la madre (a la vez como entorno y como objeto) facilita el desarrollo de esa individualidad que se va revelando. En gran parte, la tarea de la madre consiste en no interferir en el desarrollo espontáneo del infante que comienza como un estado de "seguir estando" "sin forma" (1971d, p. 64). El desarrollo del sistema psicológico no está impulsado predominantemente por la necesidad de encontrar canales para la descarga de la tensión instintiva (como en el modelo de energía de Freud), ni por la necesidad de defenderse de los peligros que plantea el instinto de muerte (como en la teoría kleiniana).

Esto no quiere decir que Winnicott rechazara ni la teoría del instinto ni la noción de que la ansiedad desempeña un papel esencial en la estructuración normal de la psique en general, y del yo en particular. Para Winnicott, todo es cuestión del momento del traspaso de los cuidados (incluidas las operaciones defensivas) desde la madre (más exactamente, la madre-infante) hasta el infante. Si hay una ruptura prematura del entorno de sujeción, el infante se convierte en una criatura reactiva demasiado pronto y desarrolla estructuras defensivas hipertrofiadas y rígidas. En tales circunstancias, el infante debe intentar hacer frente a las tareas psicológicas para las que aún no está equipado con madurez. Por otro lado, si el entorno de sujeción es "demasiado bueno" durante demasiado tiempo, al infante se le evita la experimentación de la frustración dosificada, la ansiedad tolerable, el deseo y el conflicto y, como resultado, no va a desarrollar maneras de cuidar de sí mismo (incluyendo defenderse psicológicamente). Todas estas cualidades de la experiencia—la frustración, la ansiedad, el deseo, el deseo en conflicto—introducen la diferencia y dan lugar a la diferenciación interna. La creación de la mente inconsciente (y por lo tanto, de la mente consciente) se hace posible y necesaria sólo haciendo frente al deseo en conflicto que lleva a la necesidad de repudiar y, al mismo tiempo, preservar los aspectos de la experiencia, es decir, a la necesidad de mantener dos modos diferentes de experimentar simultáneamente el mismo acontecimiento psicológico. Dicho de otro modo, la propia existencia de la diferenciación de la mente consciente e inconsciente se debe a un conflicto entre un deseo de sentir/pensar/ser de una manera específica, y el deseo de no sentir/pensar/ser de esa manera.

Para Winnicott, la capacidad que tiene el infante de hacer uso de los efectos de integración y estructuración de la experiencia instintiva (incluido el conflicto instintivo) depende del éxito de la madre en el aplazamiento (y en la conservación) de la toma de conciencia del infante hacia el deseo, y por lo tanto hacia el deseo en conflicto, hasta el momento en el que el infante experimenta sus sentimientos como propios, y no más allá. Antes de ese momento, "los instintos pueden ser tan externos como un trueno o un golpe" (Winnicott 1960a, p. 141), y perturbarán el desarrollo del sentido del infante del deseo generado de forma interna. Una vez que un sentido del yo ha comenzado a consolidarse (en la forma en que se describirá más adelante), la experiencia instintiva sirve para centrarse y organizar el sentido del infante de sí mismo como autor de su experiencia (Winnicott, 1967a). El ser de uno adopta su forma concreta en el proceso de sentir y actuar sobre los propios deseos.

La conservación defensiva del ser

Cuando, de manera grave y prolongada, no se consigue proporcionar un buen entorno de sujeción,[3] al infante se le arroja a un estado de caos y desorganización de su sentido de "seguir siendo" (Winnicott 1963, p. 183). El resultado es una psicosis infantil o el núcleo de estados adultos psicóticos o borderline. Cuando el hecho de no lograr el entorno de sujeción es menos grave, el infante puede ser capaz de desarrollar una organización de la personalidad defensiva que se haga cargo de la función cuidadora de la madre. Esta organización se desarrolla en un estado de peligro percibido. En lugar de la interacción mutuamente enriquecedora que resulta de la diferenciación de las mentes consciente e inconsciente y del establecimiento de una barrera de represión "semipermeable", se desarrolla una alienación de un aspecto del yo desde otro (Winnicott, 1960b, 1963). El yo defensivo y cuidador (el Falso Yo) se establece casi exclusivamente con el fin de asegurar el aislamiento de protección del potencial del infante para la individualidad psicológica (el Verdadero Yo). Este aislamiento del Verdadero Yo conduce inevitablemente a sentimientos de vacío, inutilidad y falta de vida. La construcción de muros de aislamiento de un yo protegido está en contraste con la doble función de la censura y la expresión selectiva y disfrazada realizada por el yo inconsciente en el desarrollo normal. La diferencia que se da entre las defensas de desarrollo normal y una división psicológica, que da lugar al desarrollo de una organización defensiva del Falso Yo radica en el hecho de que normalmente el desarrollo de las defensas permite que el individuo no sólo organice y repudie la experiencia, sino que también conserve inconscientemente los deseos repudiados que son, sin embargo, los propios. En contraste, la formación de una organización de la personalidad del Falso Yo excluye el desarrollo de los aspectos significativos de lo que podría haberse convertido en uno mismo.

II. El periodo de los fenómenos transicionales

Aunque la paradoja de la unicidad y la separación de madre e infante tienen su origen en el periodo más temprano del desarrollo, se produce un cambio en la cualidad de esta relación dialéctica en el periodo de desarrollo en el que se producen fenómenos transitorios. Es a este periodo al que quiero volver ahora. Una vez más, el pensamiento de Winnicott es, en parte, una respuesta a la contribución kleiniana.

La matriz psicológica del infante

En las concepciones kleiniana y winnicottiana del desarrollo existe una noción de que el infante requiere al principio el aislamiento de la realidad externa. Para Winnicott, el aislamiento se genera por la provisión materna de la ilusión del objeto subjetivo. El infante, tal y como es concebido por Klein (1930), está aislado por una realidad "totalmente fantástica". El infante kleiniano ve el mundo desde la óptica de las ideas preconcebidas determinadas filogenéticamente y, en este sentido, "crea" su mundo de objetos internos y externos, que originariamente son indistinguibles entre sí. Esta es la versión kleiniana del "escudo protector" del infante (Freud 1920, p. 30).

A continuación, surge la siguiente cuestión en la teoría del desarrollo winnicottiana, freudiana y kleiniana: dado que el infante está aislado originariamente de la realidad externa, ¿cómo es capaz de utilizar el infante la experiencia real en el proceso de salir de su estado inicial de aislamiento?[4] Una vez más, la contribución de Winnicott a la explicación psicoanalítica del proceso de desarrollo implica un cambio de perspectiva (una reformulación del problema epistemológico) desde un intento por comprender el desarrollo del infante hasta un intento por comprender el desarrollo de la entidad madre-infante. Ni Klein ni Freud eran ajenos al papel de la madre (como objeto), pero hubo que esperar a que llegara Winnicott para que el psicoanálisis desarrollara una concepción de la madre como matriz psicológica del infante.[5] *Desde una Perspectiva winnicottiana, los contenidos psicológicos del infante pueden entenderse sólo en relación con la matriz psicológica dentro de la cual existen dichos contenidos.* Esa matriz es facilitada en primer lugar por la madre. Se trata de un segundo nivel de significado (que se añade a la inseparabilidad del infante de la función protectora y retardante del entorno materno de sujeción) de la noción de Winnicott de que no existe nada igual que un infante. Dado que se tarda tiempo en desarrollar el entorno de sujeción interno del infante, su propia matriz psicológica, en un principio existen contenidos mentales del niño dentro de la matriz de la actividad mental y física materna. Dicho de otro modo, al principio la madre del entorno aporta el espacio mental en el que el infante comienza a generar experiencia. Es en este sentido que considero que una nueva entidad psicológica es creada por la madre y (lo que se está convirtiendo en) el infante.[6]

A pesar de que los aspectos de los contenidos psicológicos del infante pueden experimentarse como cosas en sí mismas (véase el capítulo 3) y, por lo tanto, pueden ser en sí mismos bastante impermeables a nuevas experiencias, la matriz psicológica del infante (el entorno de sujeción materna) está cambiando de manera constante y es muy sensible a ser modificado mediante una nueva experiencia. El ambiente de sujeción (matriz psicológica) cambia no sólo en relación con las necesidades emocionales de cambio del infante (por ejemplo, una necesidad de que le cojan en brazos, le calmen, le entretengan, le muestren a los demás), sino también en relación con las necesidades de cambio de maduración y desarrollo del infante (por ejemplo, madurando las capacidades motoras y cognitivas).

El periodo del fenómeno transitorio podría entenderse como la fase de internalización por parte del infante (tal vez se describa con mayor precisión como la apropiación por parte del infante) de la matriz psicológica. La matriz psicológica que es proporcionada por vía materna se encuentra en un estado de continua erosión desde el principio, pero sólo después de varios meses empieza el infante a consolidar su capacidad de generar y mantener su propia matriz psicológica. En este periodo del fenómeno transitorio, el papel de la madre es de desilusión gradual, es decir, un gradual destete del bebé de la provisión materna del entorno de sujeción que había servido como matriz psicológica al infante. En el transcurso de este proceso de destete, el infante desarrolla la capacidad de estar solo (Winnicott, 1958a).

La presencia de la madre ausente

Debe hacerse una importante distinción en este punto con el fin de entender el pensamiento de Winnicott sobre el desarrollo de la capacidad de estar solo: lo que se internaliza en este proceso no es la madre como objeto, sino la madre como entorno. La "objetización" prematura (descubrimiento de la madre como objeto) y la internalización de la madre objeto conduce al establecimiento de una madre-objeto-interno omnipotente. Esta internalización de la madre como objeto omnipotente es muy diferente del establecimiento de la capacidad de estar solo. (El primer proceso suele ser a menudo un sustituto defensivo del segundo).

En el desarrollo de la capacidad de estar solo, el infante desarrolla la capacidad de generar el espacio en el que vive. (Este espacio, denominado "espacio potencial" por Winnicott, se tratará en detalle en los capítulos 8 y 9). Hasta el punto del desarrollo que estamos analizando, la madre y el hijo han creado juntos este espacio, que no es coextensivo con el universo sino que, más bien, se trata de un espacio personal. No está limitado exactamente por nuestra piel y no es exactamente lo mismo que nuestra mente. Además de estas dimensiones (inexactas) del cuerpo y de la mente, esta experiencia de un espacio de contención incluye la experiencia del espacio en el que trabajamos creativamente, el espacio en el que nos relajamos "sin forma", el espacio en el que soñamos[7] y el espacio en el que jugamos.

Debe hacerse una afirmación paradójica sobre el proceso de desarrollo de la capacidad del individuo para generar este espacio: el niño debe tener la oportunidad de jugar solo en presencia de la madre ausente y en ausencia de la madre presente. Esta paradoja puede entenderse de la siguiente manera: la madre está ausente como objeto, pero está allí como espacio de contención inadvertido, aunque presente, en el que está jugando el niño. La madre no debe hacer que su presencia sea un objeto demasiado importante, ya que esto haría que el niño se volviera adicto a ella como objeto omnipotente. El desarrollo de la capacidad de estar solo es un proceso en el que el papel de la madre como coautora invisible del espacio potencial es asumido por (aquello en lo que se está convirtiendo) el niño. En este sentido, el individuo sano, cuando está solo, está siempre en presencia de la madre autogenerada que aporta el entorno.

La aniquilación inminente y la interrupción de la matriz

Aunque la contribución materna a la creación del espacio potencial pasa desapercibida para el infante, la interrupción de esta provisión invisible es un acontecimiento de gran visibilidad que es experimentado por el infante como una aniquilación inminente. En esos momentos, un infante específico y separado es llevado vertiginosamente (defensivamente) a la existencia con el fin de intentar gestionar la catástrofe.

Usando (1968) las imágenes de Balint, la relación del infante con la madre del entorno es muy parecida a la relación de los adultos con el aire: habitualmente damos por hecho la existencia del aire que respiramos, tomando de él lo que necesitamos y expulsando en él lo que no necesitamos. Sin embargo, si nos privan de él, aunque sólo sea unos momentos, nos volvemos intensa y terriblemente conscientes de cuánto dependemos totalmente de él para seguir viviendo. Desde el punto de vista psicológico, esto se corresponde con el fracaso de la relación con la madre del entorno que lleva a la intrusión calamitosa de la toma de conciencia de la dependencia de una madre-como-objeto ausente.

El carácter incompleto del proceso de apropiación del infante de la matriz psicológica fue demostrado por un ingeniero de éxito que, al haberse casado con una mujer 20 años mayor que él, sólo podía sentirse vivo cuando estaba arreglando su coche en el garaje mientras su mujer estaba en la casa. Si ella no estaba en casa, él no podía trabajar en ese estado de absorción y esperaba con impaciencia su regreso. Por otro lado, si ella entraba en el garaje mientras él estaba ocupado, esto le hacía enfurecerse. Vivía la presencia física real de ella como una intrusión violenta y no deseada que imposibilitaba su trabajo.

Muchos trastornos crónicos del sueño reflejan un desarrollo inadecuado de la matriz psicológica interna. Conciliar el sueño implica un acto de fe en nuestra capacidad de mantener nuestra existencia a lo largo del tiempo mientras renunciamos a casi todas las formas de control consciente. En el sueño, nos entregamos a nuestro medio de sujeción interno.[8]

La adicción a la madre como objeto

Fain (1971, citado por McDougall, 1974) ha descrito formas de insomnio infantil que parecen estar relacionadas con dificultades en el uso que hace el infante de la madre como entorno. Algunos de los infantes estudiados por Fain parecían haberse vuelto adictos a la presencia física real de la madre y no podían dormir, a menos que los estuvieran cogiendo en brazos. Estos infantes eran incapaces de proporcionarse a sí mismos un entorno interno para el sueño. Fain ha observado que las madres de muchos de estos infantes habían interferido en los intentos de sus hijos de proporcionarse sustitutos de la presencia física de ella (por ejemplo, en actividades autoeróticas tales como chuparse el dedo), dejando así al infante totalmente dependiente de la madre real como objeto.

En mi experiencia como consultor de facultativos que trabajan con pacientes con perturbaciones graves, he encontrado que los terapeutas que hacen lo que creen que es una "terapia de apoyo" con pacientes borderline y esquizofrénicos están involucrados con frecuencia, en el proceso de que el paciente se vuelva adicto al terapeuta como objeto. Como muestra el ejemplo siguiente, este peligro potencial existe, incluso en un trabajo analítico bien realizado con pacientes perturbados.

Un paciente borderline con una perturbación grave había estado acudiendo a psicoterapia tres veces por semana durante seis años y había conseguido un progreso significativo en el transcurso de este trabajo. Debido a un problema de contratransferencia que surge de una interacción de sentimientos inducidos por las identificaciones y los sentimientos proyectivos del paciente que surgen desde la propia infancia del terapeuta, el terapeuta encontraba dificultades para tolerar la creciente independencia del paciente. Cuando el paciente, S., manifestó ansiedad en relación con su plan para inscribirse en un programa de formación profesional, exigió suplicando que el terapeuta llamara a la agencia para obtener información sobre los requisitos y procedimientos de matrícula. Aunque las asociaciones y el material de los sueños de S. dejaron claro de manera retrospectiva que estaba pidiendo permiso inconscientemente para hacer esto por sí mismo, el terapeuta consintió ante su demanda manifiesta. Después de haber hecho la llamada telefónica, en la siguiente reunión el terapeuta le entregó al paciente una hoja de papel en la que había copiado la información que le habían enviado de la organización. Inmediatamente, S. tuvo un ataque de rabia inmediato, gritándole obscenidades al terapeuta. Luego salió de la oficina echando chispas, ante el temor de poder hacerle daño al terapeuta. El paciente no regresó a la terapia hasta tres semanas después.

En el transcurso de la supervisión, el terapeuta pudo comprender lo que había sucedido en la terapia y predijo que el paciente volvería a la terapia en un estado de ansiedad patético que estaría destinado a tranquilizar al terapeuta ante el hecho de que el paciente era completamente dependiente de él. En efecto, cuando S. volvió de este modo, el terapeuta le dijo que pensaba que S. debía creer que el terapeuta quería convertirlo en un bebé. En el transcurso del encuentro, el terapeuta también dijo que parecía que el paciente había decidido que hacerse pedazos (y demostrar así su necesidad hacia el terapeuta) era un precio que merecía la pena pagar si las alternativas eran matar al terapeuta, dejarlo, o hacer que el terapeuta dejara a S.

El paciente se mostró aliviado de que el terapeuta entendiera algo de lo que él había estado sintiendo. Antes de la siguiente reunión, el paciente y un amigo fueron al centro de rehabilitación, donde el paciente recogió una copia de los procedimientos de matrícula. En el camino a casa se sintió tremendamente ansioso y empezó a temer que el encuentro con el terapeuta hubiera sido producto de su imaginación. Llamó al terapeuta en estado de pánico, pidiéndole una cita extraordinaria e inmediata. El terapeuta dijo que pensaba que S. podría esperar hasta su próxima cita, que estaba programada para el día siguiente. Al decir eso, la ansiedad del paciente disminuyó.

En el caso que acabamos de describir, el terapeuta había abandonado su papel de proveedor de un entorno terapéutico (un espacio analítico) y, en lugar de eso, había comenzado a meterse a sí mismo en la vida del paciente como si se tratara de un objeto omnipotente. El paciente anhelaba dicha relación de objeto (una transferencia maternal primitiva), pero estaba lo suficientemente sano como para luchar contra la adicción esclavizante que dicha relación genera inevitablemente.

El descubrimiento traumático y no traumático de la separación

En el periodo del fenómeno transitorio, el infante (o paciente) no debe enfrentarse bruscamente al hecho experiencial de que él tiene su propia mente, que tiene su propia área de desarrollo de la experiencia dentro de la cual él piensa sus pensamientos, siente sus sentimientos, sueña sus sueños y lleva a cabo sus juegos. El infante necesita tiempo para hacer este descubrimiento experiencial por sí mismo. Si el infante tiene esta oportunidad, el descubrimiento puede ser bienvenido al menos en parte.[9]

El fenómeno psicológico-interpersonal fundamental que hace posible el destete del infante con relación a la matriz psicológica provista por la madre es el mantenimiento de una serie de paradojas: el infante y la madre son uno, y el infante y la madre son dos; el infante ha creado el objeto y el objeto estaba allí para ser descubierto; el infante debe aprender a estar solo en presencia de la madre, y así sucesivamente. Es fundamental que al infante o al niño nunca le pregunten cuál es la verdad (Winnicott, 1951). Ambas cosas son ciertas. El mantenimiento simultáneo de la verdad emocional de la unicidad con la madre y de la separación de ella hace posible que el infante juegue en el espacio potencial que existe entre la madre y el infante. (Los capítulos 8 y 9 tratarán sobre el desarrollo normal y patológico del espacio potencial).

La experiencia de la ausencia de la madre como objeto es un fenómeno de la posición depresiva (es decir, el periodo de desarrollo en el que se está consolidando la relación con el objeto total). Ante la pérdida de la madre-como-objeto se reacciona con sentimientos de tristeza, soledad, culpa y, a veces, desolación. Si se ha logrado la capacidad de estar solo (es decir, si la madre del entorno ha sido internalizada), se puede sobrevivir a esta pérdida. La pérdida de la madre-como-entorno es un acontecimiento mucho más catastrófico, al que uno responde con una sensación de pérdida inminente de uno mismo. La persona se experimenta a sí misma como si estuviera a punto de disolverse. A veces, si la situación no ha llegado a un punto en el que el paciente haya entrado en un estado de pánico o haya instituido una retirada defensiva masiva, el paciente puede comunicar que no es capaz de pensar ni de saber quién es.

Una vez, mientras trabajaba con un paciente en este estado, me dirigí al paciente (Todd) por su nombre. Me miró con una combinación de perplejidad, miedo y desesperación, y dijo en tono monótono, "Todd está perdido y se ha ido para siempre". El paciente me dijo que no sabía cómo se llamaba, pero que no creía que él fuera Todd. Luego entró en un estado de pánico absoluto y salió huyendo de la oficina. Empezó a gritar en el pasillo sin que se le entendieran las palabras y se lanzaba contra las paredes. Cuando le sujetaron tres miembros del personal por los brazos, fue el único momento en el que fue capaz de dejar de agitarse y empezó a calmarse.

A medida que el pánico aumenta para un paciente que experimenta esta forma de disolución del yo, existe una poderosa necesidad de reconstruir un entorno de sujeción. Suele ser en este momento (como en el caso que acabamos de describir) cuando el paciente se siente obligado a crear tal caos (una exteriorización de la catástrofe interna) que es necesario que intervenga la policía o el personal de la planta, de forma física y, a veces violenta, para frenar al paciente. Es fundamental que la actividad de contención sea una interacción humana, es decir, una persona debe estar presente con el paciente en cintas, con dispositivos de contención, o en un "sala de aislamiento". De lo contrario, el terror del paciente se magnifica y le queda sólo el suicidio, la retirada autista profunda, o la automutilación como métodos de gestión de su estado de catástrofe psicológica. En un caso en el cual no se había facilitado un tipo de contención interpersonal, me informaron de que un paciente que había sido encerrado en una sala de reclusión se enucleó un ojo con los dedos en lo que luego se dedujo que había sido un intento de exclusión de la experiencia insoportable.

Sin olvidarnos de esta concepción de la matriz psicológica, es posible reconsiderar ahora aspectos del pensamiento kleiniano desde una perspectiva ligeramente alterada. Para Klein, existe una noción implícita de que la matriz para la vida psicológica del infante es, en última instancia, biológica. Los instintos de vida y muerte como vehículos para las preconcepciones heredadas filogenéticamente son conjuntamente organizador y contenedor de la vida psicológica. La estructura profunda instintiva es una entidad biológica que organiza la psicología y nunca es vivida directamente, al igual que uno nunca experimenta directamente el propio cerebro o la propia estructura lingüística profunda.

La manifestación experiencial de la función de estructuración de los instintos es el efecto de organización y de contención de la atribución de significado (siguiendo las líneas biológicamente predeterminadas) a las presas caóticas de los datos sensoriales en bruto. No hace falta decir que la psicología está incrustada en la biología (es decir, los fenómenos mentales tienen sustratos fisiológicos), pero la teoría del instinto kleiniano y freudiano va más allá y ofrece de forma implícita una concepción de la biología (tal vez deberíamos llamarla, con más precisión, psicobiología) como una matriz para un sistema de significados psicológicos.

Para Winnicott, la matriz biológica del infante se compenetra con la matriz provista por vía materna: ambas están presentes de manera discreta, a menos que haya una interrupción de la matriz interpersonal. Cuando se produce este tipo de interrupciones, algo que ocurre inevitablemente, el infante debe utilizar sus propias defensas psicológicas biológicamente determinadas, entre las que se incluyen unas formas muy primitivas de escisión, proyección, introyección, negación e idealización. Desde una perspectiva winnicottiana, estas operaciones psicológicas no son contempladas como defensas contra los derivados del instinto de muerte, sino como facetas de la capacidad constitucionalmente determinada del infante para contener y ordenar su propia experiencia frente a una emergencia derivada del fracaso inevitable de la faceta materna de su matriz psicológica.

III. El periodo de la relación de objeto total

Hasta ahora, he abordado la concepción winnicottiana del papel de la madre como entorno de sujeción y posposición y el papel de la madre como supervisora del proceso de destete mediante el cual se produce la "internalización" (o apropiación para el infante) de la matriz psicológica. Ahora me centraré en el papel de la madre en el periodo de desarrollo durante el cual el infante logra el "estado de unidad", es decir, la relación con el objeto total en la posición depresiva.

La supervivencia del objeto y el descubrimiento de la externalidad

En la posición depresiva, el infante ya no es tan dependiente de la madre como matriz para sus contenidos psicológicos. Es capaz de proporcionarse una gran parte de ello para sí mismo. Sin embargo, su dependencia de la madre no ha concluido de ninguna manera, sino que ha adquirido una nueva forma. El infante es ahora dependiente de la madre-como-objeto, a quien se encuentra en proceso de descubrir (en lugar de crear). Su continuo desarrollo emocional, que incluye el desarrollo de la capacidad de "utilizar objetos" (Winnicott, 1968) y el desarrollo de la realidad psíquica, depende de que la madre represente su papel como objeto externo a través del tiempo. Si vemos la *sujeción* como algo dominante entre las funciones de la madre durante las primeras etapas de desarrollo, y el destete como la función dominante en el periodo del fenómeno transicional, en la posición depresiva,[10] la tarea fundamental de la madre puede concebirse como la de *sobrevivir en el tiempo.*

Una vez más, no es posible entender este aspecto de la contribución de Winnicott al diálogo psicoanalítico aislándolo de una explicación de la contribución kleiniana. Lo que se está desarrollando en esta faceta del pensamiento de Winnicott es una teoría de la relación del infante con sus objetos internos, la relación de los objetos internos con los objetos reales y la relación de los objetos internos con las representaciones mentales de los objetos externos. En la teoría clásica, no existe un equivalente a la concepción kleiniana de los objetos internos. Para Klein, el objeto interno tiene su origen en las preconcepciones heredadas asociadas a los instintos (a lo que he hecho referencia como estructura psicológica profunda). La representación mental del objeto no se hereda, pero la estructura de la idea se hereda y se le da forma como representación mental cuando el infante se encuentra con objetos reales. La mama real, por ejemplo, no es más que una forma que se le da a la "preconcepción" (Bion, 1962a, 1962b) de la mama. Lo que hay que destacar es que la "preconcepción" todavía no es una concepción (una idea), sino una concepción en potencia, que se convierte en una idea cuando la preconcepción se encuentra con su "realización" (Bion, 1962a, 1962b) en el encuentro real con la mama. El infante no prevé la mama real en el sentido de tener una imagen mental de ella antes de encontrarse con ella; por otro lado, la "reconoce" cuando se encuentra con ella, porque forma parte de su orden interno estructurado biológicamente que estaba disponible en silencio hasta que se le diera forma representativa.

Desde una perspectiva kleiniana, la formación de un objeto interno es sólo en segundo lugar un proceso de internalización. En lo fundamental, esta forma de objeto mental tiene sus orígenes en la estructura psicológica profunda del infante, se le da forma a través de la experiencia del infante en el mundo y, a continuación, se (re)internaliza con las cualidades de representación que ha acumulado. Sólo esas cualidades del objeto externo real que se corresponden con el objeto preconcebido estructuralmente se utilizan ("son vistas") en la creación de la representación del objeto interno. Las representaciones de objetos internos formados de esta manera contrastan con las representaciones de objetos externos que son desarrollos posteriores. La formación de representaciones de objetos externos consiste predominantemente en un proceso de internalización y depende de la capacidad del infante para aprender de la experiencia, es decir, para notar y utilizar la diferencia que se da entre el objeto real y el objeto previsto. Al principio, el objeto real es eclipsado por el objeto previsto.[11] Debido a que los objetos internos son las primeras creaciones del infante, operan casi enteramente bajo la tutela del pensamiento omnipotente.

Para Klein, la identificación proyectiva es el método principal mediante el cual se modifican los objetos internos formados de la forma en que acabamos de describir. La contención de la madre de una identificación proyectiva es un proceso de modificación de una preconcepción infantil. Mediante este proceso, los objetos internos se "limpian" gradualmente (Grotstein, 1980a, 1980b) de la distorsión proyectiva que conduce a la formación de representaciones de objetos externos. No existe ninguna representación mental que pierda enteramente su conexión con sus orígenes como objeto interno, pero con la contención materna adecuada de las identificaciones proyectivas del infante, las representaciones mentales adquieren una autonomía cada vez mayor con respecto a estos orígenes y con respecto al pensamiento omnipotente asociado a las relaciones que se dan entre los objetos internos.

Esta consolidación de la "externalidad" de la representación del objeto se refleja en el grado en que el individuo es capaz de meterse en relaciones con objetos reales de una manera en la que se implica a más de una proyección simple de transferencia de su mundo de objetos internos. El paciente esquizofrénico es mucho más prisionero de su mundo omnipotente de objetos internos (que se proyecta sobre los objetos corrientes) de lo que lo es el individuo sano, para quien la transferencia proporciona sólo un fondo para las relaciones con los objetos reales, cuyas cualidades se perciben y se responden incluso cuando estas cualidades se diferencian de las expectativas de transferencia del sujeto.

Desde el punto de vista que hemos desarrollado hasta ahora, el problema teórico para el psicoanálisis no es simplemente dar cuenta de la creación de objetos de fantasía (objetos internos), sino también dar cuenta de la creación de objetos externos. Dicho de otro modo, el psicoanálisis requiere una teoría que se ocupe de la manera en la que el infante desarrolla la capacidad para ver más allá del mundo que él ha creado a través de la proyección de los objetos internos.

A pesar de que Winnicott no estaba satisfecho con la resolución kleiniana de este problema teórico (es decir, la noción de limpieza de los objetos internos a través de la maduración y de las sucesivas identificaciones proyectivas), aceptó muchas de las premisas básicas a partir de las que se formuló este problema teórico. Concretamente, adoptó la concepción implícita de los kleinianos del origen de los objetos internos en preconcepciones biológicamente determinadas, aunque la concepción de Winnicott de la especificidad y del carácter de estas ideas preconcebidas difería notablemente de la de Klein. Para Winnicott, el infante nace con una única disposición estructural imprecisa para los objetos que cumplen con sus necesidades. Yo deduzco que esta disposición estructural explica el hecho de que el infante no se vea sorprendido o emocionado por el objeto (por ejemplo, la mama) que es aportado empáticamente por la madre puesto que la mama se corresponde con el mundo que el infante prevé. A menos que el objeto se "prevea" enteramente, es decir, que sea plenamente congruente con el orden de cosas interno del infante, que es anterior a la experiencia real, el infante "notaría" el objeto, lo que daría como resultado la toma de conciencia prematura de la separación. Esto se debe a que el infante está previendo estructuralmente (no motivacionalmente) el objeto, no a que el objeto puede ser percibido sin ser notado como algo separado o distinto del yo.

En la concepción de Winnicott del desarrollo, debe dejarse un hueco, desde el punto de vista psicológico, para el descubrimiento del objeto externo. Winnicott (1968) afirma, a su enigmática manera, que es la destrucción del objeto por parte del infante (mientras la madre sobrevive a la destrucción) lo que permite que el infante descubra la externalidad. Lo que yo deduzco que él quiere decir es que la renuncia por parte del infante de la omnipotencia del objeto interno implica un acto fundamental de fe. El infante se permite a sí mismo salir de los brazos del objeto interno omnipotente[12] y caer en los brazos de un objeto (potencial) que todavía no conoce, ya que hasta ese momento la madre externa se ha visto eclipsada por la madre-objeto-interno omnipotente. Desde el punto de vista de un observador externo, la madre-objeto-externo siempre ha estado allí y ha creado (con el infante) la ilusión del objeto subjetivo. Sin embargo, el mismo hecho de que esta ilusión se haya creado y mantenido con éxito, ha permitido que el infante *no sea consciente de la existencia de* la madre-objeto-externo, que existe fuera del ámbito de la omnipotencia de él. Por supuesto, el infante la ha conocido, pero no "se ha dado cuenta" de ella; la ha confundido consigo mismo (es decir, es su creación). El acto de fe que tiene lugar al renunciar ("destruir") el objeto interno es un acto de confianza en la (hasta ahora invisible) presencia de la madre-objeto-externo. Por lo tanto, resulta crucial que la madre verdadera y separada esté allí (para coger al infante) cuando el infante está en proceso de hacerle espacio a ella y de reconocerla a través de su acto de renuncia (destrucción) de la madre-objeto-interno omnipotente:

> El sujeto le dice al objeto [el objeto interno]: "Te he destruido", y el objeto [la madre-objeto-externo] está ahí para recibir la comunicación. A partir de ahora el sujeto dice: "¡Hola, objeto!" "Yo te he destruido". "Te quiero". "Tienes valor para mí gracias a haber sobrevivido a mi destrucción de ti. Mientras te estoy queriendo [la verdadera-madre-en-el-mundo, fuera de la omnipotencia del infante], estoy destruyéndote en todo momento [la madre-objeto-interno omnipotente] en (la fantasía inconsciente) .... El sujeto puede utilizar ahora el objeto [externo] que ha sobrevivido. (Winnicott 1968, p. 90)

En esta coyuntura, se puede hacer uso del objeto externo por primera vez, debido a que el objeto que se está reconociendo y con el que se está interactuando es un objeto-en-el-mundo, fuera de sí mismo. Hasta ese momento, las cualidades reales del objeto y el arraigo del objeto-en-el-mundo fuera de sí mismo eran imperceptibles y, por lo tanto, inutilizables. El infante había pagado por su aislamiento (necesario) en la ilusión del objeto subjetivo, a través del aplazamiento del descubrimiento de un mundo de objetos utilizables, es decir, de personas con las que puede entrar en el ámbito de la experiencia-en-el-mundo, que ha compartido, fuera de sí mismo.

La supervivencia del objeto es una forma de mantener la situación en el tiempo de tal manera que la madre-objeto (o terapeuta) siga presente emocionalmente mientras el infante (o paciente) intenta llevar a cabo el acto de confianza inherente a liberar su control sobre la madre-objeto-interno omnipotente.

Surge una incapacidad para renunciar al objeto interno, o bien cuando el objeto externo no logra estar allí para atrapar al infante cuando se deja caer en sus brazos, o cuando la experiencia del infante con la ilusión del objeto subjetivo no ha inculcado en él una fe suficiente en el mundo para dejarse caer en los brazos de un objeto que aún no ha visto. Cuando el objeto externo no logra sobrevivir, (es decir, deja de estar física o emocionalmente presente cuando se le necesita), el infante debe reforzar su control sobre el objeto interno omnipotente, que luego se convierte en la única forma de seguridad de la que dispone el infante. El individuo se encadena en su mágico mundo de objetos internos al que luego se adhiere de manera intransigente. Como resultado, desarrolla muy poca capacidad para reconocer o hacer uso de la externalidad de su mundo de objetos.

Una versión posterior de este mismo proceso se produce cuando el niño se permite a sí mismo abandonar la "órbita" de la madre preedípica y pasar a la "fuerza de gravedad" del objeto de amor edípico. El objeto real parental del amor edípico debe estar allí para "coger al niño", una vez que ha corrido el riesgo de dejarse caer en el amor.[13] Cuando el objeto de amor edípico no está allí emocional o físicamente para reconocer, aceptar, y (hasta cierto punto) corresponder al amor edípico del niño, el niño se refugia en la órbita de la poderosa madre preedípica de cuya dominación puede que nunca sea capaz de escapar.

Piedad, culpa y el círculo benigno

En el mismo proceso psicológico interpersonal mediante el que el infante descubre la externalidad de los objetos, también desarrolla una conciencia incipiente de su impacto sobre la recién descubierta madre-objeto-externo. Hasta este momento, ha tratado a su madre "despiadadamente" (Winnicott, 1954–1955), es decir, sin piedad (preocupación). El infante lo ha hecho, no porque en su omnipotencia haya querido hacerle daño al objeto, sino porque todavía no ha desarrollado la conciencia del objeto como sujeto, y por lo tanto no ha sentido empatía por el objeto.

El infante, al ir descubriendo la externalidad de los objetos, comienza a desarrollar un sentido de la ferocidad con la que puede comportarse en sus esfuerzos por satisfacer sus deseos y en sus intentos de deshacerse de lo que se interponga en su camino. El infante teme inconscientemente herir gravemente a su madre mientras le exige y toma cosas de ella. La función de la madre en este momento es "mantener la situación a lo largo del tiempo" (Winnicott, 1954–1955, 1968) de manera que el infante, mientras hiere a la madre en la fantasía (inconsciente), se encuentra al mismo tiempo descubriendo momento a momento que ella está viva y presente de una manera que difiere de su experiencia de fantasía inconsciente. Es al experimentar simultáneamente la destrucción fantaseada de la madre-objeto-interno y al experimentar una relación con una madre como objeto que está presente y que no toma represalias cuando el infante tiene la oportunidad de yuxtaponer dos formas de experiencia, ambas reales (realidad interna y externa). Es a partir de esta yuxtaposición a lo largo del tiempo cuando el infante construye el estado mental que llamamos realidad psíquica.

Si, por ejemplo, la madre es capaz de soportar (durante un periodo de tiempo) la agresión que forma parte de una alimentación vigorosa y sus secuelas, ella está allí, no sólo para sobrevivir a la experiencia, sino también para reconocer el significado de un regalo reparador por parte del infante, y para aceptar el regalo que él le da (por ejemplo, una deposición o un "gorgorito"). De esta manera, la madre permite que el infante la compense por el daño fantaseado que él le ha hecho y le sigue haciendo en la fantasía, y por la tensión que, en efecto, le ha causado.

Aunque Klein (1935, 1940) introdujo la idea del desarrollo en la posición depresiva del deseo de hacer alguna reparación, no exploró en profundidad el carácter de la interacción interpersonal que media en este desarrollo o en el descubrimiento de la externalidad del objeto. Por supuesto, Klein era consciente de que los sentimientos de culpa del infante y su deseo de hacer una reparación son fenómenos relacionados con los objetos. Sin embargo, no puso suficiente atención en el carácter de la relación con el objeto real externo: alguien tiene que estar ahí para reconocer los sentimientos de culpa del infante y aceptar el regalo reparador del infante si el acto psicológico del infante va a ser completado. Para la realización de este "círculo benigno" (Winnicott 1958a, p. 24) el infante es totalmente dependiente de la madre como objeto y no puede crecer sin que ella sobreviva a la destrucción fantaseada que el infante le hace a ella y a través de su reconocimiento inconsciente del significado y la aceptación del regalo.

En resumen, la concepción de Winnicott de esta tercera forma de dependencia del infante con respecto a la madre (es decir, la dependencia de la madre como objeto) se desarrolló en el contexto de la concepción de Klein de los objetos internos y su concepto de la posición depresiva. Winnicott se diferenciaba de Klein en el hecho de que la función del infante de experimentar con la madre como objeto tenía un papel crucial. La experiencia del infante con un objeto que sobrevive en el tiempo, en conjunción con su renuncia inconsciente del objeto interno, crea las condiciones necesarias para el descubrimiento del objeto externo. Este juego de fantasía y experiencia con objetos también genera las condiciones para la creación de la realidad psíquica, un logro basado en la diferenciación de la realidad interna y externa. La externalidad no es creada de una vez por todas mediante un único acto de "destrucción" (renuncia) del objeto interno. Se debe resistir de manera consistente a la atracción del vínculo primitivo hacia el objeto interno. En términos de psicología, el objeto interno debe ser destruido constantemente en la fantasía inconsciente, por lo tanto dejando espacio continuamente para el redescubrimiento del objeto externo.

Resumen

En este capítulo, se ha tratado el concepto de Winnicott del desarrollo de la madre-infante en una madre y un infante en relación con tres formas de dependencia infantil. La conceptualización de cada una de estas formas de dependencia se ha entendido en relación con los aspectos específicos de la contribución kleiniana, que se conservan a la vez que son sustituidos en la contribución winnicottiana.

Según Winnicott, al principio el infante puede sobrevivir y desarrollarse sólo dentro del sobre protector y aplazante del entorno de sujeción materna y, en este sentido, al principio, "No hay nada igual que un infante". La unidad de desarrollo psicológico al principio es la madre-infante. La actividad psicológica y física de la madre proporciona la matriz inicial para la experiencia mental y corporal del infante. El infante está protegido del conocimiento de la separación gracias a la provisión de la madre de la ilusión del objeto subjetivo (la ilusión de que la externalidad y la internalidad son una y la misma cosa).

En el periodo del fenómeno transitorio, la tarea de desarrollo para el par madre-infante es el destete no traumático del infante de la provisión maternal de la matriz psicológica. Esto se consigue, en parte, gracias a la experiencia del infante de jugar solo en presencia de la madre ausente y en ausencia de la madre presente. Dicho de otro modo, el infante debe contar con la experiencia de jugar en presencia de la madre-como-entorno y en ausencia de la madre-como-objeto. Mediante la internalización de la madre como entorno, el infante desarrolla la capacidad de generar por sí mismo una matriz para su experiencia psicológica y corporal. La intromisión persistente de la madre en los juegos del infante da como resultado la dependencia extrema de la madre-objeto-externo real. Esto conduce a la internalización defensiva de la madre-como-objeto y a una relación de adicción con una madre-como objeto interno omnipotente, en lugar de a la creación de un entorno de sujeción interna autogenerado del infante (matriz psicológica).

La tercera forma de dependencia es la de la dependencia del infante con respecto a la capacidad de la madre para sobrevivir en el tiempo en el periodo de la relación con el objeto total. Hasta este momento, la madre-objeto-externo real se ha visto eclipsada en gran medida por la proyección del infante de su mundo de objetos internos. En el periodo de la relación con el objeto total, el infante participa en el proceso de renunciar (en la fantasía inconsciente, de "destruir") a la madre-objeto-interno omnipotente, creando así espacio para el descubrimiento de la madre-objeto-externo real. Esto implica un acto de fe en cuanto que el infante se deja caer de los brazos de la madre-objeto-interno omnipotente hacia los brazos del objeto externo que siempre había estado allí, pero en el que nunca había reparado. En este proceso, la madre real debe estar física y emocionalmente presente en el tiempo para sobrevivir a los actos reales y fantaseados de destrucción que realiza el infante, y para reconocer y aceptar sus regalos reparadores. El objeto externo que se está descubriendo (en oposición a lo que se está creando) es un objeto que puede ser "usado" de una forma enteramente nueva, ya que una relación con el objeto descubierto es una relación con un objeto arraigado en el mundo, que se encuentra fuera de la omnipotencia del infante.

Notas

1. Soy consciente de que estoy realizando una inversión de la forma habitual de visualizar una secuencia de desarrollo. Por lo general, una fase de desarrollo anterior se considera algo preparatorio para la que viene a continuación. Estoy sugiriendo que una fase de desarrollo anterior también se anticipa a la siguiente. Claramente, no se atribuye ninguna intencionalidad a la función biológica de aplazamiento.

   La psicología no es más que un epifenómeno de la biología: la biología y la psicología son facetas inseparables de un único proceso de desarrollo/maduración. Las primeras etapas de la maduración y del desarrollo psicológico sirven para ayudar al organismo a manejarse en un estado de inmadurez biológica y, en este sentido, garantizarle al organismo tiempo para madurar. El concepto freudiano (1895, 1896b, 1918) de "acción diferida" (*nachtraglich*) habla de lo mismo: por ejemplo, "El retraso de la pubertad hace posibles procesos primarios póstumos" (1895, p. 359).

2. Un eje de desarrollo diacrónico implica una concepción lineal y secuencial de desarrollo en la que una fase de desarrollo se basa en la anterior a través de procesos que incluyen la diferenciación estructural, la integración y el desarrollo epigenético de las posibilidades madurativas. La secuencia de Freud (1905) de las fases psicosexuales, la concepción de Anna Freud (1965) de las líneas de desarrollo, la noción de Piaget (1946) del desarrollo gradual de las estructuras cognitivas a través de la asimilación y la acomodación y la concepción de Erikson (1950) de un desarrollo epigenético de las etapas psicosociales son ejemplos de concepciones diacrónicas de desarrollo. Un eje de desarrollo sincrónico implica una concepción de los niveles coexistentes de desarrollo interrelacionados jerárquicamente. El concepto de Freud (1896b, 1918) de la "estratificación", la noción de Klein (1932b) de la propagación de la excitación libidinosa entre los niveles de desarrollo, y la concepción lacaniana (1957) de los ordenamientos imaginario y simbólico de la experiencia, representan concepciones de desarrollo sincrónico.
3. Es importante destacar que la insuficiencia de la maternidad es sólo una de las posibles causas de que no se consiga el entorno de sujeción. Entre otras causas importantes destacan el hecho de que el nacimiento haya sido prematuro, la enfermedad física del infante, la sensibilidad poco común por parte del infante y "la falta de ajuste" entre los temperamentos de una madre en particular y un infante en particular.
4. Freud (1900, 1911) entendió el desarrollo psicológico temprano como algo que implica un movimiento desde un mundo solipsista inicial de cumplimiento de deseos alucinatorios. Esto se ve como el resultado de la interacción entre la maduración biológica del organismo y la experiencia real con objetos. El infante utiliza en un principio el cumplimiento del deseo alucinatorio de aislarse de la realidad externa frustrante. Sin embargo, a medida que el infante madura biológicamente, pasa de los esfuerzos por crear la realidad gratificante de manera alucinatoria a un esfuerzo por utilizar la experiencia real de la frustración de encontrar otras formas más eficaces, adaptables e indirectas de satisfacer las necesidades instintivas.
5. La palabra "matriz" se deriva de la palabra latina usada para referirse al útero. Aunque Winnicott (1958b) emplea una sola vez la palabra

"matriz" en su obra escrita (cuando se refiere a la relación del yo como la "matriz de transferencia"), me parece que *matriz* es una palabra que resulta particularmente adecuada para describir el espacio de contención que está en silencio activo y en el que se produce la experiencia psicológica y corporal.

6. El concepto de Lacan (1956a) de "el Otro" se refiere de manera similar a una tercera entidad psicológica (una entidad intersubjetiva) generada en el entorno analítico, que es distinta de la del la paciente y de la del analista: "El otro, por tanto, es el lugar en el que se constituye el yo que habla con el que oye. ..." (p. 141).
7. Lewin (1950) se refiere a este "telón de fondo" (p. 83) en el que los sueños ocurren como "pantalla del sueño"; Khan (1972) utiliza el término *espacio del sueño* para este área de desarrollo de la experiencia; Grotstein (1981) se refiere a este y otros antecedentes de experiencia como el "objeto de fondo de la identificación primaria".
8. Las nanas infantiles (que suelen tratar sobre el sueño de forma simbólica y se cuentan a la hora de dormir) están llenas de referencias al miedo que tiene el niño a caerse.

   Mécete, niñito mío
   En lo alto del árbol.
   Cuando sople el viento
   La cuna se mecerá.
   Cuando se rompa la rama
   La cuna se caerá,
   Y abajo vendrán el niño,
   La cuna y todo lo demás.

   El peligro implícito aquí no es simplemente el de sufrir lesiones corporales o incluso la ansiedad de la separación; es el peligro de la interrupción del contenedor de sueño, la matriz psicológica parcialmente interna y parcialmente externa del infante.
9. Véase la descripción de Mahler [1968] de la euforia de la subfase practicante de separación-individuación.
10. El logro gradual de la posición depresiva para Winnicott (1954–1955) se produce aproximadamente en la segunda mitad del primer año de la vida. Este desarrollo está marcado por el hecho de que el infante se vuelve capaz de "jugar a dejar caer las cosas" (p. 263), una capacidad del infante que, por lo general, se desarrolla hasta llegar a convertirse en "arte" (p. 263) alrededor de los 9 meses de edad.
11. Cuando los pensadores analíticos clásicos (por ejemplo, Jacobson [1964] y Mahler [1968]) se refieren a las relaciones de objeto, hacen referencia principalmente a la interacción real con los objetos externos reales y a

la internalización que se desprende de esta interacción. El objeto inicial no es creado predominantemente por el infante, sino que el infante le responde y le influye al objeto a la vez que éste es influenciado por el infante, y también modifica la estructura psicológica del infante a través de un proceso de internalización. La teoría británica de las relaciones de objeto (bajo la influencia de las ideas desarrolladas por Klein) hace más hincapié en el papel de la fantasía, la proyección y la "previsión" estructural profunda de los objetos.

12. Para Winnicott, los objetos internos omnipotentes inconscientes son creados defensivamente en respuesta a las interrupciones dolorosas, pero inevitables del entorno de sujeción materna. El infante se ocupa de la ansiedad y de los sentimientos de impotencia que surgen de una conciencia precoz de la separación mediante la construcción de un mundo de objetos internos que funcionan de acuerdo a las normas que reflejan su propia omnipotencia.
13. N. del T.: La expresión en inglés "falling in love" tiene principalmente el sentido de enamorarse. Aquí se ha traducido de manera más literal porque se está hablando de movimientos de entrega y de dejarse caer.

CAPÍTULO 8

El espacio potencial

Quizás la más importante y a la vez más escurridiza de las ideas introducidas por Donald Winnicott sea el concepto de espacio potencial. El *espacio potencial* es el término general utilizado por Winnicott para referirse a una zona intermedia de experimentación que se encuentra entre la fantasía y la realidad. Entre las formas concretas de espacio potencial destacan el espacio de juego, el área del objeto y de los fenómenos transicionales, el espacio analítico, el área de la experiencia cultural y el área de la creatividad. El concepto de espacio potencial sigue siendo enigmático, en parte, porque ha sido tan difícil extraer el significado del concepto a partir del elegante sistema de imágenes y metáforas en el que está redactado. Este capítulo es un intento de aclaración del concepto de espacio potencial y de exploración de las implicaciones que este aspecto de la obra de Winnicott tiene para una teoría psicoanalítica del desarrollo normal y patológico de la capacidad de simbolización y subjetividad.

Aunque el espacio potencial se origina en un espacio físico y mental (potencial) existente *entre* la madre y el infante, más adelante se hace posible, en el transcurso del desarrollo normal que el infante, el niño o el adulto individuales desarrollen su propia capacidad de generación de un espacio potencial. Esta capacidad constituye un conjunto organizado y organizador de las actividades psicológicas que operan en un modo particular. El concepto del proceso dialéctico se explorará como posible paradigma para la comprensión de la forma o del modo de la actividad psicológica que genera el espacio potencial.

El lenguaje de Winnicott

Comenzaré presentando el concepto del carácter del espacio potencial de Winnicott, utilizando las mismas palabras que él. En este punto no voy a intentar explicar o interpretar nada y, por el momento, rendiré homenaje a la amonestación de Winnicott permitiendo que las paradojas "sean aceptadas y toleradas y respetadas ... y no resueltas" (Winnicott 1971e, p. xii). Para Winnicott, como quizás para ningún otro escritor analítico, es crucial que comencemos con sus ideas utilizando sus propias palabras. Para Winnicott, el significado radica en la forma de la escritura tanto como en el contenido: "El todo forma una unidad" (Winnicott 1967a, p. 99).

1. "El espacio potencial ... es el área hipotética que existe (pero puede no existir) entre el bebé y el objeto (la madre o una parte de madre) durante la fase del repudio del objeto como no-yo, esto es, al final de fusionarse con el objeto" (Winnicott 1971f, p. 107).
2. El juego, la creatividad, los fenómenos transitorios, la psicoterapia, y la experiencia "cultural" ("el énfasis está en la experiencia", 1967a, p. 99), tienen todos un lugar en el que se producen. Ese lugar, ese espacio potencial, "no está *en el interior* según ningún uso de la palabra .... Tampoco está *en el exterior*, es decir, no forma parte del mundo repudiado, del no-yo, de aquello que el individuo ha decidido reconocer (no importa la dificultad y el dolor que ello suponga) como verdaderamente externo, que está fuera de control mágico" (1971c, p. 41). El espacio potencial es una zona intermedia de desarrollo de la experiencia que se encuentra entre (a) el mundo interior, "la realidad psíquica interna" (1971b, p. 106), y (b) la "realidad real o externa" (1971c, p. 41). Se encuentra "entre el objeto subjetivo y el objeto percibido objetivamente, entre las extensiones del yo y el no-yo" (1967a, p. 100).
3. "La característica esencial [de este área de desarrollo de la experiencia en general, y del objeto de la transición en especial] es ... *la paradoja y*

la aceptación de la paradoja: el bebé crea el objeto, pero el objeto estaba allí esperando para ser creado .... En las reglas del juego, todos sabemos que nunca vamos a desafiar a un bebé para que dé una respuesta a la pregunta: ¿has creado eso o lo has encontrado?" (1968, p. 89).

4. Este "área es producto de las *experiencias de la persona individual* (bebé, niño, adolescente, adulto) en el entorno que obtiene" (1971b, p. 107).

> El espacio potencial tanto une como separa al infante (niño o adulto) y a la madre (objeto). "Esta es la paradoja que acepto y no intento resolver. La separación hacia fuera que sufre el bebé con respecto al mundo de los objetos desde el yo se logra sólo a través de la ausencia de un espacio entre [el infante y la madre], el espacio *potencial* que se llena de la forma que estoy describiendo" [es decir, con ilusión, con juego y con símbolos]. (1971b, p. 108)

Me parece que en el marco de las metáforas y paradojas que Winnicott ha generado para transmitir su concepción del espacio potencial, hay poco, si es que hay algo, que yo pueda añadir para aclarar o ampliar lo que él ha dicho. Es muy difícil encontrar las palabras propias de uno con las que discutir el conjunto extremadamente complejo de ideas que Winnicott logró condensar en su aparentemente simple y altamente sugestivo lenguaje metafórico. Las ideas de Winnicott han caído en la trampa, en un grado mucho mayor de lo que suele ser habitual, del lenguaje en el que se presentan. El resultado es una combinación peculiar de claridad y opacidad en el pensamiento de Winnicott sobre el espacio potencial que le ha hecho que sea atractivo para el público (el concepto de objeto transicional, en concreto), mientras que al mismo tiempo aísla las ideas con respecto a la exploración, modificación y ampliación sistemáticas.

Una de las funciones de este capítulo consiste en usar el lenguaje no utilizado por Winnicott para tratar de los fenómenos abordados por el concepto de espacio potencial. Los nuevos términos, así lo esperamos, no modificarán los significados esenciales del lenguaje original y pueden facilitar el acceso a unas descripciones del espacio potencial no proporcionadas por Winnicott.

El fenómeno del juego

Podría resultar útil en este momento presentar algunos de los referentes experienciales del conjunto abstracto de ideas que participan en el concepto de espacio potencial. En el siguiente ejemplo, el estado de ánimo necesario para jugar (es decir, el espacio potencial) está, en principio, ausente para pasar a estar presente con posterioridad.

Un niño de dos años y medio, después de que le asustaran manteniéndole la cabeza bajo el agua mientras le daban un baño, oponía mucha resistencia a tomar un baño de nuevo. Algunos meses más tarde, después de que la madre le persuadiera de forma suave pero persistente, permitió de muy mala gana que le metieran en una bañera con 10 cm de agua. El niño tenía todo el cuerpo tenso y se aferraba con fuerza a las manos de su madre. No estaba llorando, pero tenía los ojos suplicantes pegados a los de su madre. Tenía una rodilla extendida y bloqueada, mientras que la otra estaba flexionada con el fin de dejar la mayor parte de sí mismo fuera del agua. Su madre comenzó casi inmediatamente a intentar hacer que se interesara por algunos juguetes de baño, pero él no demostró el más mínimo interés hasta que ella le dijo que le gustaría tomarse un té. En ese punto, la tensión que había sido evidente en sus brazos, piernas, abdomen y especialmente en la cara, de pronto dio paso a un nuevo estado físico y psicológico. Ahora tenía las rodillas un poco dobladas y con los ojos examinaba las tazas y los platillos de juguete y vio una botella de champú vacía, que optó por usar como si fuera la leche para el té, la tensión de su voz pasó de ser una súplica tensa e insistente "Mi no gusta el baño, mi no gusta el baño", a una narración de su juego: "El té no tá muy caliente, ahora tá bien. Mi té lo soplé. Té ricooo". La madre toma un poco de "té" y le pide más. Después de unos minutos, la madre comienza a buscar la toallita. Como resultado de ésto, el niño terminó el juego de una forma tan abrupta como lo había iniciado, volviendo a todas las señales iniciales de ansiedad que habían precedido al juego. Después de que la madre tranquilizara al niño diciéndole que lo iba a sujetar bien para que no se cayera, le preguntó si tenía más té. Dijo que sí y prosiguió el juego.

Lo anterior son datos de observación y no proceden de un proceso psicoanalítico. No obstante, las observaciones transmiten un sentido de la forma en la que la madre y el niño han generado un estado mental en el que se produjo una transformación en la que el agua pasó de ser algo que daba miedo a transformarse en un medio plástico (descubierto y creado por el niño) con significados que se pueden comunicar. En esta transformación, la realidad no se niega, el agua peligrosa está representada en el juego. Tampoco es una fantasía despojada de su vitalidad—la respiración del niño cambió mágicamente el agua peligrosa en un regalo amoroso. También hay una cualidad de "yoidad" que se genera en el juego y que difiere de la mirada fija y del agarrotamiento desesperado en el que se habían conectado madre e infante antes del comienzo del juego. En el transcurso de este capítulo, se tratará la importancia de cada una de las características del estado mental que se han destacado aquí.

El espacio potencial y el proceso dialéctico

Una dialéctica es un proceso en el que cada uno de dos conceptos opuestos crea, informa, conserva y niega al otro, y cada uno se mantiene en una relación dinámica (siempre cambiante) con el otro (Hegel, 1807; Kojève, 1934–1935). El proceso dialéctico va dirigido hacia la integración, pero la integración nunca es completa. Cada integración crea una nueva oposición dialéctica y una nueva tensión dinámica. En el psicoanálisis, la dialéctica esencial es la de la concepción de Freud de la relación que se da entre la mente consciente y la inconsciente. No puede haber una mente consciente sin una mente inconsciente y viceversa; cada una crea a la otra y, sin la otra, existe sólo como posibilidad hipotética. En el lenguaje matemático, la mente consciente y la mente inconsciente son independientes una de la otra, son conjuntos vacíos; se llenan sólo en relación la una con la otra. La mente inconsciente adquiere contenidos psicológicos sólo en la medida en que existe una categoría de acontecimiento psicológico que tiene la cualidad de la conciencia, y viceversa.

El proceso dialéctico es un participante fundamental en la creación de la subjetividad. Por subjetividad, me refiero a la capacidad de los grados de conciencia de uno mismo que van desde la autorreflexión intencional (un logro muy tardío) al sentido más sutil y discreto de "yoidad" por el cual la experiencia está dotada sutilmente de la cualidad en la que uno piensa sus pensamientos y siente sus sentimientos como opuestos a vivir en un estado de reactividad reflexiva. La subjetividad se relaciona con la conciencia, pero no es lo mismo que ella. La experiencia de la conciencia (y de la inconsciencia) viene de la realización de la subjetividad. La subjetividad, como se tratará más adelante, es un reflejo de la diferenciación del símbolo, lo simbolizado, y el sujeto que lo interpreta. La aparición de un sujeto en el transcurso de esta diferenciación hace posible que una persona tenga deseos. El deseo de volverse uno mismo consciente de un aspecto del propio sistema de significados sienta las bases para la diferenciación de los ámbitos consciente e inconsciente de la experiencia.

Paradójicamente, la "yoidad" se hace posible gracias al otro. Winnicott (1967b) describe esto como el descubrimiento que hace el infante de sí mismo en lo que él ve reflejado en los ojos de su madre. Esto constituye una dialéctica interpersonal en la que la "yoidad" y la alteridad se crean la una a la otra y se conservan gracias a la otra. La madre crea al infante y el infante crea a la madre. (Al hablar de la dialéctica, siempre estamos planteándonos conceptos [por ejemplo, el concepto de madre y el concepto de infante], y no entidades materiales).

El significado se acumula a partir de la diferencia. No puede haber ningún significado en un campo completamente homogéneo. La existencia del campo homogéneo en sí no podría incluso reconocerse, porque no habría condiciones distintas de sí que atribuirle. No se puede tener un diccionario con una sola palabra, en teoría, se puede tener un diccionario con dos palabras, ya que cada palabra suministraría el contraste necesario para el reconocimiento y la definición de la otra. Desde este punto de vista, la mente inconsciente *en sí misma* no constituye un sistema de significados. No hay puntos negativos y no hay contradicciones en el inconsciente (Freud, 1915b), sólo la coexistencia estática de los opuestos, que es el sello del pensamiento primario del proceso. El sistema Consciente es necesario para generar *significado* inconsciente y el sistema Inconsciente es necesario para crear *significado* consciente.

Al principio de todo (tal vez sólo un momento hipotético), la subjetividad de la unidad madre-infante es sólo un potencial sostenido por el aspecto de la madre que reside fuera de la madre-infante. Winnicott (1960a) puede ser tomado literalmente cuando afirma que no existe tal cosa como un infante (sin madre). Yo añadiría que, dentro de la unidad madre-infante, tampoco existe tal cosa como una madre. La preocupación de la madre (lo que un observador vería como la madre) por el hecho de encajarse a sí misma en el lugar del infante se consideraría como una enfermedad, si este tipo de pérdida de uno mismo en otro se produjera en un entorno diferente (Winnicott, 1956).

La madre-infante (al margen de la parte de la madre que está fuera de esta unidad) es incapaz de la subjetividad. En su lugar, está la "ilusión"[1] (en la mayoría de las formas más cercana a una ilusión delirante) de que la madre y el infante no están separados y que, de hecho, no existen. La madre existe sólo en forma de entorno de sujeción invisible en el que se produce un encuentro de las necesidades del infante de una manera tan discreta que el infante no experimenta sus necesidades como necesidades. Como resultado, todavía no hay un infante.

Si se da un ajuste lo suficientemente bueno entre la madre y el infante y se crea una ilusión/delirio tal, no hay necesidad de símbolos, incluso de los de tipo más primitivo. En lugar de ello, hay un estado no perturbado de "seguir siendo" (Winnicott 1956, p. 303), que se convertirá más adelante en el fondo de la experiencia, pero en la actualidad es invisible porque no hay nada con que contrastarlo, sino que es a la vez fondo y primer plano. Los símbolos sólo se requieren cuando hay deseo, en la etapa de desarrollo que estamos tratando, sólo existe una necesidad que se cumple y la necesidad satisfecha no genera el deseo (es decir, el acto de deseo) para el que son necesarios los símbolos.

La unidad no perturbada y en armonioso funcionamiento puede ser sólo una entidad hipotética, por causa de la imperfección inevitable del ajuste que hay entre la madre y el infante.[2] La frustración bien dosificada que resulta proporciona la primera oportunidad para la toma de conciencia de la separación.

En este momento, la tarea para el aspecto de la madre que no forma parte de la unidad madre-infante es hacer que su presencia (la madre como objeto) se conozca de una manera que no sea aterradora y, por tanto, no tiene que ser negada o defendida de otra manera por el infante. Es este periodo de la más temprana conciencia de separación, que se inicia "entre los cuatro a seis y entre los ocho y doce meses" (Winnicott 1951, p. 4), ese ha sido el centro de la obra de Winnicott sobre el espacio potencial. Ha propuesto que, con el fin de que esta transición de la unidad madre-infante a un estado que existe entre madre e infante sea no patogénica, debe haber un espacio potencial entre la madre y el infante que sea siempre potencial (nunca real) porque se llena con el estado de ánimo que encarna la paradoja que nunca se ha desafiado: el infante y la madre son uno, y el infante y la madre son dos.

El movimiento que va desde la unidad madre-infante (madre invisible en el entorno) hasta la madre y el infante (la madre como objeto) requiere el establecimiento de la capacidad de un dialéctica psicológica de unicidad y separación en la que cada parte crea a la otra y la informa. Al principio, la "dualidad" (que coexiste con la unicidad) no puede distribuirse entre la madre y el infante de una manera que delimite claramente a los dos como individuos separados, sino que, en este momento, la dualidad es una cualidad de la entidad madre-infante. A esto es a lo que Winnicott (1958a) se refiere cuando habla del desarrollo de la capacidad del infante de estar solo en presencia de la madre. El objeto transicional es un símbolo de esta separación en la unidad y de la unidad en la separación. El objeto transicional es al mismo tiempo el infante (la extensión omnipotentemente creada de sí mismo) y no el infante (un objeto que él ha descubierto que se encuentra fuera de su control omnipotente).

La aparición de una relación con un objeto transicional no es simplemente un hito en el proceso de separación-individuación. La relación con el objeto transicional es significativamente un reflejo del desarrollo de la capacidad de mantener un proceso dialéctico psicológico.

Las consecuencias de este logro son trascendentales e incluyen la capacidad de generar significados personales representados en símbolos que están mediados por la subjetividad (la experiencia de uno mismo como sujeto que ha creado sus propios símbolos). El logro de la capacidad de mantener la dialéctica psicológica implica la transformación de la unidad que no requería símbolos en "trinidad", una interacción dinámica de tres entidades diferenciadas. Estas entidades son el símbolo (un pensamiento), lo simbolizado (lo que está siendo pensado), y el sujeto que interpreta (el pensador que genera sus propios pensamientos e interpreta sus propios símbolos). Para fines heurísticos, la homogeneidad original de la unidad madre-infante puede pensarse como un punto (Grotstein, 1978). La diferenciación del símbolo, lo simbolizado y el sujeto que interpreta crea la posibilidad de una triangularidad dentro de cuyo espacio se crea. Ese espacio existente entre el símbolo y lo simbolizado, mediado por un yo que interpreta, es el espacio en el que se hace posible la creatividad y el espacio en el que vivimos como seres humanos, en lugar de ser simplemente seres reflexivamente reactivos. Este es el espacio potencial de Winnicott.

Esta transformación de la unidad en trinidad coincide con la transformación de la unidad madre-infante en la madre, el infante, y el observador de la madre y el infante como tres entidades distintas. La unicidad (la madre-infante invisible) se convierte en trinidad, ya que en el momento de la diferenciación dentro de la unidad madre-infante, no sólo la madre y el infante son creados como objetos, sino que también el infante es creado como sujeto. El infante como sujeto es el observador de la madre y del infante como objetos (simbólicos); el infante es ahora el creador y el intérprete de sus símbolos.

Psicopatología del espacio potencial

Winnicott afirma que los símbolos se originan dentro del espacio potencial. Si no hay espacio potencial, sólo hay fantasía; en el espacio potencial se puede desarrollar la imaginación. En la fantasía, "un perro es un perro es un perro" (1971d, p. 33), mientras que la imaginación implica una superposición de significados simbólicos. En estas brevísimas afirmaciones, Winnicott apunta a una teoría de la psicopatología de la función simbólica, una teoría que falta por completar. En esta sección, voy a tratar de comenzar a rellenar esa teoría de la psicopatología de simbolización mediante el estudio de las diversas formas de lo incompleto o el colapso de la capacidad de mantener un proceso psicológico dialéctico. Como se verá, la función simbólica es una consecuencia directa de la capacidad de mantener la dialéctica psicológica y la psicopatología de la simbolización se basa en las formas específicas del fracaso a la hora de crear o mantener esta dialéctica.

Como se ha mencionado anteriormente, cuando hay un ajuste lo suficientemente bueno entre la madre y el infante, al principio del todo (en el periodo de la madre-infante invisible), no hay necesidad u oportunidad para los símbolos. En el contexto de la unidad madre-infante, la persona a la que un observador vería como la madre es invisible al infante y existe sólo en la satisfacción de la necesidad que el infante aún no reconoce como necesidad. La unidad madre-infante puede verse alterada por la sustitución que hace la madre de algo de sí misma por el gesto espontáneo del infante. Winnicott (1952) se refiere a esto como "pinzamiento". Es inevitable que se dé algún grado de fracaso de la empatía y, de hecho, es fundamental que el infante llegue a reconocer las necesidades como deseos. Sin embargo, llega un punto en el que la repetición del pinzamiento constituye un "trauma acumulativo" (Khan, 1963; Ogden, 1978).

El trauma acumulativo está en uno de los polos de un amplio espectro de causas de la interrupción prematura de la unidad madre-infante. Entre otras causas se encuentran la hipersensibilidad constitucional (de muchos tipos) por parte del infante, el trauma por motivo de enfermedad física del infante y la enfermedad o la muerte del padre, la madre o uno de los hermanos. Cuando la interrupción prematura de la unidad madre-infante se produce por cualquier razón, pueden tener lugar varias formas distintas de fracaso a la hora de crear o mantener adecuadamente el proceso dialéctico psicológico:

1. La dialéctica de la realidad y la fantasía se derrumba en dirección a la fantasía (es decir, la realidad es subsumida por la fantasía), de modo que la fantasía se convierte en una cosa en sí misma tan tangible, poderosa, peligrosa y gratificante como la realidad externa de la que no puede diferenciarse.
2. La dialéctica de la realidad y la fantasía puede convertirse en limitada o derrumbarse en dirección a la realidad cuando la realidad se usa predominantemente como una defensa contra la fantasía. En tales circunstancias, la realidad le roba la vitalidad a la fantasía. La imaginación queda embargada.
3. La dialéctica de la realidad y la fantasía se vuelven restringidas cuando la realidad y la fantasía se disocian de tal manera con el fin de evitar un conjunto específico de significados, por ejemplo, la "escisión del yo", en el fetichismo.
4. Cuando la madre y el infante se encuentran con dificultades graves y sostenidas para ser madre-infante, la conciencia prematura y traumática del infante acerca de su separación hace que la experiencia sea tan insoportable que se instituyen medidas defensivas extremas que adoptan la forma de un cese de la atribución de significado a la percepción. La experiencia es embargada. No es tanto que la fantasía o la realidad se nieguen, sino que ninguna de ellas se crea.

Estas cuatro categorías se dirigen sólo como ejemplos de tipos de limitación del proceso dialéctico. En ningún momento pretende esta lista ser exhaustiva.

La realidad subsumida por la fantasía

La primera de las formas de fracaso a la hora de crear y mantener un proceso dialéctico psicológico es aquella en la que el "polo de realidad" de la dialéctica psicológica no se ha establecido en un plano de igualdad con el "polo de fantasía" o se debilita por la experiencia real que se percibe como indistinguible desde la fantasía, y por lo tanto con gran alcance de confirmación de la misma. El término *realidad* no se utiliza para denotar algo independiente del propio procesamiento de la percepción, ya que incluso cuando somos más "realistas", organizamos, y en ese sentido creamos, nuestras percepciones de acuerdo con nuestros esquemas psicológicos individuales. El término *realidad* se utiliza aquí para hacer referencia a lo que se experimenta como fuera del ámbito de la omnipotencia del sujeto.

Cuando el "polo de realidad" de la dialéctica psicológica se derrumba, el sujeto se queda fuertemente encarcelado en el ámbito de los objetos de la fantasía como cosas en sí mismas. Se trata de un mundo de dos dimensiones que se experimenta como un conjunto de hechos. La alucinación no parece una voz, *es* una voz. El marido de una no se limita a comportarse con frialdad, *es* hielo. Uno no se siente como el padre de uno, el padre de uno está en la sangre de uno y hay que desangrarlo a fin de que uno pueda librarse de él. La forma de transferencia generada cuando la dialéctica psicológica de la realidad y la fantasía se ha derrumbado en dirección a la fantasía es la transferencia delirante (véase Little, 1958; Searles, 1963): el terapeuta no es como la madre del paciente, *es* la madre del paciente.

Una paciente borderline que experimenta la forma de derrumbamiento del espacio potencial que estamos tratando sentía terror ante los maniquíes de los grandes almacenes y sentía que eran personas que estaban vivas. Para esta paciente no existía el concepto de que los maniquíes "parecían vivos"; más bien o estaban vivos o no lo estaban. Una cosa no representa a la otra. Las cosas son lo que son. (Segal [1957] utiliza el término *ecuación simbólica* para esta relación entre el símbolo y lo simbolizado).

A medida que nos acercamos al estado en el que nada parece que representa a nada que no sea ello mismo, somos cada vez más prisioneros del ámbito de la cosa en sí. Poco de lo que se experimenta se puede *entender*, porque el entendimiento implica un sistema de formación de capas de significados, en el que una capa forma el contexto por el que las demás capas adquieren significación. Por ejemplo, el pasado, el presente, los sueños y las experiencias de transformación, cada uno proporciona un contexto para la comprensión de los demás y es comprensible sólo en relación con los otros.

Con capacidad limitada para distinguir el símbolo y lo simbolizado, lo que se percibe es no mediado por la subjetividad (el sentido de uno mismo como creador de significados). El resultado es que las percepciones acarrean en sí mismas un imperativo impersonal para la acción y así los sujetos deben librarse de ellas, aferrarse a ellas, dejarlas ocultas, escondidas, puestas en otra persona, adoradas, destrozadas, etc. Lo que la persona no puede hacer es entender. Esto es así, no porque la persona no desee comprender su experiencia, sino que se debe a que, a medida que nos acercamos al ámbito de la cosa en sí, todo es lo que es, para que el potencial, para que el entendimiento simplemente no exista.

Una paciente borderline *sabía* que el terapeuta, que había comenzado la sesión tres minutos tarde, lo había hecho porque prefería a la paciente cuya sesión precedía a esta paciente. La paciente le dijo al terapeuta que había decidió acabar con la terapia, algo que llevaba pensando hacer desde hacía tiempo, pero de lo que no había hablado antes con el terapeuta. Los intentos por parte del terapeuta por comprender por qué la paciente había interpretado el retraso de este particular modo, se cumplieron de manera exasperada. La paciente acusó al terapeuta de basarse en las interpretaciones de los libros de texto para negar lo obvio.

Para esta paciente, los sentimientos son hechos sobre los que hay que actuar y no respuestas emocionales que deben entenderse. No existe ningún espacio entre lo simbolizado (el retraso del terapeuta) y el símbolo (la representación llena de color emocional que hace la paciente del terapeuta). Los dos (la interpretación y el acontecimiento externo) se tratan como uno solo. Un paciente me dijo recientemente: "Usted no puede decirme que no veo lo que veo". Con el derrumbamiento de la distinción entre el símbolo y lo simbolizado, no hay lugar en el que "entretener" a las ideas y a los sentimientos. La transferencia adquiere una cualidad mortalmente grave; la ilusión se convierte en delirio; los pensamientos se convierten en planes; los sentimientos se vuelven acciones inminentes; las proyecciones transferenciales se convierten en identificaciones proyectivas; el juego se vuelve una compulsión.

Comprender el significado de la propia experiencia es posible solamente cuando una cosa puede representar a otra sin llegar a ser la otra. Esto es lo que constituye el logro de la capacidad para la formación del símbolo apropiado (Segal, 1957). El desarrollo de la capacidad para la formación del símbolo apropiado nos libera de la prisión del ámbito de la cosa en sí misma.[3]

La realidad como defensa contra la fantasía

Una segunda forma de distorsión patológica del proceso dialéctico psicológico es aquella en la que "el polo de realidad" del proceso dialéctico se utiliza principalmente como forma de defensa contra la fantasía. Cada vez que el potencial para un proceso dialéctico psicológico está limitado con fines defensivos (por ejemplo, para excluir, modificar o disminuir la importancia de un grupo dado de pensamientos posibles), se paga un precio. En este caso, el precio es el embargo de la imaginación.

Cuando se ha creado un proceso dialéctico psicológico relativamente no restringido, una niña jugando a las casitas es a la vez una niña y una madre, y nunca surge la cuestión de qué es ella. Ser una niña que se siente amada por su madre (*en la realidad*) hace que sea seguro para ella tomar prestado lo que es su madre (*en la fantasía*) sin temor a represalias o al miedo a perderse a sí misma en su madre, y, como resultado, desaparecer como una persona independiente. Ser madre (*en la fantasía*) da a la niña acceso a y le permite usar la riqueza de los símbolos culturales, familiares y personales (por ejemplo, en relación con lo que significa ser mujer, madre e hija) que se han transmitido consciente o inconscientemente en el transcurso de la experiencia *real* con su madre, su padre, y los demás.

Por otro lado, si la niña es *sólo* una niña, no puede jugar; no es capaz de imaginar y será incapaz de sentir que está viva en un sentido completo. Dicha situación surge cuando la realidad debe ser utilizada como una forma de defensa contra la fantasia.[4]

Un niño al que sus padres habían dejado que los vieran cuando tenían relaciones sexuales, y también cuando tuvo lugar el parto dolorosísimo de su hermano menor, había desarrollado a la edad de 6 años una inteligencia precoz y un modo de relacionarse "adulto" que se caracterizaba por un profundo escepticismo. Le interesaba encontrar explicaciones "lógicas" a las cosas "increíbles", sobre todo, a las acrobacias de la televisión. Cuando tenía 7 años lo llevaron a un espectáculo de marionetas, sus padres comenzaron a preocuparse porque al niño no le parecía nada entretenido el espectáculo y, en lugar de eso, estaba preocupado por su toma de conciencia de que los personajes eran sólo de madera, figuras talladas que colgaban de cuerdas que eran manipuladas por personas que había detrás de la pantalla. Por supuesto, su percepción era "precisa", pero la poderosa toma de conciencia de esta realidad impedía la interacción dialéctica entre la fantasía y la realidad que genera la posibilidad de la imaginación. Para este niño, el peligro de que los deseos y los temores "se volvieran realidad" de un modo destructivo y terriblemente aterrador muy probablemente se había vuelto demasiado real debido a su interpretación de lo que había presenciado ("entre bastidores") al principio de su vida. Tales experiencias tempranas dramáticas no son una condición ni necesaria ni suficiente para que las fantasías se experimenten como algo aterrador que tiene que ser controlado mediante una apelación exagerada a la realidad.

Los pacientes que sufren esta forma crónica de derrumbamiento del proceso dialéctico presentan muy pocos sueños, o ninguno, y desestiman los que presentan como "sin sentido" "locos", "estúpidos", "raros" y cosas por el estilo. Cuando estos pacientes presentan sus sueños, con frecuencia los sueños apenas son distinguibles de sus pensamientos conscientes, por ejemplo, los sueños pueden representar situaciones embarazosas que la paciente imagina con regularidad de manera consciente. Las asociaciones con los sueños son a menudo una catalogación de qué partes del sueño ocurrieron o no "realmente" y precisamente cuál era la situación real aludida o representada en el sueño.

Algunos de estos pacientes son muy buenos observadores y se darán cuenta si se ha cambiado de sitio un solo libro de una gran estantería de la consulta del terapeuta. Cuando se le pide al paciente su respuesta ante un detalle del que se ha dado cuenta, el paciente será extremadamente escéptico acerca de qué beneficios podrían obtenerse de hablar de una cosa tan trivial. En esos momentos me han dicho que la búsqueda de algún significado personal en el detalle observado sería "como tratar de sacar sangre de una piedra". La fijación de la atención del paciente en la realidad está, de hecho, diseñada para "hacer un drenaje de la sangre" de la fantasía. La resonancia dialéctica de los significados realistas y fantásticos queda embargada, lo que deja al paciente incapaz de imaginar nada.

La disociación de la realidad y la fantasía

Los fetiches y las perversiones pueden entenderse como la representación de una forma particular de limitación del proceso dialéctico en la que los polos de realidad y fantasía se disocian el uno del otro. Freud (1927) señaló que los fetiches implican una "escisión del yo", de tal manera que el sujeto, sabe y no sabe a la vez que las mujeres no tienen pene. Este estado psicológico no constituye una verdadera dialéctica psicológica, porque ha sido construido en gran parte al servicio de la negación y, como resultado, implica una limitación severa de la forma en la que se deja que un polo de la dialéctica informe al otro y a su vez sea informado por este. Un proceso dialéctico se ve limitado cuando uno impone restricciones sobre el mismo: todas las combinaciones posibles de significados son posibles salvo las que conducen a la idea de que las mujeres no tienen pene. Ese pensamiento, o cualquier otro que se derive de él, nunca debe ser pensado. En la medida en que haya una limitación de este tipo sobre un proceso dialéctico, la realidad y la fantasía ya no se informan entre sí y, en vez de eso, quedan aisladas en un estado de coexistencia estática. Una relación dialéctica permite la resonancia de significados, por ejemplo, de los significados conscientes e inconscientes. La escisión del tipo que participa en las perversiones y el fetichismo puede entenderse como la participación no sólo de la negación, sino también del embargo de la resonancia dialéctica que podría generar significados que se perciben como peligrosos.

El embargo de la realidad y la fantasía

La forma final de fracaso por lograr la capacidad de crear y mantener un proceso psicológico dialéctico que se abordase es más extrema que los ejemplos que se han tratado hasta ahora. Todas las formas de disfunción que se han descrito anteriormente han implicado una limitación (metafóricamente, un "derrumbamiento") de una dialéctica que, en grado significativo, se había creado y se estaba volviendo limitada secundariamente. De lo que hablaremos ahora será de la imposibilidad primaria de generar un proceso psicológico dialéctico que se manifieste como un "estado de no-experiencia" (Ogden, 1980). En un estado de no-experiencia existe la percepción, pero la percepción siguen siendo datos en bruto a los que no se les atribuye ningún significado. Los significados no son negados, simplemente no son creados. Este estado ha sido descrito según los casos como un "embargo" de lo psicológico (McDougall, 1974), como una "ausencia" análoga a lo que se ve en una convulsión de ausencia (Meltzer, 1975), como "psicosis en blanco" (Green, 1975), "no ser" psicótico (Grotstein, 1979b), y como "muerte en vida" (Laing, 1959). En el contexto de intenso trabajo psicoterapéutico con pacientes esquizofrénicos crónicos, he descrito el estado de no-experiencia como un estado en el que:

> ... toda la experiencia es equivalente emocionalmente, una cosa es tan buena o tan mala como cualquier otra cosa, todas las cosas, personas, lugares y comportamientos son emocionalmente intercambiables .... Todo puede ser sustituido por todo lo demás, lo que crea una situación análoga a un sistema numérico en el que hay

> una cantidad infinita de números enteros, pero todos son iguales entre sí en valor. La suma, la resta y cualquier otra operación sería formalmente posible, pero no tendría sentido hacer ninguna de ellas, ya que siempre se llegaría al mismo valor por el que se había empezado. (Ogden 1980, p. 520)

Como he comentado con anterioridad (Ogden, 1980, 1982a, 1982b), contempló el estado de no-experiencia como una defensa superior a la que se recurre cuando el resto de operaciones defensivas han resultado insuficientes para proteger al infante contra un dolor psicológico abrumador sostenido. En tales circunstancias, el infante deja de atribuir significado a su percepción, por lo que no consigue generar un significado emocional (significado personal) de cualquier tipo. En el contexto de lo que estamos tratando ahora, esto equivale al embargo de la posibilidad de generar significados realistas y fantásticos a la vez, con lo que se le niegan al infante los elementos a partir de los cuales él podría construir un proceso dialéctico que implicara la fantasía y la realidad.

El símbolo, lo simbolizado y la subjetividad

Como se ha tratado anteriormente, el establecimiento del proceso psicológico dialéctico crea condiciones en las que la experiencia se atribuye significados que se pueden entender como opuestos a algo que simplemente constituye un patrón de hechos sobre los que actuar en consecuencia. El establecimiento de la distinción entre el símbolo y lo simbolizado es inseparable del establecimiento de la subjetividad: los dos logros son dos facetas de un mismo hecho en el desarrollo. En palabras de Winnicott, podríamos decir que el espacio potencial se encuentra entre el símbolo y lo simbolizado. Distinguir el símbolo de lo simbolizado es distinguir el pensamiento de uno de lo que uno está pensando, el sentimiento de uno de aquello ante lo que uno está respondiendo. Para que un símbolo quede como algo independiente de lo simbolizado, debe haber un sujeto que participa en el proceso de la interpretación de las percepciones. Nos podríamos preguntar qué hay de nuevo en este supuesto avance de desarrollo, porque lógicamente siempre ha habido una persona interpretando su experiencia. Por supuesto, esto es así desde el punto de vista de un observador externo, pero no ha sido así desde el punto de vista del sujeto. De hecho, no existía un sujeto cuando el símbolo y lo simbolizado eran indiferenciables.

El logro de la capacidad de distinguir el símbolo de lo simbolizado es el logro de la subjetividad.[5] A partir de ahora, la función simbólica implica siempre la trinidad de la interrelación de tres entidades distintas: (1) el símbolo (el pensamiento), (2) lo simbolizado (lo que se está pensando), y (3) el pensador (el yo que interpreta), que crea sus pensamientos y que se distingue tanto del pensamiento como de la cosa que se está pensado. El espacio potencial deja de existir cuando dos de estos tres elementos cualesquiera se vuelven desdiferenciados: el pensador y el símbolo, el símbolo y lo simbolizado, o el pensador y el objeto del pensamiento (lo simbolizado).

Lo que acabamos de decir tiene implicaciones importantes en una teoría del desarrollo de la capacidad para la simbolización. El periodo anterior a la creación del proceso dialéctico (antes del periodo del fenómeno transicional) no se caracteriza por los objetos internos como cosas en sí mismas, como diría Melanie Klein (1946), sino, más bien, por la ausencia de la necesidad de símbolos en absoluto. En el periodo de la unidad "invisible" madre-infante no hay ni una madre ni un infante, ya que existe la madre como entorno sólo en la medida en que representa el cumplimiento invisible de las necesidades del infante, antes de que estas se conviertan en deseos.

Como se ha dicho anteriormente, la concepción de Winnicott de desarrollo se puede considerar como un movimiento desde un estado original de "unicidad" que no se experimenta como unicidad porque la homogeneidad de la situación impide una apreciación de la diferencia y, por lo tanto, de la delineación de los significados. La progresión en desarrollo, en el contexto de una maternidad suficientemente buena, es para la "trinidad", en la que existe una relación entre el símbolo y lo simbolizado que está mediada por un sujeto que interpreta. La madre-infante invisible se ha convertido en una madre e infante como objetos (simbólicos) y el infante es el sujeto que interpreta. El infante como sujeto hace posible que el infante se vuelva consciente de la subjetividad de la madre. Esto a su vez permite el desarrollo de la "piedad" (Winnicott, 1958b), la capacidad de preocupación por otra persona como un todo y como un ser humano aparte capaz de sentimientos *como* (pero no los mismos que) los nuestros. Con el desarrollo de esta conciencia de la subjetividad del otro llega la capacidad de la culpa, del luto, de la empatía, y del deseo de realizar las reparaciones en oposición a la restauración mágica del objeto dañado.

Desde esta perspectiva, la ruptura del proceso dialéctico que genera el ámbito de la cosa en sí puede entenderse que cuenta con un lugar específico en el desarrollo de las relaciones de objeto: la dualidad (el infante y la madre como objetos en ausencia del infante como sujeto que interpreta) se corresponde con el ámbito de la cosa en sí. Sólo hay objetos y no sujetos. Este es siempre un producto del desglose de la trinidad (la dialéctica de la fantasía y la realidad, el símbolo y lo simbolizado mediados por un sujeto) y no la progresión normativa desde la unicidad invisible de la unidad original madre-infante.

De este modo, Winnicott implica que él considera el desarrollo normal de la fantasía como algo que va desde el inicio de un proceso dialéctico en el que la fantasía crea la realidad y es creada por la misma. Esta conclusión es contraria a la noción de Melanie Klein (1946, 1952c) del lugar que ocupa en el desarrollo normal la posición esquizo-paranoide anterior a la posición depresiva. En la posición esquizo-paranoide, predominan la fantasía, la ecuación simbólica y la relación de objeto parcial. Para Klein, la posición depresiva (la trinidad que consiste en el sujeto, el símbolo y lo simbolizado) se desarrolla fuera de la dualidad de la posición esquizo-paranoide (el símbolo y lo simbolizado en ausencia de un sujeto capaz de tomar conciencia de la realidad psíquica). Para Winnicott, la forma de la fantasía que Klein asocia a la posición esquizo-paranoide (un tipo de fantasía que usa la ecuación simbólica como modo de simbolización) siempre representa una ruptura de la trinidad. Hay rupturas inevitables en el desarrollo de la trinidad debido a fracasos inevitables y necesarios en la relación madre-infante. Esto lleva al infante a defenderse psicológicamente de un modo esquizo-paranoide. El desarrollo patológico sobreviene únicamente cuando los fracasos en la relación madre-infante (que conducen a la ruptura de trinidad) son extremos o crónicos.

La empatía y la identificación proyectiva

El debate anterior sobre el desarrollo del proceso dialéctico y la simbolización proporciona un contexto para una mejor comprensión de los aspectos de la identificación proyectiva y de su relación con la empatía.

La empatía es un proceso psicológico (y también una forma de relación con el objeto) que se produce en el contexto de una dialéctica de ser y de no ser el otro. Dentro de este contexto, (Winnicott diría, "dentro del espacio potencial"), uno juega con la idea de ser el otro a sabiendas de que uno no lo es. Es posible probar primero una identificación a ver cómo queda y luego otra (es decir, jugar con la sensación de ser el otro de diferentes maneras), debido a que el polo opuesto de la dialéctica disminuye el peligro de quedarse atrapado en el otro y, en última instancia, de perderse en el otro. La identificación proyectiva, por otra parte, puede entenderse como un proceso psicológico-interpersonal (una forma de defensa, comunicación, y de relación con el objeto) que se produce fuera de la dialéctica de ser y no ser el otro, es decir, fuera del espacio potencial.

La identificación proyectiva puede concebirse como algo en lo que participan los siguientes componentes o "fases" (Ogden, 1979, 1982a): (1) una fantasía proyectiva inconsciente que consiste en depositar una parte de uno mismo en el otro, (2) una presión interpersonal ejercida sobre el otro para experimentarse a sí mismo y comportarse en consonancia con la fantasía proyectiva inconsciente y (3) el procesamiento del "receptor" de la experiencia inducida seguido por la reinternalización del proyector (mediante introyección o identificación) de una versión modificada de ese aspecto de sí mismo que había sido eyectado (en la fantasía).

Desde el punto de vista interpersonal, la identificación proyectiva es el negativo del juego, es un alistamiento coercitivo de otra persona para que realice un papel en la fantasía exteriorizada e inconsciente del proyector. El efecto que tiene este proceso sobre el receptor es el de amenazar su capacidad para experimentar su estado subjetivo como realidad psíquica. En cambio, sus percepciones son vividas como "realidad" en lugar de una construcción personal. Este proceso representa una limitación de los procesos psicológicos dialécticos del receptor mediante los cuales se generan y se entienden los significados simbólicos. Ni el proyector ni el receptor de la identificación proyectiva es capaz de experimentar un rango de significados personales. Por el contrario, sólo hay un sentido potente de lo inevitable. Ninguna de las partes puede concebirse a sí misma o a la otra, de un modo diferente o con menor intensidad de lo que lo hace en la actualidad (Ogden, 1981).

El "procesamiento" de una identificación proyectiva por parte de un terapeuta puede entenderse como la acción que lleva a cabo el terapeuta al reestablecer un proceso psicológico dialéctico en el que un sujeto que interpreta puede experimentar, pensar y entender el estado emocional inducido. Este proceso dialéctico tiene dimensiones intrapsíquicas e interpersonales a la vez. Es decir, participan en él tanto la subjetividad como la intersubjetividad. El conjunto de significados que se generan en este proceso proporciona los datos con los que el terapeuta podría desarrollar una comprensión de la transferencia, en lugar de sentirse obligado a negar, a aceptar o a actuar sobre la inevitabilidad de su experiencia actual de sí mismo y del paciente.

Se me pidió que le pasara consulta a una paciente diagnosticada como borderline que llevaba algunos días hospitalizada como consecuencia de un intento de suicidio. Un enfermero del personal de enfermería que había estado trabajando con esta paciente me dijo que la paciente era extremadamente competitiva, hasta el punto de que era casi imposible realizar cualquier tipo de actividad en la planta con ella. La noche anterior, había visto a la paciente con una baraja de cartas y él le había preguntado si quería jugar. La paciente dijo que sí, pero inmediatamente se puso a bombardearlo con críticas sobre la forma en que barajaba y repartía las cartas. El enfermero me dijo que le había explicado a la paciente que él no tenía ningún deseo de pelearse con ella y que cuando ella quisiera jugar a las cartas, él estaría encantado de hacerlo si ella se lo decía. Luego él se marchó y la paciente no había vuelto a acercarse a él después de aquello.

Cuando hablé con la paciente durante la consulta, ella me dijo que estaba nerviosa por hablar conmigo y cuando le pregunté por qué, me dijo que tenía miedo de no hacerlo bien. Cuando le pregunté qué era lo que tenía miedo de no hacer bien, me dijo que estaba preocupada por ser poco sincera—no que no fuera a ser sincera en el sentido de mentir, sino que me yo me quedaría con una falsa impresión de ella. En el transcurso de la entrevista, me dijo una serie de cosas sobre ella misma, todas las cuales, según me enteré más tarde a través de su terapeuta, eran las interpretaciones que él le había dado a ella. La entrevista transcurrió rutinariamente, al estilo de un paciente hablando con un médico. Casi no había sensación de descubrimiento, sorpresa, humor, u originalidad por ninguna de las dos partes. Yo no podía quitarme de la cabeza el hecho de que estábamos sentados en una sala de un hospital y de que yo era el psiquiatra que realizaba la entrevista a una paciente. Como resultado, daba la sensación de que no podría suceder nada espontáneo entre nosotros. La paciente me transmitía las ideas que ella pensaba que yo quería oír de ella, pero ella no se había agotado en el proceso, porque las ideas no eran de ella y ella no las valoraba. Eran propiedad del hospital y a ella se las había dado otro médico, y lo que ella hacía simplemente era transmitírmelas a mí.

Estaba ocurriendo algo más entre la paciente y yo, de lo cual yo fui sólo subliminalmente consciente durante la entrevista, pero se volvió más evidente inmediatamente después de haber terminado la entrevista. Cuando salí del encuentro con esta paciente, sentí una necesidad imperiosa de hablar con alguien. No tenía que ser nadie en particular o sobre ningún tema en particular, pero esa necesidad de hablar con alguien era algo inconfundible. Tardé un tiempo en darme cuenta de la soledad que había sentido al hablar con esta paciente.

MIentras meditaba sobre la entrevista que había tenido con esta paciente, su comportamiento con el enfermero de la noche anterior adquirió más sentido. Ella había ridiculizado la forma en la que él jugaba, no con el fin de derrotarlo, sino para esconderle a él y a sí misma el hecho de que ella no sabía jugar. Por supuesto, ella conocía las reglas del juego, pero no podía entrar en un estado de ánimo en el que pudiera tener lugar el juego. Del mismo modo, empezó la entrevista conmigo advirtiéndome de que nuestra conversación podría parecer un intercambio elocuente, pero no sería así. (Me refiero a su ansiedad acerca de la falsa impresión que me daría). Lo que parecían descubrimientos sobre sí misma, se demostraría que no eran más que repeticiones ya anquilosadas de las ideas de su terapeuta. Su principal comunicación hacia el enfermero y hacia mí consistió en una súplica de que entendiésemos que se sentía profundamente aislada debido a su incapacidad para jugar. No se comunicó mediante palabras, sino por medio de una inducción de una sensación de soledad en mí. Esto es lo que Winnicott llamaría una "comunicación directa" (1971d, p. 54) y lo que yo entiendo como una identificación proyectiva. Cuando un paciente es incapaz de generar el estado de ánimo necesario para que pueda darse el juego, será aislado de los demás salvo por medio de la clase directa de vinculación que es posible en la identificación proyectiva. "Sólo en el juego es posible la comunicación, excepto la comunicación directa que pertenece a la psicopatología o a una inmadurez extrema" (Winnicott 1971d, p. 54).

Resumen

He propuesto que el concepto de espacio potencial de Winnicott se entienda como un estado mental que se basa en una serie de relaciones dialécticas entre la fantasía y la realidad, el yo y el no-yo, el símbolo y lo simbolizado, etc., en el que cada polo de la dialéctica crea, informa y niega al otro. El logro de dicho proceso dialéctico se produce por medio de un avance en el desarrollo que va desde la "unicidad invisible" de la unidad madre-infante hasta la trinidad subjetiva de la madre y el infante (como objetos simbólicos) y el infante (como sujeto que interpreta). El fracaso a la hora de crear o mantener el proceso dialéctico conduce a formas específicas de psicopatología entre las que se incluyen la experiencia del objeto de la fantasía como una cosa en sí misma, el uso defensivo de la realidad que embarga a la imaginación, la relación con un objeto fetiche y el estado de "no-experiencia". El "procesamiento" de una identificación proyectiva se entiende como el restablecimiento de la capacidad del receptor de mantener un proceso dialéctico (por ejemplo, de yo y no-yo) que se había limitado en el transcurso de la participación inconsciente del receptor en la fantasía externalizada e inconsciente del proyector.

Notas

1. El término *ilusión* es usado por Winnicott en diferentes momentos para referirse a dos fenómenos muy distintos. El primero es la ilusión del objeto subjetivo (que se describe con mayor precisión como la ilusión del sujeto y del objeto invisibles), en la que la capacidad de respuesta empática de la madre protege al infante de la conciencia prematura del yo y del otro. Esta ilusión proporciona al infante un aislamiento proyectivo (Winnicott, 1948).

   La segunda forma (su desarrollo posterior) de ilusión es la ilusión que rellena el espacio potencial, por ejemplo, la forma de la ilusión que se encuentra en el juego. En esta forma, la experiencia de la unicidad con la madre y la separación de ella coexisten en una oposición dialéctica (Winnicott, 1971c).
2. Los resultados de las investigaciones de Brazelton (Brazelton y Als, 1979), Sander (1964), Stern (1977), y otros, revelan que existe un "diálogo" entre la madre y el infante desde los primeros días de vida. Esto sugiere la posibilidad de una detección temprana y no traumática de la alteridad. Grotstein (1981) ha señalado que no es necesario decidir si existe la unidad madre-infante o si hay una conciencia temprana de la alteridad. Las dos pueden coexistir como "vías" separadas de una conciencia dual. (La necesidad de que el pensamiento de desarrollo incluya ejes tanto sincrónicos como diacrónicos se abordó en el capítulo 7).

3. Lacan (1949–1960) ha señalado que el individuo, después de haber alcanzado la capacidad de simbolización, se libera de una forma de aprisionamiento (la de la experiencia sensorial sin mediación) sólo para entrar en una nueva prisión, la del orden simbólico. En el ámbito del orden simbólico, el lenguaje nos proporciona símbolos que existían mucho antes que nosotros y de esta manera determina nuestros pensamientos, a pesar de que trabajemos bajo la ilusión de que creamos nuestros propios símbolos.
4. Si la niña es *sólo* una madre, ella es psicótica y con el tiempo le aterrorizará su posesión fantaseada de la sexualidad adulta y del poder adulto (omnipotente) sobre la vida y la muerte. Aquí, el polo de realidad de la dialéctica se ha derrumbado hacia el polo de fantasía de la dialéctica, como se ha afirmado anteriormente.
5. Esto está en paralelo con la concepción kleiniana de la creación de la realidad psíquica en la posición depresiva (Klein, 1958).

CAPÍTULO 9

El espacio de los sueños y el espacio analítico

En este capítulo, se considerarán los aspectos de dos formas de espacio potencial: el espacio de los sueños y el espacio analítico. Soñar se entiende como una comunicación interna en la que una presentación de sueños es generada por un aspecto del yo y entendida por otro aspecto del yo. La presentación de los sueños como cosa en sí es traída a un proceso dialéctico por otro aspecto del yo a través de cuyo proceso se generan los significados simbólicos y la experiencia de los sueños. El esquizofrénico, cuando es incapaz de mantener un proceso psicológico dialéctico, transforma la presentación de los sueños en una alucinación.

El espacio analítico se considera un estado intersubjetivo, generado por el paciente y el terapeuta, en el que se puede jugar con los significados y también pueden ser considerados, comprendidos, etc. La identificación proyectiva del paciente es una forma "directa" de comunicación que socava la capacidad del terapeuta para mantener un proceso psicológico dialéctico. El terapeuta socava el espacio analítico cuando sus intervenciones constituyen "declaraciones de hechos". Esto último contribuye a un embargo del dominio de los significados y la experiencia personales.

El espacio de los sueños

Hasta el momento en que Donald Winnicott presentó su obra sobre el espacio potencial, el psicoanálisis había desarrollado un conocimiento bastante completo de la construcción y el simbolismo de los sueños, pero un conocimiento muy incompleto del acto de soñar. En este capítulo, voy a proponer que la presentación del sueño debe someterse a una transformación en un "espacio de los sueños" con el fin de que tenga lugar el acto de soñar. Se trata de una extensión de la distinción de Winnicott entre la fantasía y la imaginación: la primera es un proceso estático, disociado que permanece aislado de los actos de vivir y de soñar (1971b, p. 27). La imaginación representa el resultado de una transformación que sufre la fantasía cuando es llevada al espacio potencial, es decir, cuando hay "un lugar desde el que tomar conciencia" (1971b, p. 27, nota al pie) de las fantasías de uno. Antes de que exista tal lugar (espacio potencial), un objeto de fantasía es una cosa estática en sí misma, carente de significados simbólicos resonantes, que no representa nada que no sea a sí misma: en la fantasía "un perro es un perro es un perro" (1971b, p. 33).

Un sueño es considerado en este sentido como una comunicación interna en la que participa un proceso de construcción primaria generado por un aspecto del yo que debe ser *percibido, entendido* y *experimentado* por otro aspecto del yo. La construcción del proceso primario constituye la presentación del sueño, que es un acontecimiento sensorial interno. Al igual que con todos los demás registros sensoriales (incluidas las comunicaciones procedentes de otras personas), la presentación del sueño constituye en principio una cosa en sí desde el punto de vista del aspecto del yo que intenta entenderlo. Estos datos sensoriales en bruto deben someterse a algún tipo de transformación psicológica para que se produzca el sueño.

Grotstein (1979b) establece una distinción parecida entre la presentación del sueño y el acto de soñar cuando establece la diferencia entre el soñador-que-sueña-el-sueño y el soñador-que-entiende-el-sueño. El soñador-que-sueña-el-sueño crea la presentación del proceso primario; el soñador-que-entiende-el-sueño es el intérprete, el creador de los significados simbólicos. Sandler (1976) distingue entre el "trabajo del sueño" (un modo de pensamiento de procesos primarios) y el "trabajo de entendimiento" inconsciente (una función simbólica de orden superior). Sandler señala que no tendría ningún sentido llevar a cabo el trabajo del sueño si no hubiera otro aspecto de la persona para comprender el deseo disfrazado del sueño.

Soñar implica la capacidad de transformar la coexistencia estática de opuestos que se observan en el pensamiento de los procesos primarios en una relación dialéctica de opuestos en los que se generan los significados y la experiencia del sueño.[1] En el pensamiento de procesos primarios (que da como resultado la presentación del sueño), no hay negación; cada polo de una contradicción potencial existe independientemente del otro. La noción de coexistencia estática de los opuestos en el inconsciente se deriva directamente de la observación de Freud (1915b) de que no hay aspectos negativos en el inconsciente. Cuando los opuestos coexisten estáticamente (es decir, antes de la cosa inconsciente, la presentación se convierte en algo hipercatexiado en el proceso de volverse consciente), no se puede generar ningún significado, ya que el significado necesita que exista la diferencia, es decir, una relación dinámica entre una idea y lo que no lo es. En un campo completamente homogéneo, no puede haber ningún significado, porque todo el campo es invisible hasta que se contrasta con algo que no lo es.[2]

Soñar es el proceso de llevar la presentación del sueño hacia un proceso dialéctico, creando de este modo la experiencia del sueño, es decir, creando experiencias significativas donde antes sólo había habido una coexistencia estática de bits de datos. La entrada de la presentación del sueño en un proceso dialéctico implica la transformación de la presentación en símbolos que puedan ser comprendidos por un yo intérprete. La simbolización se produce únicamente en el contexto de un proceso dialéctico y, por el contrario, la existencia de un proceso dialéctico se manifiesta mediante el proceso de generación de significados simbólicos (aunque no está, en modo alguno, restringido al proceso de generación de significados simbólicos).

Si no se da un proceso dialéctico (y, por lo tanto, no se da la capacidad de simbolización), la presentación del sueño, en lugar de ser transformada en un conjunto de significados simbólicos en el proceso de soñar, se transforma en una alucinación. El esquizofrénico, cuando es incapaz de mantener un proceso psicológico dialéctico es, en consecuencia, incapaz de *soñar* (de crear la experiencia del sueño). No es, como se creía, que los esquizofrénicos no sueñen, sino que la presentación del sueño se transforma en una alucinación, que es intercambiable subjetivamente con la experiencia alucinatoria estando despierto y, por tanto, el esquizofrénico no lo percibe como una forma única de acontecimiento psicológico.

Un paciente esquizofrénico crónico hospitalizado a quien llevaba pasando consulta de psicoterapia cinco veces a la semana durante varios años comunicó que su compañero de habitación se había levantado en mitad de la noche y lo había ahogado en una bañera metiéndole la cabeza en el agua hasta que había fallecido. El personal de enfermería me había dicho que el paciente había dormido toda la noche, así que le pregunté al paciente si eso lo había soñado. Se sorprendió de que le hiciera esa pregunta y se mostró confuso.

La experiencia del sueño era tan intercambiable con la experiencia de estar despierto para este paciente que el hecho de estar vivo y de hablar conmigo no era ni tan siquiera un poco más real para él de lo que yo me imaginaba que había sido un sueño. Para él, era tan posible que la experiencia en curso fuera una alucinación como lo era que su experiencia del sueño fuera real. Incluso en este caso, hay razón para creer que había habido cierta reelaboración simbólica de la presentación del sueño. El hecho de que el paciente esquizofrénico creara un acontecimiento psicológico que no sólo podía ser percibido y recordado, sino que también era lo suficientemente importante como para comunicármelo a mí muestra que se había producido alguna reelaboración de la presentación del sueño. El paciente transformó la presentación del sueño en un tipo de alucinación y no en una forma simbólica. (A pesar de mis sospechas de que la alucinación presentada por este paciente había comenzado como una presentación del sueño, también es posible que la experiencia del paciente de que lo habían ahogado se trataba de una elaboración alucinatoria de algún acontecimiento real o incluso puede haber sido una alucinación en curso [un recuerdo alucinado]).

Para un paciente neurótico, el acto de soñar se produce cuando somete la presentación del sueño (la cosa en sí) a una transformación simbólica. El sueño es "soñado" (es creado como una experiencia de sueño) en el momento en el que tiene lugar la transformación simbólica, ya sea en el momento en que se logra un comprensión inconsciente en el sueño que puede experimentarse solamente más adelante como un elemento del estado de vigilia de uno, ya sea si se produce en el momento de la vigilia, o en el momento en que se "recuerda" en una sesión analítica.

El espacio analítico

El espacio analítico puede concebirse como el espacio que existe entre paciente y analista en el que se genera la experiencia analítica (incluida la ilusión de la transferencia) y en el que se pueden crear significados personales y jugar con ellos. Es un espacio potencial, cuya existencia no puede darse por sentada de ninguna manera.[3]

> *La psicoterapia se lleva a cabo en la superposición de las dos áreas de juego, la del paciente y la del terapeuta.* Si el terapeuta no puede jugar, entonces no es adecuado para el trabajo. Si el paciente no puede jugar, entonces hay que hacer algo para que el paciente se vuelva capaz de jugar, después de lo cual puede comenzar la psicoterapia. (Winnicott 1971e, p. 54)

Dentro del espacio analítico, la fantasía y la realidad se encuentran en una relación dialéctica la una con la otra. La capacidad para la transferencia madura (en contraposición con la transferencia delirante) implica la capacidad de generar una ilusión que es experimentada simultáneamente como real y no real. Si la experiencia transferencial se vuelve demasiado real (es decir, si la relación dialéctica se derrumba hacia la dirección de la fantasía), se genera la transferencia delirante. Si la realidad se vuelve (defensivamente) demasiado presente, suelen predominar la intelectualización obsesiva y el pensamiento operativo concreto (Marty y M'Uzan, 1963; McDougall, 1984b).

El uso de la identificación proyectiva de un paciente puede concebirse como un derrumbamiento del espacio analítico de una manera que amenaza a la capacidad del terapeuta para mantener un estado mental en el que sus propios sentimientos y pensamientos puedan entenderse como construcciones simbólicas en contraposición a registros de hecho (Ogden, 1982b). Winnicott (1971e) ve la identificación proyectiva como una "comunicación directa". Es "directa" en el sentido de que se trata de una comunicación por medio de una inducción directa de un estado emocional en otra persona que no está predominantemente (y, muchas veces, no lo está en absoluto) mediada por símbolos verbales. Cuando el paciente se apoya en gran medida en la identificación proyectiva como modo de comunicación, defensa y relación con el objeto, el terapeuta se siente bloqueado en una posición o secuencia fijas de estados afectivos fijos en relación consigo mismo y con el paciente. Existe una sensación de inevitabilidad tan poderosa sobre el propio estado emocional que uno ni siquiera se plantea que se trate de un estado subjetivo; más bien, es tratado como "realidad".

El terapeuta que trabaja con pacientes borderline y esquizofrénicos debe llegar a aceptar un grado de participación involuntaria en el mundo de los objetos inconscientes del paciente como un camino ineludible para entender la transferencia (Ogden, 1979, 1981). Cuando el terapeuta se deja utilizar de esta manera, él ya no es *en parte* una persona separada que escucha a otra persona. Se ha convertido en la parte "eyectada" del paciente. No obstante, esta parte sigue formando parte del paciente, cuyo perímetro psicológico incluye ahora al terapeuta. Poniéndose a disposición de esta manera, el terapeuta renuncia a su propio acceso a una dialéctica yo/no-yo y se convierte en el paciente *hasta cierto punto* de una manera que no está modificada por el conocimiento de que él no es el paciente.

Cuando el terapeuta está haciendo las funciones de objeto de una identificación proyectiva del paciente, se siente a menudo impelido a "hacer algo" en relación con lo que está sucediendo, en lugar de tratar de entender lo que él está experimentando. Cuando el terapeuta se siente obligado a tomar medidas en este sentido, con frecuencia está exacerbando el derrumbamiento del espacio terapéutico, el espacio en el que los significados pueden entenderse en lugar de disiparse.

De ninguna manera es únicamente bajo la presión de las identificaciones proyectivas de un paciente cuando el terapeuta puede contribuir al derrumbamiento del espacio analítico. La terapia analítica se lleva a cabo en el ámbito de los significados, en el espacio que queda entre el símbolo y lo simbolizado y que está mediado por el yo (como intérprete de los propios símbolos). Los pacientes borderline funcionan típicamente en el ámbito de la acción (como cosa en sí), el paciente deprimido usa el autocastigo como forma de actividad que sirve para descargar (la posibilidad de) culpa y para evitar así la experiencia de culpa (Loewald, 1979), el fetichista congela la experiencia potencial en una cosa (objeto fetiche) que le emociona y lo sustituye así por la experiencia de estar vivo con otra persona: "El [el fetichista] roba sus propios sueños" (Pontalis 1972, p. 33).

Muchos pacientes borderline, por ejemplo, no pueden quitar de su conciencia la concienciación inmediata del hecho de que el analista es "sólo un tipo que está ganándose su dinero" y que sus pacientes son sus clientes. Pero con un paciente capaz de crear un espacio analítico con el analista, se puede jugar con el hecho de que haya que pagarle al analista por su trabajo, es decir, que se utiliza como material para generar una ilusión de transferencia. Una forma de jugar con esta percepción es la creación de la ilusión de transferencia (por ejemplo, bajo el dominio de una transferencia materna) de que el analista continuaría viendo al paciente independientemente de si el paciente pudiera pagar las citas o no. A partir de ahí tal vez, la idea se desarrollará para incluir la imagen del paciente que resulta herido, no puede trabajar, no tiene dinero, y todavía el analista le sigue viendo. Dentro del espacio potencial, este hecho de jugar con una idea constituye la imaginación. El espacio potencial se derrumba bajo condiciones en las que debe contestarse a la pregunta: "¿Qué pasaría si no estuviera pagando?". Bajo tales condiciones, el paciente puede dejar de pagar las facturas de su tratamiento durante meses, lo que obliga al terapeuta a responder a la pregunta del paciente sin ambages. En tal caso, la imaginación (jugando con las ideas y los sentimientos) ha degenerado en una representación de la fantasía en la realidad (representación de un conjunto de ideas y sentimientos que son tratados como hechos). Esto resulta análogo a jugar con la interrupción en terapia infantil: a causa de la ansiedad del paciente, el espacio intersubjetivo en el que se produce el juego se sustituye por el espacio real en el que se puede gestionar el peligro y en el que se puede actuar sobre él.

Parte de la tarea del terapeuta, a través de la gestión del marco de la terapia y a través de sus interpretaciones, consiste en proporcionar las condiciones en las que el paciente podría atreverse a crear significados personales en una forma en la que él pueda experimentar y con la que pueda jugar. El terapeuta que trabaja con pacientes borderline está siempre intentando "fisgonear y abrir" el espacio que media entre el símbolo y lo simbolizado, creando así un campo en el que existen los significados, donde una cosa es sinónimo de otra de una manera que puede ser pensada y comprendida. Cuando el símbolo es indistinguible de lo simbolizado, cada presentación está únicamente por sí misma y, por lo tanto, nada se puede entender: cada percepción es lo que es, y eso es lo único que hay.

Ya sea por falta de formación o por la presión de intensos sentimientos de contratransferencia, el terapeuta puede dejar de interpretar los significados simbólicos que el paciente es capaz de crear y, en su lugar, presentar las intervenciones que constituyen las cosas en sí, "declaraciones de hecho". A continuación presentamos algunos ejemplos de este tipo de intervenciones: "Estoy de acuerdo en que usted hizo algo mal en esa ocasión". "Si no le pagan, no debe trabajar más allí". "Usted se sentirá mejor después de que haya pasado algún tiempo" (Naturalmente, hay un momento y un lugar para sugerir algo, para exhortar y para transmitir confianza. A lo que me estoy refiriendo aquí es a los problemas que surgen de la dependencia constante en tales formas de comunicación y de relación). En estas intervenciones, se deja poco espacio entre el símbolo y lo simbolizado en el que entender el significado. Cuando un terapeuta interviene con frecuencia de esta manera, el ámbito del significado se le excluye al paciente en gran medida, y es probable que lo que venga a continuación sea el paciente haciendo una representación.

Los siguientes ejemplos son menos llamativos y representan tipos de intervenciones que tienden a erosionar el espacio analítico mediante la declaración de "hechos" en lugar de indagar en el modo que tiene el paciente de construir sus significados simbólicos personales.

Un terapeuta con un paciente que, cuando era niño, se había sentido bajo la presión de satisfacer las "expectativas cambiantes e imposibles" de sus padres, le dijo al paciente: "Nunca estabas seguro de lo que era la norma y de cómo pasar la prueba".

La intervención del terapeuta era una declaración de un aspecto de la realidad psíquica del paciente, es decir, una forma en la que el paciente se veía a sí mismo y a sus padres. Sin embargo, la intervención manifestó la realidad psíquica (la visión que el paciente tenía de sí mismo de cuando era niño) como un hecho y no como una construcción simbólica personal elaborada y mantenida por razones que se pueden entender—se trataba de un significado creado por el paciente, no de un hecho descubierto por el terapeuta. El impacto de la intervención fue el de apoyar sutilmente la defensa del paciente, que consistía en verse sí mismo como víctima de las fuerzas externas (sus padres, maestros, personal de la escuela y el terapeuta, ninguno de los cuales parecía ser capaz de decidirse). Una forma alternativa de formular la intervención habría sido diciendo: "Parece que sentías que las normas de tus padres cambiaban constantemente, así que no sabías cómo satisfacerlos. Has dicho que, incluso ahora, a veces experimentas las cosas de esa manera".

Cuando se presentan aclaraciones e interpretaciones genéticas, es importante no tratar la simbolización del paciente de su experiencia pasada, como si se tratara de una sola y la misma cosa que lo simbolizado, es decir, una sola y la misma cosa que la experiencia pasada en sí.

Lo que tiene importancia es la forma en la que el paciente construye su representación simbólica del pasado. El pasado ya no existe y es absolutamente irrecuperable. El paciente en el presente crea su propia historia, es decir, el paciente crea símbolos que representan su concepción de su pasado. Una de las tareas analíticas consiste en entender las razones que tiene el paciente para representar simbólicamente su pasado en la forma en que lo hace.[4]

"No puedes reconocer en qué momento de autoderrota te encuentras en tu trabajo y en tu trabajo conmigo". O bien, uno podría decir: "Creo que te asusta pensar que eres tú quien ha invertido en defenderse a sí mismo en tu trabajo y conmigo". En primer lugar, el terapeuta *sabe* que el paciente se ha dejado vencer y le dice al paciente que no quiere abrir los ojos ante ese hecho. En la segunda versión, el terapeuta dice que cree que el paciente está asustado (por razones que pueden entenderse) por haber construido (simbolizado) su comportamiento de un modo concreto.

Un tercer ejemplo:

Una paciente le ha dicho al terapeuta que le ama y que tiene fantasías sexuales con él y que desea tener un romance con él. En la siguiente sesión, ella se siente asqueada y no sabe por qué. El terapeuta le responde: "El hecho de que yo no haya tenido relaciones sexuales contigo ha hecho que te sientas asqueada por desear que eso sucediera". O bien, el terapeuta podría haberle dicho: "Creo que te has tomado el hecho de que yo no me liara contigo en un encuentro sexual y romántico como un indicio de que yo siento que no deberías desear eso y te sientes asqueadas si lo deseas". En la primera versión, el terapeuta le dice a la paciente que se siente asqueada como resultado de algo que él ha hecho (es decir, como resultado de no liarse con ella romántica y sexualmente). Esto deja abierta la posibilidad de que exista algo inevitable[5] sobre la respuesta de ella: los deseos sexuales y románticos no correspondidos hacen que uno se sienta asqueado. En la segunda, el énfasis no se sitúa en la relación causa-efecto (una cosa conduce inevitablemente a otra), sino en la interpretación que hace la paciente del significado de lo que ha ocurrido.

El espacio analítico es un marco mental aportado por el paciente y el terapeuta en el que pueden intervenir multitud de significados y se puede jugar con ellos. Un pensamiento no "causa" ni tiene un impacto directo sobre otro. El sujeto, a través de su acto de interpretación, media entre los significados y crea relaciones entre los símbolos. Cada significando personal influye en la manera en que el sujeto construye sus símbolos y se interrelaciona con ellos y eso, en consecuencia, afecta a sus actos posteriores de interpretación de la experiencia. Este es el equivalente hermenéutico de la relación causa-efecto que existe en las ciencias físicas. Cuando el espacio analítico se derrumba, el paciente se encarcela en los confines de unos signos que están conectados entre sí por un sentido opaco de lo inevitable.

Notas

1. Pontalis (1972) cree que los analistas se equivocan cuando limitan su concepción de un sueño a su valor como transportador de significados simbólicos, por lo tanto descuidan la centralidad de la "experiencia del sueño", es decir, "la experiencia subjetiva del soñador soñando y la experiencia intersubjetiva de la terapia en la que el sueño se lleva al analista, es ofrecido y retenido a la vez, y habla aún estando en silencio" (p. 23).
2. Sartre (1943) hace una observación parecida cuando afirma que debe haber un borde de la negación (la nada) alrededor del "ser-en-sí-mismo" para que se genere la conciencia reflexiva ("el ser-para-sí-mismo").
3. Queda fuera del alcance de este artículo el debate del problema del trabajo con pacientes que no son capaces de jugar. El presente debate va dirigido al trabajo con pacientes que son capaces de participar en la creación y en la interrupción del espacio analítico.
4. Véase la concepción de Schafer [1975] de la historia del paciente como una construcción en evolución, en contraposición a una entidad detectable y estática.
5. Los pacientes tienen convicciones fuertes con respecto a lo inevitable del significado, que deben ser desenredadas por el analista. Por ejemplo, los analizandos a menudo tratan como algo evidente por sí mismo el hecho de que una mujer sienta asco de estar "gorda" o el que un hombre se sienta avergonzado de tener un pene "demasiado pequeño". Los pacientes manifiestan una resistencia considerable a contemplar estas ideas como creencias personales que ellos han construido por razones que se pueden entender.

BIBLIOGRAFÍA

Abraham, K. (1924). A short study of the development of the libido, viewed in the light of mental disorders. En Selected Papers on Psycho-Analysis, pp. 418–507. London: Hogarth Press, 1927.
Balint, M. (1968). The Basic Fault. London: Tavistock.
Bettelheim, B. (1983). Freud and Man's Soul. New York: Knopf.
Bibring, E. (1947). The so-called English school of psychoanalysis. Psychoanalytic Quarterly 16: 69–93.
Bick, E. (1968). The experience of the skin in early object relations. International Journal of Psycho-Analysis 49: 484–486.
Bion, W. R. (1950). The imaginary twin. En Second Thoughts, pp. 3–22. New York: Jason Aronson, 1967.
— (1952). Group dynamics: a review. En Experiences in Groups, pp. 141–192. New York: Basic Books, 1959.
— (1956). Development of schizophrenic thought. En Second Thoughts, pp. 36–42. New York: Jason Aronson, 1967.
— (1957). Differentiation of the psychotic from the nonpsychotic personalities. En Second Thoughts, pp. 43–64. New York: Jason Aronson, 1967.
— (1959). Attacks on linking. International Journal of Psycho-Analysis 40: 308–315.
— (1962a). Learning from Experience. New York: Basic Books.

— (1962b). A theory of thinking. En Second Thoughts, pp. 110–119. New York: Jason Aronson, 1967.
— (1963). Elements of Psycho-Analysis. En Seven Servants. New York: Jason Aronson, 1977.
— (1967). Second Thoughts. New York: Jason Aronson.
Borges, J. L. (1956a). The immortal. En Labyrinths, pp. 105–119. New York: New Directions Books, 1964.
— (1956b). Tlon, Uqbar, Orbis, Tertius. En Labyrinths, pp. 3–18. New York: New Directions Books, 1964.
Bornstein, M. (1975). Qualities of color vision in infancy. Journal of Experimental Child Psychology 19: 401–419.
Bower, T. G. R. (1971). The object in the world of the infant. Scientific American 225: 30–48.
— (1977). The Perceptual World of the Child. Cambridge: Harvard University Press.
Bowlby, J. (1969). Attachment and Loss. Vol. 1. New York: Basic Books.
Boyer, L. B. (1967). Historical development of psychoanalytic psychotherapy of the schizophrenias: the followers of Freud. En Psychoanalytic Treatment of Schizophrenic, Borderline, and Characterological Disorders, L. B. Boyer y P. L. Giovacchini, pp. 71–128. New York: Jason Aronson.
— (1983). The Regressed Patient. New York: Jason Aronson.
Boyer, L. B., y Giovacchini, P. L. (1967). Psychoanalytic Treatment of Schizophrenic, Borderline and Characterological Disorders. New York: Jason Aronson.
Brazelton, T. B. (1981). On Becoming a Family: The Growth of Attachment. New York: Delta/Seymour Lawrence.
Brazelton, T. B., y Als, H. (1979). Four early stages in the development of the mother–infant interaction. Psychoanalytic Study of the Child 34: 349–369.
Chomsky, N. (1957). Syntactic Structures. The Hague: Mouton.
— (1968). Language and Mind. New York: Harcourt, Braceand World.
Eimas, P. (1975). Speech perception in early infancy. En Infant Perception: From Sensation to Cognition. Vol. 2, ed, L. B. Cohen and P. Salapatek, pp. 193–228. New York: Academic Press.
Eliade, M. (1963). Myth and Reality. New York: Harper & Row.
Erikson, E. (1950). Childhood and Society. New York: Norton.
Fain, M. (1971). Prélude à la vie fantasmatique. Revue Franqaise Psychanalyse 35: 291–364.
Fairbairn, W. R. D. (1940). Schizoid factors in the personality. En Psychoanalytic Studies of the Personality, pp. 3–27. London: Routledge and Kegan Paul, 1952.

— (1941). A revised psychopathology of the psychoses and psychoneuroses. En Psychoanalytic Studies of the Personality, pp. 28–58. London: Routledge and Kegan Paul, 1952.
— (1944). Endopsychic structure considered in terms of object-relationships. En Psychoanalytic Studies of the Personality, pp. 82–136. London: Routledge and Kegan Paul, 1952.
— (1946). Object-relationships and dynamic structures. En Psychoanalytic Studies of the Personality, pp. 137–151. London: Routledge and Kegan Paul, 1952.
— (1958). On the nature and aims of the psycho-analytical treatment. International Journal of Psycho-Analysis 39: 374–385.
Freud, A. (1965). Normality and Pathology in Childhood: Assessments of Development. New York: International Universities Press.
Freud, S. (1894). The neuro-psychoses of defence. S. E. 3.
— (1895). Project for a scientific psychology. S. E. 1.
— (1896a). Further remarks on the neuropsychoses of defence. S. E. 3.
— (1896b). Letter to Fliess, December 6, 1896. En Origins of Psycho-Analysis, ed. M. Bonaparte, A. Freud, E. Kris, pp. 173–181. New York: Basic Books, 1954.
— (1900). The Interpretation of Dreams. S. E. 4/5.
— (1905). Three Essays on the Theory of Sexuality. S. E. 7.
— (1911). Formulations on the two principles of mental functioning. S. E. 12.
— (1911–1915). Papers on technique. S. E. 12.
— (1914). On narcissism: an introduction. S. E. 14.
— (1915a). Instincts and their vicissitudes. S. E. 14.
— (1915b). The unconscious. S. E. 14.
— (1916–1917). Introductory lectures on psycho-analysis, XXIII. S. E. 15/16.
— (1917). Mourning and melancholia. S. E. 14.
— (1918). From the history of an infantile neurosis. S. E. 17.
— (1920). Beyond the Pleasure Principle. S. E. 18.
— (1923). The Ego and the Id. S. E. 19.
— (1926). The question of lay analysis. S. E. 20.
— (1927). Fetishism. S. E. 21.
— (1932). New Introductory Lectures XXXI: the dissection of the psychical personality. S. E. 22.
— (1940a). An Outline of Psycho-Analysis. S. E. 23.
— (1940b). Splitting of the ego in the process of defence. S. E. 23.
Glover, E. (1945). Examination of the Klein system of child psychology. Psychoanalytic Study of the Child 1: 75–118.
— (1968). The Birth of the Ego. New York: International Universities Press.

Green, A. (1975). The analyst, symbolization, and absence in the analytic setting. (On changes in analytic practice and analytic experience). International Journal of Psycho-Analysis 56: 1–22.

Greenberg, J., y Mitchell, S. (1983). Object Relations in Psychoanalytic Theory. Cambridge: Harvard University Press.

Groddeck, G. (1923). The Book of the It. New York: Vintage Books, 1949.

Grotstein, J. (1978). Inner space: its dimensions and its coordinates. International Journal of Psycho-Analysis 59: 55–61.

— (1979a). Demoniacal possession, splitting and the torment of joy. Contemporary Psychoanalysis 15: 407–445.

— (1979b). Who is the dreamer who dreams the dream and who is the dreamer who understands it. Contemporary Psychoanalysis 15: 110–169.

— (1980a). The significance of Kleinian contributions to psychoanalysis. I. Kleinian instinct theory. International Journal of Psychoanalytic Psychotherapy 8: 375–392.

— (1980b). The significance of Kleinian contributions to psychoanalysis. II. Freudian and Kleinian conceptions of early mental development. International Journal of Psychoanalytic Psychotherapy 8: 393–428.

— (1981). Splitting and Projective Identification. New York: Jason Aronson.

— (1983). The Dual Track Theorem. Unpublished manuscript.

— (1985). A proposed revision for the psychoanalytic concept of the death instinct. Yearbook of Psychoanalysis and Psychotherapy. Vol. 1, pp. 299–326. Hillsdale, NJ: New Concept Press.

Habermas, J. (1968). Knowledge and Human Interests. Trad. J. Shapiro. Boston: Beacon Press, 1971.

Hartmann, H. (1964). Essays on Ego Psychology. New York: International Universities Press.

Hegel, G. W. F. (1807). Phenomenology of Spirit. Trad. A. V. Miller. London: Oxford University Press, 1977.

Isaacs, S. (1952). The nature and function of phantasy. En Developments in Psycho-Analysis, M. Klein, P. Heimann, S. Isaacs, J. Riviere, pp. 67–121. London: Hogarth Press.

Jacobson, E. (1964). The Self and the Object World. New York: International Universities Press.

Jacoby, R. (1983). The Repression of Psychoanalysis: Otto Fenichel and the Political Freudians. New York: Basic Books.

Kernberg, O. (1970). A psychoanalytic classification of character pathology. Journal of the American Psychoanalytic Association 18: 800–822.

Khan, M. M. R. (1963). The concept of cumulative trauma. Psychoanalytic Study of the Child 18: 286–306.

— (1972). The use and abuse of dream in psychic experience. En The Privacy of the Self, pp. 306–315. New York: International Universities Press, 1974.
— (1979). Alienation in Perversions. New York: International Universities Press.
Klein, M. (1928). Early stages of the Oedipus conflict. En Contributions to Psycho-Analysis, 1921–1945, pp. 202–214. London: Hogarth Press, 1968.
— (1930). The importance of symbol-formation in the development of the ego. En Contributions to Psycho-Analysis, 1921–1945, pp. 236–250. London: Hogarth Press, 1968.
— (1932a). The effect of early anxiety situations on the sexual development of the girl. En The Psycho-Analysis of Children, pp. 268–325. New York: Humanities Press, 1969.
— (1932b). The Psycho-Analysis of Children. New York: Humanities Press, 1969.
— (1935). A contribution to the psychogenesis of manicdepressive states. En Contributions to Psycho-Analysis, 1921–1945, pp. 282–311. London: Hogarth Press, 1968.
— (1940). Mourning and its relation to manic-depressive states. En Contributions to Psycho-Analysis, 1921–1945, pp. 311–338. London: Hogarth Press, 1968.
— (1945). The Oedipus complex in the light of early anxieties. En Contributions to Psycho-Analysis, 1921–1945, pp. 339–390. London: Hogarth Press, 1968.
— (1946). Notes on some schizoid mechanisms. En Envy and Gratitude and Other Works, 1946–1963, pp. 1–24. New York: Delacorte, 1975.
— (1948). On the theory of anxiety and guilt. En Envy and Gratitude and Other Works, 1946–1963, pp. 25–42. New York: Delacorte, 1975.
— (1952a). Mutual influences in the development of ego and id. En Envy and Gratitude and Other Works, 1946–1963, pp. 57–60. New York: Delacorte, 1975.
— (1952b). On observing the behaviour of young infants. En Envy and Gratitude and Other Works, 1946–1963, pp. 94–121. New York: Delacorte, 1975.
— (1952c). Some theoretical conclusions regarding the emotional life of the infant. En Envy and Gratitude and Other Works, 1946–1963, pp. 61–93. New York: Delacorte, 1975.
— (1955). On identification. En Envy and Gratitude and Other Works, 1946–1963, pp. 141–175. New York: Delacorte, 1975.
— (1957). Envy and gratitude. En Envy and Gratitude and Other Works, 1946–1963. New York: Delacorte, 1975.

— (1958). On the development of mental functioning. En Envy and Gratitude and Other Works, 1946–1963, pp. 236–246. New York: Delacorte, 1975.
— (1961). Narrative of a Child Analysis. New York: Delacorte, 1975.
— (1963a). On the sense of loneliness. En Envy and Gratitude and Other Works, 1946–1963, pp. 300–313. New York: Delacorte, 1975.
— (1963b). Some reflections on The Oresteia. En Envy and Gratitude and Other Works, 1946–1963, pp. 275–299. New York: Delacorte, 1975.
— (1975). Envy and Gratitude and Other Works, 1946–1963. New York: Delacorte.
Klein, M., Heimann, P., Isaacs, S., Riviere, J. (1952). Developments in Psycho-Analysis. London: Hogarth Press.
Kojève, A. (1934–1935). Introduction to the Reading of Hegel. Trad. J. H. Nichols, Jr. Ithaca, NY: Cornell University Press, 1969.
Lacan, J. (1949–1960). Ecrits. Trad. A. Sheridan. New York: W. W. Norton, 1977.
— (1956a). The Freudian thing or the meaning of the return to Freud in psychoanalysis. En Écrits, pp. 114–145. New York: W. W. Norton, 1977.
— (1956b). The function and field of speech and language in psychoanalysis. En Écrits, pp. 30–113. New York: W. W. Norton, 1977.
— (1957). On a question preliminary to any possible treatment of psychosis. En Écrits, pp. 179–225. New York: W. W. Norton, 1977.
— (1961). The direction of the analysis and the principles of its power. En Écrits, pp. 226–280. New York: W. W. Norton, 1977.
Laing, R. D. (1959). The Divided Self. Baltimore: Pelican, 1965.
Langs, R. (1976). The Bipersonal Field. New York: Jason Aronson.
Lemaire, A. (1970). Jacques Lacan. Boston: Routledge and Kegan Paul.
Lewin, B. (1950). The Psychoanalysis of Elation. New York: Psychoanalytic Quarterly.
Little, M. (1958). On delusional transference (transference psychosis). International Journal of Psycho-Analysis 39: 134–138.
Loewald, H. (1979). The waning of the Oedipus complex. En Papers on Psychoanalysis, pp. 384–404. New Haven: Yale University Press, 1980.
Lorenz, K. (1937). Studies in Animal and Human Behaviour. Vol. 1. Trad. R. Martin. London: Methuen.
Mackay, N. (1981). Melanie Klein's metapsychology: phenomenological and mechanistic perspectives. International Journal of Psycho-Analysis 62: 187–198.
Mahler, M. (1968). On Human Symbiosis and the Vicissitudes of Individuation. Vol. 1. New York: International Universities Press.
Malin, A., y Grotstein, J. (1966). Projective identification in the therapeutic process. International Journal of Psycho-Analysis 47: 26–31.

Marty, P., y M'Uzan, M. de (1963). La pensee operatoire. Revue Franpaise Psychoanalyse 27: 345–356.

McDougall, J. (1974). The Psychosoma and the Psycho-Analytic Process. International Review of Psycho-Analysis 1: 437–459.

— (1984a). On psychosomatic vulnerability. International Journal of Psychiatry in Medicine 14: 123–131.

— (1984b). The disaffected patient: reflections on affect pathology. Psychoanalytic Quarterly 53: 386–409.

Meltzer, D. (1975). The psychology of autistic states and of post-autistic mentality. En Explorations in Autism, ed. D. Meltzer, J. Bremner, S. Hoxter, D. Weddell, I. Wittenberg, pp. 6–29. London: Clunie Press.

Nemiah, J. (1977). Alexithymia: theoretical considerations. Psychotherapy and Psychosomatics 28: 199–206.

Nichols, J. (1960). Nota del traductor. En Introduction to the Reading of Hegel. Trad. A. Kojeve. Ithaca, NY: Cornell University Press, 1969.

Ogden, T. (1974). A psychoanalytic psychotherapy of a patient with cerebral palsy: the relationship of aggression to self and body representations. International Journal of Psychoanalytic Psychotherapy 3: 419–433.

— (1976). Psychological unevenness in the academically successful student. International Journal of Psychoanalytic Psychotherapy 5: 437–448.

— (1978). A developmental view of identifications resulting from maternal impingements. International Journal of Psychoanalytic Psychotherapy 7: 486–507.

— (1979). On projective identification. International Journal of Psycho-Analysis 60: 357–373.

— (1980). On the nature of schizophrenic conflict. International Journal of Psycho-Analysis 61: 513–533.

— (1981). Projective identification in psychiatric hospital treatment. Bulletin of the Menninger Clinic 45: 317–333.

— (1982a). Projective Identification and Psychotherapeutic Technique. New York: Jason Aronson.

— (1982b). Treatment of the schizophrenic state of nonexperience. En Technical Factors in the Treatment of the Severely Disturbed Patient, ed. L. B. Boyer y P. L. Giovacchini, pp. 217–260. New York: Jason Aronson.

— (1985). Instinct, structure and personal meaning. Yearbook of Psychoanalysis and Psychotherapy. Vol. 1, pp. 32–334. Hillsdale, NJ: New Concept Press.

Piaget, J. (1936). The Origins of Intelligence in Children. New York: International Universities Press, 1954.

— (1946). Play, Dreams and Imitation in Childhood. New York: W. W. Norton, 1962.

— (1954). The Construction of Reality in the Child. New York: Basic Books.

Pontalis, J. -B. (1972). Between the dream as object and the dream-text. En Frontiers in Psycho-Analysis, pp. 23–55. New York: International Universities Press, 1981.

Racker, H. (1957). The meanings and uses of countertransference. Psychoanalytic Quarterly 26: 303–357.

Samuels, A. (1983). The theory of archetypes in Jungian and post-Jungian analytical psychology. International Review of Psycho-Analysis 10: 429–444.

Sander, L. (1964). Adaptive relations in early mother–child interactions. Journal of the Academy of Child Psychiatry 3: 231–264.

— (1975). Infant and caretaking environment: investigation and conceptualization of adaptive behaviour in a system of increasing complexity. En Explorations in Child Psychiatry, ed. E. J., Anthony, pp. 129–166. New York: Plenum Press.

Sandler, J. (1976). Dreams, unconscious fantasies and "identity of perception", International Review of Psycho-Analysis 3: 33–42.

Sandler, J., y Rosenblatt, B. (1962). The concept of the representational world. Psychoanalytic Study of the Child 17: 128–145.

Sartre, J. -P. (1943). Being and Nothingness. Trad. H. Barnes. New York: Philosophical Library.

Schafer, R. (1968). Aspects of Internalization. New York: International Universities Press.

— (1975). The psychoanalytic life history. En Language and Insight, pp. 3–28. New Haven: Yale University Press.

— (1976). A New Language for Psychoanalysis. New Haven: Yale University Press.

Schmideberg, M. (1935). Discussion, British Psychoanalytical Society, October 16, 1935. Quoted by E. Glover, Psychoanalytic Study of the Child 1: 75–118.

Searles, H. (1963). Transference psychosis in the psychotherapy of chronic schizophrenia. En Collected Papers on Schizophrenia and Related Subjects, pp. 654–716. New York: International Universities Press.

— (1972). The function of the patient's realistic perceptions of the analyst in delusional transference. British Journal of Medical Psychology 45: 1–18.

— (1979). Jealousy involving an internal object. En Advances in Psychotherapy of the Borderline Patient, ed. J. LeBoit and A. Capponi, pp. 347–404. New York: Jason Aronson.

— (1982). Some aspects of separation and loss in psychoanalytic therapy with borderline patients. En Technical Factors in the Treatment of the Severely Disturbed Patient, ed. L. B. Boyer and P. Giovacchini, pp. 131–160. New York: Jason Aronson.

Segal, H. (1957). Notes on symbol formation. International Journal of Psycho-Analysis 38: 391–397.

— (1964). An Introduction to the Work of Melanie Klein. New York: Basic Books.

Sifneos, P. (1972). Short-Term Psychotherapy and Emotional Crisis. Cambridge: Harvard University Press.

Spitz, R. (1959). A Genetic Field Theory of Ego Formation. New York: International Universities Press.

Stern, D. (1977). The First Relationship: Infant and Mother. Cambridge: Harvard University Press.

— (1983). The early development of schemas of self, other, and "self with other" in Reflections on Self Psychology, ed. J. Lichtenberg & S. Kaplan, pp. 49–84. Hillsdale, NJ: Analytic Press.

Tinbergen, N. (1957). On anti-predator response in certain birds: a reply. Journal of Comparative Physiologic Psychology 50: 412–414.

Trevarthan, C. (1979). Communication and cooperation in early infancy: a description of primary intersubjectivity. En Before Speech, ed. M. Bellowa. Cambridge: Cambridge University Press.

Tustin, F. (1972). Autism and Childhood Psychosis. London: Hogarth Press.

Waelder, R. (1937). The problem of the genesis of psychical conflict in early infancy. International Journal of Psycho-Analysis 18: 406–473.

Winnicott, D. W. (1945). Primitive emotional development. En Through Paediatrics to Psycho-Analysis, pp. 145–156. New York: Basic Books, 1975.

— (1947). Hate in the countertransference. En Through Paediatrics to Psycho-Analysis, pp. 194–203. New York: Basic Books, 1975.

— (1948). Paediatrics and psychiatry. En Through Paediatrics to Psycho-Analysis, pp. 157–173. New York: Basic Books, 1975.

— (1951). Transitional objects and transitional phenomena. En Playing and Reality, pp. 1–25. New York: Basic Books, 1971.

— (1952). Psychoses and child care. En Through Paediatrics to Psycho-Analysis, pp. 219–228. New York: Basic Books, 1975.

— (1954). Metapsychological and clinical aspects of regression within the psycho-analytical set-up. En Through Paediatrics to Psycho-Analysis, pp. 278–294. New York: Basic Books, 1975.

— (1954–1955). The depressive position in normal development. En Through Paediatrics to Psycho-Analysis, pp. 262–277. New York: Basic Books, 1975.

— (1956). Primary maternal preoccupation. En Through Paediatrics to Psycho-Analysis, pp. 300–305. New York: Basic Books, 1975.

— (1957). "Why do babies cry?" En The Child, The Family and the Outside World, pp. 58–68. Baltimore: Penguin Books, 1964.

— (1958a). Psycho-analysis and the sense of guilt. En The Maturational Processes and the Facilitating Environment, pp. 15–28. New York: International Universities Press, 1965.

— (1958b). The capacity to be alone. En The Maturational Processes and the Facilitating Environment, pp. 29–36. New York: International Universities Press, 1965.

— (1959–64). Classification: is there a psychoanalytical contribution to psychiatric classification? En The Maturational Processes and the Facilitating Environment, pp. 124–139. New York: International Universities Press, 1965.

— (1960a). Ego distortion in terms of true and false self. En The Maturational Processes and the Facilitating Environment, pp. 140–152. New York: International Universities Press, 1965.

— (1960b). The theory of the parent–infant relationship. En The Maturational Processes and the Facilitating Environment, pp. 37–55. New York: International Universities Press, 1965.

— (1962a). A personal view of the Kleinian contribution. En The Maturational Processes and the Facilitating Environment, pp. 171–178. New York: International Universities Press, 1965.

— (1962b). Ego integration in child development. En The Maturational Processes and the Facilitating Environment, pp. 56–63. New York: International Universities Press, 1965.

— (1963). Communicating and not communicating leading to a study of certain opposites. En The Maturational Processes and the Facilitating Environment, pp. 179–192. New York: International Universities Press, 1965.

— (1967a). The location of cultural experience. En Playing and Reality, pp. 95–103. New York: Basic Books, 1971.

— (1967b). Mirror role of mother and family in child development. En Playing and Reality, pp. 111–118. New York: Basic Books, 1971.

— (1968). The use of an object and relating through cross identifications. En Playing and Reality, pp. 86–94. New York: Basic Books, 1971.

— (1971a). Creativity and its origins. En Playing and Reality, pp. 65–85. New York: Basic Books.

— (1971b). Dreaming, fantasying, and living. En Playing and Reality, pp. 26–37. New York: Basic Books.

— (1971c). Playing: a theoretical statement. En Playing and Reality, pp. 38–52. New York: Basic Books.

— (1971d). Playing: creative activity and the search for the self. En Playing and Reality, pp. 53–64. New York: Basic Books.

— (1971e). Playing and Reality. New York: Basic Books.

— (1971f). The place where we live. En Playing and Reality, pp. 104–110. New York: Basic Books.

Zetzel, E. (1956). An approach to the relation between concept and content in psychoanalytic theory (with special reference to the work of Melanie Klein and her followers). Psychoanalytic Study of the Child 11: 99–121.

LA MATRIZ DE LA MENTE

Dr. Thomas H. Ogden

"*La matriz de la mente* es un libro enormemente erudito cuya publicación llevaba tiempo esperándose. En él, el Dr. Thomas H. Ogden se reafirma como importante teórico psicoanalítico. Genera nuevas explicaciones psicoanalíticas que se pueden utilizar para eliminar la enajenación dentro del campo y para enriquecer el pensamiento, no sólo de los analistas norteamericanos, sino también de quienes han seguido la teoría británica de las relaciones de objeto. *La matriz de la mente* es uno de los libros psicoanalíticos más importantes que se publicarán en muchos años".

—Dr. L. Bryce Boyer

"Quienes estaban familiarizados con los artículos de Thomas Ogden sobre psicoanálisis y con su libro *Projective Identification and Psychotherapeutic Tecnhique*, un auténtico buque insignia en la materia, esperaban con impaciencia la publicación de *La matriz de la mente*. Ogden aporta una aproximación a la teoría kleiniana, que es a la vez eminentemente elogiosa e incisivamente crítica. Ahonda de una manera amplia y brillante en el desarrollo del concepto de los objetos internos y sus relaciones. Los capítulos que versan sobre la contribución teórica y clínica de Winnicott a la historia del pensamiento psicoanalítico gozan de una gran profundidad y originalidad. Este estimulante libro de fácil lectura será leído con interés, no sólo por los psicoterapeutas interesados en diversos campos de especialidad, sino también por todos aquellos que se interesen con perspicacia en cómo funcionan los seres humanos psicológicamente".

—Dr. Joyce McDougall

"Thomas Ogden sitúa las contribuciones de Klein, Bion, y de la escuela británica de las relaciones de objeto en una perspectiva nueva y refrescante. Su enfoque es único, innovador y de gran alcance. Este libro es una brillante proeza que consigue refinar y aclarar la importancia presente y continuada de la teoría de las relaciones de objeto en el contexto del pensamiento y la práctica psicoanalíticos".

—Dr. James S. Grotstein